高职高专文秘专业系列教材编委会名单

高职高专文秘专业系列教材

总主编　蔡　超

QiYe MiShu GaiLun

企业秘书概论

主　编　蔡　超　王世斌
副主编　王冬梅　陈默祈

暨南大学出版社
JINAN UNIVERSITY PRESS

图书在版编目（CIP）数据

企业秘书概论／蔡超，王世斌主编；王冬梅，陈默祈副主编．—广州：暨南大学出版社，2008.8
（高职高专文秘专业系列教材）
ISBN 978-7-81135-080-7

Ⅰ．企… Ⅱ．①蔡… ②王… ③王… ④陈… Ⅲ．企业—秘书学—高等学校：技术学校—教材 Ⅳ．F272.9

中国版本图书馆 CIP 数据核字（2008）第 120391 号

出版发行：暨南大学出版社

地　址：中国广州暨南大学
电　话：总编室（8620）85221601
营销部（8620）85225284　85228291　85220693（邮购）
传　真：（8620）85221583（办公室）　85223774（营销部）
邮　编：510630
网　址：http://www.jnupress.com　http://press.jnu.edu.cn

排　版：暨南大学出版社照排中心
印　刷：广州市怡升印刷有限公司

开　本：787mm×960mm　1/16
印　张：15.375
字　数：301 千
版　次：2008 年 8 月第 1 版
印　次：2008 年 8 月第 1 次
印　数：1—6000 册

定　价：29.50 元

总　序

秘书是现代企业（公司制企业）的管理人员，总经理秘书（高级秘书）是现代企业的高级管理人员，他们是现代企业经营决策和管理中必要的辅助支柱。在市场经济快速发展和世界经济一体化的影响下，现代企业迅速成长，同时也带动了秘书职业的成长。如今企业对秘书的需求越来越大，对秘书的要求也越来越高，企业发展需要一大批训练有素、能力优秀的秘书人才，因此高职院校文秘专业成为目前就业状况最好的专业之一。

但是，高职院校能否培养出与企业适销对路的秘书人才呢？问题是十分明显的。许多经理或主管都声称职业化的秘书难找，更有一些大公司的总经理或总裁抱怨“高秘难求”。可见，真正优秀的秘书人才在市场上供不应求，这与高职院校秘书教育有着直接的关系。传统教育观念强调理论化、学科系统性，忽略了对学生秘书职业化的训练和培养，这使得文秘学生毕业后与企业秘书工作岗位之间无法实现零对接。

近些年来，高职教育受到了就业压力的挑战，面对挑战唯一的选择就是针对社会人才需求进行教学改革。广东省历来是改革的先行者，广东高职院校文秘专业的老师们经过多年教育探索和数次学术会议研讨，勇于进行文秘专业教育教学的改革，逐步形成了培养现代企业秘书的理念，制定了培养现代企业秘书的方案，明确了培养现代企业秘书的教育模式。因此，我们将文秘专业教育教学改革的成果编撰成一整套系统的企业秘书教材，从教学内容和方法上革新秘书教育，使广东高职院校文秘专业能培养出适合广东经济区域企业需要的秘书人才。

根据我们对 2006 至 2008 连续三届高职院校文秘专业毕业生的追踪调查，95% 的高职院校文秘专业毕业生都是在企业（各类公司）就业，其中 60% 是在中小企业就业。从广东经济区域的企业秘书岗位分析，目前主要岗位是公司文员、秘书、助理、办公室职员、公关员、文书档案管理员等，已形成秘书岗位群。

通过到企业实地考察和对企业秘书岗位的调查问卷的分析与归纳，我们将秘书岗位群真实工作任务和职责整合为九个模块：一是办公室事务处理；二是会议组织与管理；三是文稿写作；四是网络办公；五是沟通与礼仪；六是信息处理；七是文档管理；八是书法速记；九是办公设备操作与管理。

上述九个模块与企业秘书岗位群的工作任务和职责基本吻合。这为我们针对企业秘书人才需要展开教育教学提供了依据。但是，高职教育毕竟是高等教育的一部分，完全取消理论教育是错误的。我们以理论够用为度的原则在九个模块内容中体现科学性、逻辑性，按照项目导向任务驱动的教学模式来组织九个模块的具体内容。通过对上述九个模块的内容整合，我们由此撰写了系统的企业秘书教材，分列如下：1. 企业秘书概论；2. 企业秘书实务；3. 企业秘书写作；4. 企业秘书沟通；5. 企业商务礼仪；6. 网络秘书教程；7. 企业秘书实训；8. 企业文档管理；9. 企业秘书书法；10. 企业秘书速记；11. 企业办公设备操作与管理。

本套企业秘书教材具有鲜明的企业秘书特色。企业秘书与党政机关行政秘书差别极大，如果用一个生动的例子来比喻，它们就好像生物中的动物和植物一样，从性质上来说是大不同的。现在许多秘书专业教材都是以党政机关行政秘书作为研究主体，这与高职院校文秘专业教学大相径庭，高职文秘毕业生鲜有进入党政机关工作的，如果沿用这些理论组织教学那真是张冠李戴。因此本套教材以企业秘书作为研究主体，揭示企业秘书特点，探究企业秘书工作规律，注重培养学生形成企业秘书的能力和技能。

此外，本套教材突出了高职教育特点，以项目导向任务驱动的教学模式来组织教学内容，以能力培养为主要目标，可操作性强。理论部分精选经典案例作为突破点，提出问题和任务并要求解决。实务部分以真实秘书工作任务来设计教学项目，确定能力训练目标，实施程序教学步骤，边学边做，并及时进行操作训练测评和反馈。同时，教材配有训练示范和可供参考的知识点，本套教材知识点与2007年原劳动和社会保障部制定的秘书职业标准中的知识点基本吻合。为了学生考证方便和教师组织教学，本套教材从教学角度出发，充分考虑了怎样方便教师使用教材。比如课件制作，练习及答案，案例及案例分析参考，知识链接，结构图表等，都比较详尽、准确，便于在教学过程中使用。

本套教材还集中体现广东经济区域企业秘书的特点。广东民营企业极为发达（据统计，截至2008年7月广东民营企业已达到71万户），三资企业居多，现代企业制度（公司制）发展比较成熟，企业中秘书岗位的任务和职责相对稳定和规范。改革开放以来，我们积累了大量经验，也有许多新的研究成果。本套教材广泛吸收这些经验和成果，并更多地吸收了广东的新观点和新材料。例如，《企业秘书写作》以企业工作任务来组织文体写作的项目和专章介绍港澳台通用商务文书；《企业商务礼仪》分析、揭示了中外文化差异；《企业秘书概论》关于企业文员、经理秘书、总经理秘书、董事会秘书层级差异分析等内容，反映了广东经济区域外向性经济特点（经济一体化）和港资、台资、中外合资、民营企业的经营特点，这些内容引进教材使广东高职文秘专业毕业生能更好地适应现代公司经营环境，成为符合企业要求的秘书人才。

编撰企业秘书系列教材的构想是在全国高教学会秘书学专业委员会2007年广州年会上由蔡超（广东女子职业技术学院）提出的，并策划了初步方案。2008年4月，在暨南大学出版社广东高职文秘教材研讨会上形成了编撰方案。此后，经过文秘教育同仁的多次探讨，最终形成了针对现代企业的高职文秘系列教材方案。参与撰写本套企业秘书系列教材的院校有：广东女子职业技术学院；广东科学技术职业学院；广东轻工职业技术学院；广东工程职业技术学院；番禺职业技术学院；深圳职业技术学院；广东青年干部学院；阳江职业技术学院；广东河源职业技术学院；深圳信息职业技术学院；广东工贸职业技术学院；广东财贸职业技术学院；广东财经职业学院；广东水利电力职业技术学院；广东科贸职业技术学院；广东交通职业技术学院；广州城市职业学院；韩山师范学院；重庆城市管理职业学院。

本套教材汇集了广东高职文秘专业教师同仁的辛勤努力和心血，作为系统的企业秘书教材也属全国首创。我们就像第一个吃螃蟹的人，在尝试中不断地探索。虽然不遗余力锐意创新，但难免会有不足或疏漏之处，恳请学术同仁和广大读者批评赐教。

此外，我们特别感谢暨南大学出版社对撰写和出版这套教材给予的大力支持。

蔡 超

2008年7月于广州

前　言

文秘专业学生入学伊始，如何进行秘书职业教育呢？文秘专业老师都会面临这个同样的问题。其实，每一个从事秘书职业的新人也会面临类似的问题。什么是秘书，怎样才能做好秘书，秘书职业有什么特点，秘书在企业经营管理中扮演什么角色，做好秘书需要哪些知识和能力结构，我的秘书职业道路该怎么走，等等，这是文秘专业新生或从事秘书职业的新人必须解决的问题。

作为文秘专业老师，我们有责任指导学生进入秘书职业的工作领域，使学生建立秘书职业的基本概念，明确秘书专业的学习目标，了解秘书的职业图景，确立自己秘书职业生涯的规划。虽然我们不可能在本书中对所有问题作出全面详尽的回答，但是本书针对上述焦点问题提供了中肯的答案和最佳的选择。

本书由蔡超、王世斌任主编，王冬梅、陈默祈任副主编。本书大纲由蔡超策划并提出内容构想，经过编委会多次研讨和修改才由编著者着手正式撰写，王冬梅还进行了资料准备工作和组织联系工作。书稿最后由蔡超修改并统稿。参加撰写人员分述如下：蔡超（广东女子职业技术学院）撰写第 1 章；王世斌（广东工贸职业技术学院）撰写第 3 章和第 6 章；王冬梅（江西师范大学教育学院）撰写第 2 章；胡伟（番禺职业技术学院）撰写第 4 章；王小玲（广东青年干部学院）撰写第 5 章；陈默祈（湛江市高级技工学校）撰写第 7 章；袁思强（河源职业技术学院）撰写第 8 章。

在本书撰写过程中参考了国内外图书杂志和网站发表的文献资料，这些均以参考文献的形式列出，由于篇幅关系，本书只在书末统一标明参考文献，未能在书中一一注明出处，在此谨向这些作者和版权所有者深表感谢！由于时间紧迫，书中难免有不足或疏漏之处，恳请广大读者提出批评和建议。

蔡　超

2008 年 7 月于广州

目　录

【内容提要】

文秘专业新生如何进行秘书职业教育，进入秘书职业的新人怎样适应秘书工作需要，本书主要就是解决这些问题。根据广东高职文秘专业毕业生就业的现状，本书专门分析和论述企业秘书。从文员到助理，从初级秘书到高级秘书，企业需要各种不同层次的秘书人才。如何扮演企业秘书角色，企业秘书怎样适应经营管理的环境和处理人际关系，企业秘书需要哪些知识和能力，企业秘书如何使自己成长和提升，如何规划自己的秘书职业生涯，本书提供了中肯的答案和最佳的选择。

1　企业秘书

【本章要点】

●学习和掌握秘书的基本概念，为秘书专业学习打好理论基础，建立秘书的职业图景。

●了解企业秘书的类别与层次、企业秘书的职业特征与作用，明确秘书职业的学习任务和目标。

【案例分析】

企业需要什么样的秘书

（1）秘书每天都在做些什么？

秘书工作对一些人来说显得非常神秘。他们以为秘书每天的工作就是陪老板外出谈生意，出席各种豪华宴会，非常风光。那么，事实怎样呢？秘书每天都在做些什么呢？先来看一个在北京某外企总经理办公室工作的秘书一天的工作吧！她毕业于北京某大学文秘系，在这家公司的总经理办公室已经工作了两年，顶头上司是公司副总，美籍华人，负责公司销售工作。

8：40　到达自己的办公室

8：45　打扫上司的办公室、接待室等房间，查点备用物品

9：00　上司到办公室

9：15　为上司冲咖啡，确认当天的日程安排，通知总经理办公室主任在接待室接待预约好的客人

9：30　若有传真或电子邮件，根据上司的指示回复

9：45　邮件到达后进行分拣，将紧急的信件和包裹分发给收件人

10：00　接听电话，将前一天来访客人的数据输入电脑中的顾客名录，整理报纸杂志，剪报、扫描等

10：30　接待客人，给客人沏茶等

11：40　上司外出，将上司交代的文件打完

12：00　午休

13：00　回到办公桌前，上网查资料、接听电话等

13：10　上司回到公司，给上司冲咖啡，报告电话留言，领回上司上次出差时的单据，核算出差费用

14：00　根据总经理办公室主任的指示，复印并打印文件

14：30　招待客人，沏茶

15：25　回到办公桌前继续起草报告（计划明天写完）

15：30　为公司司务会准备咖啡

16：00　帮总经理办公室主任写的信写好之后，写好信封，并通知快递公司将信取走；公司司务会结束后清理会场，打印出上司第二天的工作日程表，交给上司

17：30　上司出门办事，整理未完成的文件

18：00　下班

除此以外，秘书还经常要做预订饭店、为上司准备午饭、准备客户礼品、打扫秘书办公室、为会议准备茶水等工作。

（2）秘书在公司起什么作用？

从上面的例子可以看出，给企业领导人配备秘书，目的就是协助他们处理日常杂事。其实，不只限于企业的领导人，就是一般的社会组织的领导人也需要配备秘书。之所以要给领导人配备秘书，就是要尽量减少他们在决策过程中受到的干扰。领导人在处理各种问题的过程中，常常需要作出各种决策，而这些决策都伴随着相应的责任风险。如果没有人帮助他们排除决策过程中受到的干扰，那他们的决策就不一定科学和及时。

20 世纪 80 年代初期，张瑞敏先生来到那个小电器厂当厂长的时候，工厂规模很小且濒临倒闭，张瑞敏先生当时可能没有秘书，也可能不需要秘书。但是，21 世纪的今天，海尔公司的年销售额已达七八百亿元人民币，因此，张瑞敏先生现在肯定需要秘书，而且肯定不止一个秘书。可以说，当一个公司的规模还不大的时候，企业领导人的决策风险往往容易被人们忽视；随着规模的逐渐扩大，领导人在决策过程中承担的责任风险愈来愈明显。现在，对于张瑞敏先生来说，他必须对自己的员工及员工的家属负责；作为上市公司，他必须对海尔公司所有的股民负责；不仅如此，他还必须对专门经营海尔产品的批发商、零售商和供货商负责；由于海尔公司的产品已进入千家万户，因此，张瑞敏先生还必须对社会负责。张瑞敏先生的决策决定着海尔集团的兴衰与存亡。

秘书在公司的运行过程中起着中枢神经的作用。在许多企业里，公司内外的各种信息，大多是通过秘书转达到上司那里的，而从上司那里发出来的指令几乎都是通过秘书发出去的。因此，如果没有秘书的存在，公司运转的效率有可能下降甚至处于瘫痪。如果秘书在这个过程中出现失误，就有可能造成整个公司运行的混乱。比如，秘书为了个人目的晚传“圣旨”甚至假传“圣旨”，就有可能损害整个公司的利益。

（3）秘书到底是什么？

那么，秘书到底是什么？首先我们不妨来看一个这样的例子。

下个星期要开董事会。这天上午，总经理秘书正在埋头汇总各部门送上来的材料。这些材料有书面总结，也有口头记录；有从外面搜集来的，也有本公司自己提供的。由于各种材料来路不一，形式不同，真假难辨，因此，在将这些材料交给上司之前，秘书要对这些材料进行筛选、甄别、分类和整理。上司作决策需要有真实可靠的信息，否则就等于盲人骑瞎马，而秘书帮上司汇总材料就是搜集信息。就在秘书忙于整理材料时，总经理来电话，让她帮他

去接待客人，他要静下来想些问题；刚刚把客人送走，总经理又来电话，说自己差点忘了给自己在外地念书的儿子寄生活费，让秘书帮他寄一下，寄完后打电话通知他儿子……

从这个例子可以看出，作为公司的秘书主要有两项工作，一项工作就是协助上司搜集决策所需的信息。除了正确的信息，上司在决策过程中还要有一个平和的心态，所以，秘书的另一项工作就是帮上司排除决策过程中的各种干扰。上司也是人，他们的情绪也容易受外界的影响。如果没有一个平和的心态，就很难保证决策的正确性。

秘书是什么？秘书就是为上司创造最佳决策环境的人。

（4）秘书的职责范围。

在实际工作中，许多秘书从为上司出谋划策到帮上司接送上幼儿园的孩子，似乎什么都要管，俨然一个“管家婆”，因此，一些秘书对此颇有微词。那么，到底哪些工作是秘书应该做的，哪些事情不应划入秘书工作的职责范围呢？对于这个问题，不仅在管理水平较高的企业，就是在现在的各种秘书学教科书中，似乎都是仁者见仁，智者见智。

作为一种正式的社会职业，我们自然需要对秘书的工作内容和职责范围有个明确而又科学的界定。如果单从工作内容来看，秘书工作似乎包罗万象，对它的职责范围难以界定。如果从“秘书就是为上司创造最佳决策环境的人”这个定义出发来划分秘书的职责范围，似乎又不是一件难事。

上司的工作主要是决策。决策需要一个良好的环境。决策环境分“硬”环境和“软”环境。所谓良好的“硬环境”，指上司办公室要做到整洁、舒适，上司在决策时不受外界的影响和干扰，能保持一个良好的决策心态；所谓良好的“软环境”，指上司在决策过程中，有充分和正确无误的决策信息，因而能作出正确而又及时的决策。因此，从这个角度出发，秘书的职责范围可以划分为以下几类：

a. 整理办公室。

秘书的第一件事就是为上司整理办公室。应该说整理办公室是一件很平常的工作，不仅秘书，每一个白领每天都要整理自己的办公室。但是，秘书工作是从整理办公室开始，以整理办公室结束。然而，秘书的“整理办公室”并不单指手持吸尘器为上司吸吸地毯或擦擦桌子这类简单劳动。在这里，“整理办公室”有更广泛的含义，它包括从文书档案一直到与各部门联系的各种工作，即为上司创造一个舒适、整洁和不受外界干扰的工作环境。如果上司对秘书说：“请把某年某月某日上海分公司的资料拿来”，而秘书迟迟找不到这份资料，就说明秘书未能为上司创造最佳的决策环境。

b. 收集信息。

假如你在一家较大的跨国公司做秘书，你的上司负责公司的生产、销售、新产品开发等工作。你为了给他要作的决策提供可靠的信息，要随时与承担这些工作的业务部门及有关公司联系，收集各种信息。这项工作的难点是判断这些信息的真实性和可靠性。如果是从企业内部收集的信息，判断其是否真实还比较容易；如果是从外面企业收集到的资料，判断其真实性就不那么容易了。对于秘书来说，给上司提供信息一定要及时，但必须慎重。

c. 关注上司的健康。

健康是工作之本。上司没有良好的体质和充沛的精力，就不能适应当今企业之间的激烈竞争，所以，保证上司身体的健康也应当是秘书工作的一项重要内容。但秘书不能完全替代保健医生的工作，主要是给上司安排好午餐。在安排午餐时，既要照顾上司的口味习惯，又要考虑上司身体的接受能力，保持营养的大致协调。年纪偏大的人多半患有慢性病，如糖尿病、高血压、冠心病等，在宴请宾客的时候，对这些病有什么忌口，秘书应随时提醒领导。还要注意安排好上司的休息，因为上司的年龄一般偏大，精力不如从前，所以，在给上司安排工作日程时，要充分考虑他们的休息时间。

【问题讨论】

1. 分析以上案例，企业秘书到底是什么？
2. 结合案例，综述企业秘书有哪些主要职责？

1.1　企业秘书概说

1.1.1　什么是秘书

秘书职业是一个古老的职业，在我国有着十分悠久的发展历史。一些研究秘书发展史的学者将秘书工作的起源定位于4000年前。但是，我国探讨秘书的含义的历史却比较短，直到20世纪80年代，随着秘书学科研究的诞生，研究者才开始关注此学科的逻辑起点——关于秘书含义的问题。

一、“秘书”含义

在《说文解字》中，关于“秘”的解释是这样的：“秘”，神也，有不可测知的意思。而《辞海》对“秘书”一词的解释有五层含义：①职务名称之一。协助领导综合情况，研究政策，密切各方面工作的联系，办理文书、档案、人民来信以及其他日常行政事务和交办事项。②古代官名。是指对承担某种工作的人的称呼。③在使馆中介于参赞和随员之间的外交人员。④宫禁里的藏书。⑤指谶纬图箓等书。在这五层含义中，①②④⑤的解释在中国秘书史的研究中都有所涉及。

在我国，“秘书”一词最早出现在汉代，当时这两个字的具体含义是指宫中秘藏之书，也就是保存在皇宫中的秘密收藏的图书资料。另外，民间流传的谶纬图箓之书有时也被称为秘书。这时秘书的含义是指物而不是指人。公元1世纪前后的古代典籍中经常出现这个词，如《汉书·序传》中有这样的记载：“斿博学而有俊才，与刘向校秘书，每奏事，斿以选受诏进读群书。上器其能，赐以秘书之副。”又如《晋书·荀勖传》中也有这样一段文字：“及得汲郡冢中古文竹书，诏勖撰之，以为中经，列在秘书。”这里所说的秘书，都是指宫中秘藏之书。

在东汉后期，桓帝设立了专门管理宫中秘藏之书的机构，名为“秘书监”，官员按照级别的高低分别称为“秘书监”、“秘书丞”、“秘书郎”，“秘书”一词在这个时候开始由指物到指人的转变。但是，“秘书”官员的主要职责是掌管各种典籍和国家各类文书档案，“秘书丞”相当于现在的国家图书馆馆长或档案局局长，与现代秘书的含义有着本质上的不同。

在我国历史上，很早就出现了具有现代意义的秘书工作，但那时从事秘书工作的人不叫秘书，而被称为“史官”、“御史”、“尚书”、“掌书记”或“中书舍人”、“翰林学士”等，这些职务有秘书之实而无秘书之名。

1912年辛亥革命以后，孙中山等成立中华民国临时政府，当时临时国民政府实行总统制，下设秘书处，秘书长为主要领导。在政府的各部局也设有秘书室、秘书科和秘书官。各省都督府也设有秘书。这时出现的秘书才是真正的具有现代意义的秘书。

中华人民共和国成立以后，秘书一直被当做行政职位，在国家的党政机关、企事业单位、社会团体内部具体从事文件撰拟、文书管理、会议组织、调查研究、事务办理、信息处理、接待来访等工作，他们的身份一般都是国家公职人员。

20世纪90年代以后，随着我国改革开放的不断深入和现代企业的迅猛发展，秘书越来越职业化，秘书职能逐渐凸现，秘书工作内容也不断增加。因此秘书的内涵与外延也不断扩大，秘书逐渐成为一种社会职业。

一般来说，秘书是专门从事办公室程序性工作、协助领导处理政务及日常事务并为领导决策及实施服务的人员。秘书服务的对象是领导者（或雇主）或实施管理的人员，秘书工作的基本内容是处理信息和办公事务，秘书工作的根本性质是辅助性。从另一层意义上说，秘书是指一种社会职业的名称，也指组织或团体内的行政职务。本书使用的秘书概念指人，即领导者（或雇主、上司）的助手，并为其提供辅助管理和服务的人员。

二、国外对秘书含义的看法

在西方，“秘书”一词源于拉丁文“secretaries”，原始的意思是“可靠的职员”。在英语中“秘书”的写法是“secretary”，翻译成汉语可以有两种解释：一是大臣，一是书记。前者指在英国国王身边参与机要政务、掌管机密文件或玺印的辅臣，后来沿用为英美以及英联邦国家主管政府机关事务的部长或常务副部长。如“The Secretary of State”在英国为国务大臣，也称国务秘书。在美国则被称为国务卿，是负责国家政府事务的高级官员，其地位相当于我国的国务院总理。而后者的本意是从事文字记录的初级工作人员，后来逐渐演化为从事文书和具体事物运作的工作人员。

国际秘书联合会对秘书的含义则给予了这样的说明：“秘书应是主管人员的一位特殊助手，他（她）掌握办公室工作的技巧，能在上司没有过问的情况下表现出自己的责任感，以实际行动显示出主动性和正确判断能力，并且在所给予的权力范围内作出决定。”

国际职业秘书组织（Professional Secretaries International）对秘书含义的理解是：“具有熟练的办公室工作能力，不需要上级敦促即能主动负责、积极进取、干练果断、能在授权范围内作正确决定的经理助手。”

在日本，秘书学研究者则认为秘书是“帮助与处理各种事务的工作人员”，表明秘书的工作范围和内容必须随着领导者的工作变化而变化。

三、秘书的分类

依据不同的划分标准，可将秘书分为不同的类别。

1. 按秘书的从属和服务对象的角度划分，可分为公务秘书和私人秘书

公务秘书主要泛指各级国家机关、单位组织中从事秘书工作的人。公务秘书属于国家公务员，与领导的关系有突出的双重性，一方面是平等的同志关系，另一方面是领导与被领导的上下级关系。随着社会的发展，秘书职业逐渐社会化，各行各业都需要有明显行业特色的秘书，私人秘书随之诞生。私人秘书不属于国家公务员编制，而是由雇主自行招聘、规定工作职责、支付工资等。私人秘书的工作制度和工作方式具有很大的灵活性和多样性。随着我国改革开放的不断深入，特别是我国加入 WTO 之后，随着秘书职业化进程的加快，社会分工中的私人秘书队伍将逐渐扩大。

2. 按秘书的业务内容划分，可分为行政秘书、机要秘书、文字秘书、事务秘书、会议秘书、公关秘书等

行政秘书是指协助领导处理公务、实施管理的秘书，他们可以随领导列席某些会议、参与某些决策等，一般具有较强的协调能力和组织能力，是领导的重要助手。

机要秘书是指处理机关机密文件的秘书，主要负责领导办公处的保密工作和管理领导的文电材料，并承担领导交办的其他工作，为领导工作服务。

文字秘书是指专职从事以撰拟、处理文稿为主要工作的秘书，他们具有较强的口头和文字表达能力，俗称“笔杆子”。

事务秘书是指负责总务、后勤等事务性工作或者负责照顾高层领导、专家生活的秘书，一般只有高级领导人、高级专家或者大机关才设此类秘书。

会议秘书是指专门从事会议策划、组织、安排、协调等工作的秘书。当前由于会展业的迅速发展，此专业的会议秘书成为紧缺人才。

公关秘书是指能够协助领导协调关系、处理矛盾、树立和维护组织良好形象的秘书，他们一般具有较好的性格修养和较强的社交能力。

3. 按秘书的工作性质划分，可分为党政机关秘书和企业秘书

党政机关秘书是政府公务员，是指辅助党政机关领导人和领导集体实施决策与管理、保障机关各项工作正常运转的秘书。现在我国通用的秘书工作的各项原则规范，主要是针对党政机关秘书制定的。

企业秘书是指在公司企业中专门为企业领导统筹公司各项事务提供辅助服务的秘书。企业秘书的工作性质与党政机关秘书不同，人们曾把他们的差别形象地比喻为动物与植物的差别。企业秘书与企业上司是雇佣关系，秘书必然站在企业上司的立场上，维护企业上司的利益，并为其提供辅助管理的各项服务。因此，党政机关秘书的各项原则规范都不适用于企业秘书。

4. 根据秘书工作的行业特征，可分为法律秘书、医药秘书、教育秘书、体育秘书、军事秘书等

1.1.2 什么是企业秘书

企业秘书是真正意义上的企业白领。白领最初的含义是指在企业中从事管理工作的管理阶层，是管理学意义上的概念。企业的管理行为包括计划、组织、指挥、控制等职能，而秘书在这些职能中的参与度及工作中的综合程度都超过了任何一个一般员工。

秘书的管理对象涉及人与事，包括员工和上司部分的工作安排与辅助，如工作会谈、时间日程，涉及计划、监督等工作职能；秘书要管理具体事务，如办公环境控制、文具采买、档案保存等；秘书要管理资讯，如企业宣传与公关，市场情报的初级调研与分析；秘书要管理工作流程，如项目中的组织协调，所以有的企业称秘书为流程协调员。可见，秘书被称为企业白领当之无愧。

社会经济形态的改变，也改变着作为公众经济组织的企业形态。随着营销时代的到来，企业对市场、消费者的依赖越来越明显。国际管理学界有一个共识：自由的市场经济使竞争大大强化，任何企业决策都必须与最前线的实务操作人员联系，以便真实地反映市场动态。这样，企业就出现了两种趋势：

第一种是企业规模形态的改变，即缩小规模，以便“船小好掉头”，根据市场需求迅速转向。

第二种是企业管理形态的改变，即结构要简单，取消过多的中间环节，使管理者、一线人员及市场之间保持最直接的联系，最好是一种“平展式”的结构，跨度小、直面市场、反应快速。

依附于上司的秘书在“平展式”的结构里被压缩到企业的最前沿，面对具

体的项目、问题与工作。因此，秘书需要更加“专业化”，以往依靠纯粹事务性工作就可以生存的空间大大缩小。

由于现代自动化办公设备的使用越来越多，秘书必须去做更多富于创造性的工作。秘书简单的、重复的工作或体力活越来越少，而秘书承担的复杂任务在不断增多，对其组织能力、交流能力、信息搜索能力、处理突发事件的能力甚至管理能力都提出了更高的要求。网页设计、信息搜索和收集以及调研能力，将是未来的秘书所必需的能力和素质。

可见，今天的秘书不再是以往的“全能女孩”，不再是那种把咖啡送到上司面前、只会“听指挥、做记录、保持沉默”的温顺雇员。今天的秘书应当可以承担各种复杂的工作。西班牙网络杂志 secretariaplus. com 进行的民意测验显示，43%的秘书有硕士学位或者有多个学士学位。西班牙阿拉贡职业秘书联合会主席多洛雷斯·贝尔加表示，秘书这个职业“无论在职业角色还是工作条件和工具方面，都已经发生了重大的变化。现在我们要处理电子化的信息、组织视频会议、操作因特网……”。以前的秘书只是一个电话接线员、文书速记打字员，而现在的秘书已经开始在公司中扮演重要的角色，有些秘书甚至还拥有某些事务的决定权。

为上司提供工作服务，是企业秘书的主要职责。“好秘书当半个家”，经理如果有一个得力的秘书是一大幸福。经理要处理公司内最重要的事情和花大量的时间去思考问题。如何保证经理把他所有的时间都用在重要的事情而不是琐碎的事情上，以及保证经理有足够的时间去思考，秘书在其中起到非常重要的作用。

秘书要善于了解什么事情是必须要经理处理的，而什么事情需要转给其他人处理；脑筋要灵活，善于团结而不趾高气扬，这样才能得到公司同事的配合；举止得体并善于公关，因为在外面，秘书是经理的半个脸面；要心细，并且有吃苦精神。

在企业内部，好的秘书是经理与员工之间的一座桥梁，做得不好的秘书则是经理与员工之间的一堵墙。正确、及时、适时地反映公司内部存在的问题和员工的要求等是秘书的责任。如果秘书东家长西家短，到处搬弄是非，公司非乱套不可。这种情况并不少见，秘书和经理之间保持良好的沟通非常重要。

总之，企业秘书是企业主管的助手，是协助上司处理企业管理事务并为其决策提供支持及实施决策提供服务的人员。秘书主要从事为企业上司作日程安排、组织会议和会晤的服务、文书的制作与处理、接待与交际、办公设备与办公环境的管理等工作。秘书掌握了处理企业办公事务的技巧，能在没有上司过问的情况下，表现出自己的责任感，以实际行动显示出主动性和正确的判断能力，并且在所给予的权力范围内作出决定。

1.1.3 企业秘书分级

1. 文员

企业秘书在企业内部实际的职位、分工是有很大差别的。文秘专业的毕业生初次上岗一般是做文员。虽然文员、行政秘书、经理助理、总经理秘书、董事会秘书等工作类型有相似之处，但文员绝不是企业的管理人员。

一般来说，接受过行政管理、礼仪、文书写作、公共关系等方面培训的人就可上岗做文员。他们负责撰拟一般客户文件资料、分析单据及联络客户等工作，是较低级的职员，即所谓的前台文员、商务文员、服务文员、外勤文员、跟单文员、夜班文员、运输文员、接待文员等。

文员要具有良好的亲和力、沟通能力及执行能力；能讲标准的普通话，声音甜美，发音标准，吐字清晰；具备较强的语言表达能力和良好的倾听能力；英语口语流利，能满足日常工作沟通的需求；熟练使用Office办公软件和各种办公设备，如复印机、传真机、交换机等；具备基本的礼仪服务技能和文秘知识，负责来访客人的接待，并引领至相关部门；合理安排各部门使用会议室、洽谈室，负责通知各类会议的召开；定期查看办公区域的用电情况，并及时通报；配合综合管理部门做好文书的起草、编辑、打印、复印、分发工作及档案整理等；负责办公区域饮用水的订购；每日例行检查经理室的办公用品、通信设备的使用情况；负责前台总机电话的接转工作；负责客户资料的复印；协助市场部做好来电统计与表格汇总等工作。从上述工作可见文员的工作较简单，处于企业经营活动的底层，但文员工作要达到职业水准并不容易。

2. 行政秘书

行政秘书需接受过专门的行政管理、礼仪、文书写作、公共关系等方面的培训，应具有大学专科以上学历。做事细心、耐心、有条理，性格温和、亲切，沟通能力强；能够在压力下有效地完成多项工作；能够熟练使用办公软件（如Word、Excel、PPT）；有良好的中文写作能力，能独立起草公务文函和商务文函；有良好的沟通协调能力及解决问题的能力；具有一定的时间管理能力；具有较强的交往能力；具备一定的洞察力；品格高尚、道德素养好。

行政秘书主要负责日常行政秘书工作，安排领导的日常行程及会议议程；负责有关文书资料的起草、打印、登记、存档等工作；协助领导进行对外交流沟通，翻译（中英互译）相关的文档资料；负责办公室的日常接待工作；收集、筛选、整理行业有关信息，保证公司内外的信息畅通；负责会议室的安排、联系和使用登记；负责部室外来人员的接待工作；负责接待室的安排、布置，制订接待用品、礼品的购置计划；根据需要，负责来客接送的用车、住宿、用餐等安排等。由此可见，行政秘书要能独立思考，能承受工作压力，协助上司处理行政事务和其他管理事务。

3. 总经理秘书

总经理秘书，一般需接受过较高级的行政管理、礼仪、文书写作、公共关系等方面的培训，具有大学本科以上学历，有3年以上相关工作经验。总经理秘书是企业高级管理人员，有处理事务的能力，知识素养较高；熟悉公司文档的管理；能独立完成文书及档案管理工作；工作效率较高；具备一定的分析、解决问题的能力；英文听、说、读、写、译流利；能熟练使用办公软件及办公自动化设备；具有较强的文字功底、良好的中英文商务信函写作能力；具有良好的沟通协调和公关能力；工作细致认真，条理性强；综合素质高，道德素养好。

总经理秘书的职责主要是协助总经理处理日常事务及安排工作日程；协助总经理处理商务谈判、资料翻译、同声翻译、英文往来信函等相关工作；负责外事活动的组织、接待工作，陪同总经理出席各种会议、典礼等；协助总经理与公司各部门进行沟通；负责总经理日常文件的处理与管理及会议的安排与记录；负责总经理及公司重要客户的来宾接待；承担公司、董事会及总经理交办的其他工作等。由此可见，总经理秘书一般要有高学历，有较长时间的工作经验，经过专门的训练和考试，能承担较为复杂的管理性工作。

4. 董事会秘书

董事会秘书应当具备履行职责所必需的财务、管理、法律专业知识，具有良好的职业道德和个人品德，拥有董事会秘书资格证书。董事会秘书由董事长提名，董事会委任。董事会闭会期间，相关事务由董事会秘书负责。董事会秘书的任职需要资格的认定，遭到解聘可以申诉，辞职需要向社会公告。这在一定程度上说明董事会秘书不仅仅是上市公司内部的一员，而且具有一定的社会性。

董事会秘书负责公司股东大会和董事会的筹备、文件保管以及公司股东资料的管理，办理信息披露事务等事宜；负责与监管部门的沟通联络、协调公司与投资者之间的关系、处理公司信息披露事务、督促上市公司规范运作、股权事务管理、三会组织与文件的保管。

董事会秘书要做好自身工作需要方方面面的信任，特别是公司核心领导层的信任。很难想象，在市场环境下，公司核心人物对外来者绝对信任并告知其公司经营方面的机密。因此，董事会秘书通常是企业秘书职业的最高位置，是企业核心领导层的成员之一，位居管理高层，责任重大，需要有丰富的工作经验和非常强的工作能力方可胜任。

当然，文员、行政秘书、总经理秘书等的职责分级界限也不是泾渭分明的，我们只是描述一个大致轮廓。日本学者田中笃子在《秘书的理论与实践》一书中将秘书工作分为四个层次，并绘出“钻石图”，如图1－1所示。

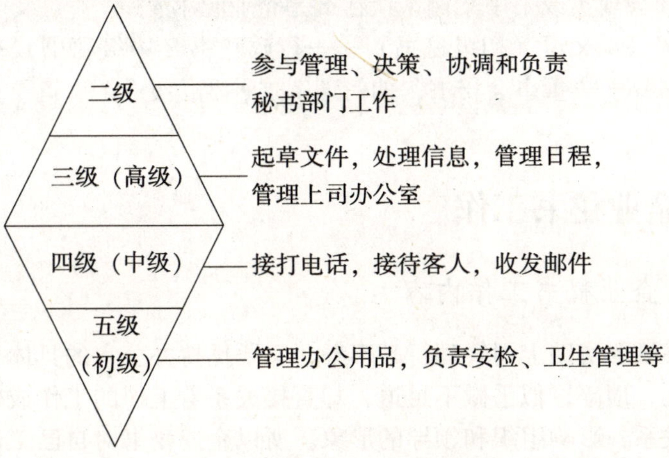

图1－1　秘书工作分级示意图

企业秘书从文员（初级秘书）——行政秘书（中级秘书）——总经理秘书（高级秘书）——董事会秘书，职位由低向高分级排列在企业里是显而易见的。秘书通常从文员做起，逐步提高自己的能力的素质，以承担更高的工作职责，相应也能得到更高的报酬。董事会秘书一般实行年薪制，年终按公司章程兑现报酬。

1.1.4　国家秘书职业标准的秘书分级

国家秘书职业共设四个等级，分别为五级秘书（国家职业资格五级）、四级秘书（国家职业资格四级）、三级秘书（国家职业资格三级）、二级秘书（国家职业资格二级）。

大学毕业可以直接报考四级秘书（中级秘书）。有的文秘专业学生大二就通过了四级秘书考试，大三就可以通过三级秘书考试。三级秘书就是我们通常所说的高级秘书。但国家秘书职业资格考试也存在问题，因为秘书职业比较特殊，秘书的综合能力和素质不是单凭一张考卷就可以测试出来的，因此秘书职业资格考试也有较大的局限性。

【课堂练习】

1. 结合社会现实或书中案例谈谈什么是企业秘书?

2. 企业秘书从文员（初级秘书）——行政秘书（中级秘书）——总经理秘书（高级秘书）——董事会秘书，如何理解这种职位变化?

1.2 企业秘书工作

1.2.1 企业秘书工作内容

企业秘书既要协助上司管理行政事务，又要操持办公室的具体事务。许多事务看起来平凡、琐碎，似乎微不足道，却直接关系着上司的工作成效，甚至会影响组织内外关系，影响组织和领导的形象。所以企业秘书对自己工作范围内的事务无论大小都不可忽视。企业秘书的工作内容大致归纳如下：

(1) 督促检查各部门对上级的指示、总经理办公室的决议及总经理决定的执行情况。

(2) 定期组织收集分析、综合公司有关生产和行政等方面的情况，主动做好典型经验的调查总结，及时向总经理汇报、请示并定期向上级作书面汇报。

(3) 负责组织总经理主持的工作会议，安排会务工作。负责起草总经理授意的综合性工作计划和工作报告。

(4) 组织起草总经理办公室文件（负责对各职能部门以总经理办公室名义起草的文件审核），做好公司文件的编号、打印、发放以及行政文件的立卷归档保管工作。

(5) 组织做好总经理办公室印鉴、介绍信的使用及保管，函电收发和报刊的收订、分发工作，并及时编写公司大事记。

(6) 协调安排多部门主管参加各种会议。做好来客接待工作和电话话务工作。

(7) 按照总经理的要求，及时编制办公室的方针、目标，并组织检查、落实。负责完成总经理临时交办的各项事务。

(8) 负责公司办公用房、用地的分配调整及办公用品、用具标准的制定，并对办公用品、用具以及对各部门文明办公进行检查、督促。

总之，企业秘书的工作，首先是管理性的工作，包括决策支持、信息处理、办公室管理、撰写公文、会计与财务、办公设备采购等；其次是事务性的工作，包括处理信件、接听电话、档案管理、操作电脑、收发公文、回复电子邮件、整理报纸杂志、接收传真、接待访客、安排上司约会、参加会议并记录、安排差旅；再次是沟通支援性工作，包括客户服务、媒体应对、公关策划、主持公司庆典、参加应酬、外勤工作、其他主管临时交办的事项等。通常我们所说的秘书工作事务，一般指秘书所承担的具体事务工作，即人们通常所说的秘书业务工作。

1.2.2 企业秘书工作要求

1. 准确

秘书工作直接对上司工作负责。秘书工作质量的优劣与上司工作息息相关。衡量秘书工作质量的首要标准就是准确无误，也就是没有差错和疏漏。秘书工作的准确性涉及秘书工作的方方面面，如办文要准确、办事要稳妥、情况要属实、主意要慎重等。所以，秘书必须具有严谨认真的工作态度和扎实细致的工作作风，使工作的各项内容和工作过程始终处于最佳运行状态，避免和减少出现差错和疏漏。

2. 迅速

秘书工作大多具有较强的时效性，务必在规定的时间内完成各项事务，不能积压，不能拖延，不能扯皮。尤其是在市场经济条件下，竞争形势瞬息万变，时间就是效益，所以秘书必须具有强烈的责任心和极强的效率意识，遵循迅速原则，以快节奏的工作状态，力争以最小的投入取得最好的效果。当然，迅速的前提是准确，秘书工作不可一味追求速度，应以适时为本，该快则快，该慢则慢，快慢适中，以适合上司工作的需要。

3. 保密

保密既是对秘书的要求，也是秘书工作必须坚持的基本原则。世界经济一体化变化复杂，市场竞争日趋激烈，使得商家窃密与反窃密的斗争形势更加严峻。任何一个组织都有与其利益息息相关的秘密事项，影响着组织的正常运转乃至兴衰存亡。秘书工作与企业的秘密密切关联，稍有疏忽大意，发生机密泄露，都会给企业带来严重的甚至是不可想象的损失。所以，秘书工作必须遵守保密制度，要做到知密不泄密。

4. 务实

实事求是是一切工作的基本原则，秘书工作同样必须认真坚持这个原则。秘书工作必须尊重客观事实，无论是为领导提供信息、提出建议，还是转达上司的指示和意图，都要说真话、说实话、办实事，一切从实际出发，不可见风使舵，尤其是不能为了个人利益而弄虚作假，否则就会给领导工作造成失误甚至错误，损害组织的利益。所以秘书工作要做到不夸大、不缩小，不主观臆断、不谎报信息，既报喜又报忧等。

【课堂练习】

1. 企业秘书工作的主要内容包括哪些？请作一个简要的归纳。
2. 企业秘书为什么要特别务实？结合市场经济规律谈谈你的看法。

1.3 企业秘书职业化

【案例分析】

商场总经理秘书的一天

S商城是坐落于省城的一家大型国有商业零售企业。从成立的那天起，它便以优越的地理位置与优雅舒适的购物环境，以及独具匠心的企业文化精神赢得了消费者的青睐，销售额一直位居全省大型商场第一。

刚从某大学秘书专业毕业不久的王小姐，经过三个多月的基层锻炼后，便被S商城提拔为总经理秘书。走向秘书岗位的王小姐，一方面如饥似渴地学习商业知识，熟悉营销业务，另一方面满怀激情地投入工作，经历着平凡而充实的人生体验。下面，就是王秘书所经历的一天。

8月26日清晨，秋意绵绵。一阵急促的闹铃声打破了王秘书的梦境。此时，距离上班时间还有一个半小时。但因为今天是商城第四个连锁店——某市东方大厦与S商城签约的日子，作为总经理秘书，王小姐必须提前赶到办公室，为即将举行的签约仪式做好各项准备工作。经过一番精心的梳洗打扮，王秘书便迈着自信的步伐向工作单位出发了。

七点半来到办公室后，王秘书像往日一样，首先把办公室打扫了一遍，并给总经理泡好了茶。然后简单地整理一下自己的工作流程和当日的工作计划，并写成一个清单，放在台历旁边，以作备忘。八点左右，总经理和办公室主任陆续来到办公室。王秘书把签约仪式的议程和讲话稿交给了总经理，以便让他熟悉一下讲话的内容。上午的签约仪式安排在某星级宾馆举行，并在那里举行庆祝午宴。王秘书根据办公室主任的分工，负责商城的会场布置和接待工作。

八点二十分，王秘书赶到商城四楼会议室，因为十点半左右上级有关领导和来宾一行在参观完商场后，要到四楼会议室小憩片刻。客人中有省委、省政府、省商业厅、省烟草专卖局的有关领导及某市党政领导班子四大成员，接待得如何直接关系到商城的形象和合作能否成功。王秘书必须在他们到达之前，认真落实和检查以下工作：①会标是否悬挂好；②席卡是否按职务放好；③果盘及茶点是否摆好；④音响设备是否完好；⑤礼仪接待是否准备就绪；⑥新闻单位是否到齐。在策划部工作人员及其他人员的协助下，在九点以前终于一切就绪。九点二十分，王秘书安排了两位礼仪小姐在会议室接待，并通知商城领导班子成员和女子乐队到大门口迎接来宾。

九点四十分，在女子乐队悠扬的乐曲声中，来宾一行跨入商城的营业大厅。在商城董事长、总经理等人的陪同下，来宾们逐层参观，他们对商城最近大规模的布局调整和灯光装事颇为赞赏，认为现在顾客不仅把购物当成一种必需，而且把购物当成了一种休闲、一种时尚，所以对环境的要求更加“挑剔”。十点半，来宾来到商城四楼会议室小憩。省商业厅厅长代表商城表达了对来宾的热烈欢迎，他说某市是我省东大门，那里交通便捷，物产富饶，且有全国著名的风景区和历史文化遗产，此次合作的影响将会大大带动周边及邻省地区的国有商业向现代企业制度的转变。某市市长也作了热情洋溢的讲话，他说这次东方大厦与贵商城结为合作伙伴，是改进东方大厦管理模式、带动我市商业发展的良好机遇。最后商城的总经理对本商城的情况作了简单的介绍，并对商城的前景作了展望。

十点四十分，来宾们在厅长和总经理的陪同下，前往某星级宾馆举行签约仪式。待王秘书独自回到办公室时，时针已指向十一点。稍微休息一下，她开始阅读当天的报纸，看有无重大新闻和经济信息。不一会儿，一位供应商急匆匆地来到办公室，要找总经理签字转货款。本商城有规定，每月的15日至25日为转账期，今天已是26日，已超过了规定日期。当王秘书问他为什么不按时转账时，那位供应商火冒三丈，说为了转账他已往返两市三次了，第一次是转款用的增值税发票填写错误而回厂家更正，第二次是商城负责转账的分管会计生病请假，这是第三次了，务必请总经理签字。听完对方的说明，王秘书立即用电话向总经理汇报，总经理回答说：“这一点儿小事也找我，找分管财务的副总经理不就行了!”按以往惯例，这种情况是非总经理签字不可的。王秘书放下电话，便带那位供货商去找分管财务的副总经理，经核实后同意转款。那位供货商满意地走了，王秘书却开始了思考：秘书的职责不仅仅是“传话筒”，在重要的时刻还应该是总经理的左膀右臂。接下来的时间，王秘书按捺住烦躁的心情继续阅览当天的报纸，对于经济信息类、国家大事类、有关商业类均用红笔作了标记，以方便总经理阅读。十一点五十五分，商城办公室主任从某星级宾馆打来电话，签字仪式已圆满结束，签约十分顺利。

商城下午上班时间为三点，但考虑到总经理和办公室主任在午宴后，还要陪送来宾，可能难以按时回商城上班，王秘书便提前来到办公室。刚到办公室，就有两位像是母女的顾客拎了一双鞋子前来找总经理讨个说法。经历过太多投诉处理事件的王秘书早已处变不惊。待两位顾客坐下后，年轻的女顾客开始发话：“7月26日，我在你们商城为我母亲买了双皮鞋，谁知才穿了一个月，后跟就脱胶了。我母亲已是六十多的人，平时穿鞋很节省，所以我认为这鞋质量有问题，希望调换或退款。可是二楼鞋帽部负责人的答复和处理不能使我们满意，要求总经理给个说法。”王秘书接过顾客的购物发票，上面的购物日期是7月26日，鞋子的后跟也的确是脱胶问题，完全符合“三包”中的包修范围，而不符合包退或包换的范围。可是眼下总经理不在，而且也不能再让顾客去找部门处理。王秘书根据总经理以前的授意：凡是部门解决不了的问题，如果顾客的要求实属合理，可以由商城办公室酌情处理。王秘书客气地对两位顾客说：“今天总经理不在，现在由我代表他处理这件事：首先我代表商城向你们表示道歉！你们有什么要求，我们会尽量让你们满足!”然后王秘书陪同她们到二楼的鞋帽部，专门为那位母亲调换了一双鞋子。那两位顾客很是感动，后来还给商城写了表扬信，说她们在商城当了一回“上帝”。

王秘书处理那两位顾客的投诉用了半个多小时，当她回到办公室时，已是下午三点半了。不一会儿，电话铃又响了，是一位残疾消费者咨询商城是否卖残疾人的轮椅。这种轮椅以前曾经试卖过，但因其消费群体的局限，后来就不再销售，但不知道是否还有存货。为了给咨询者以满意的答复，王秘书还是请这位残疾消费者留下地址和电话，待查清后再作答复。放下电话，她立即用内线电话与商城的家具部联系，回答说查无此货，并说也许××家具世界有售。王秘书马上给那位残疾消费者回了电话，将调查结果告诉了他。对方非常感激。

下午四点半左右，总经理回到办公室。他授意王秘书立即起草一篇广播稿，内容是向广大员工和消费者宣传商城今天与某市东方大厦签约的事，旨在得到商城员工和消费者的理解和支持。广播稿尚未撰写完，电话铃又响了，王秘书拿起电话，是一位消费者打过来的咨询电话，说本市百货大楼为庆祝建店四十周年，将对所有商品大幅度优惠出售，问S商城是否有打折的意向。王秘书立即向总经理作了汇报。总经理得此信息后，便指示她马上通知各部门经理到四楼会议室开会，商量对策。会上，经理们态度不一，有的认为打折毕竟不是长久之计，如此下去会使更多商家蒙受损失；有的则认为，百货大楼既然挑起“价格战”，我们不能拱手相让有限的市场份额，可以与供货商协商，平均让利。日趋激烈的商业竞争，早已造就了总经理敏锐的商业头脑与果断的决策能力，他最后说：“我们不主张挑起‘价格战’。既然有人挑起了这场‘战争’，那我们只有沉着应战。”会议一直开到下班时间，他要求商城的部门经理马上通知各柜台组长带人到市百货大楼采价，然后确定本商城同类商品的价格，但绝不允许高于百货大楼的价格，并下令晚上加班把优惠的标签附在原价签底下。会议结束时，总经理指示王秘书尽快撰写一篇广播稿，把这一信息发布下去。待广播稿播发时，已是傍晚七点四十五分了。

当王秘书带着几分倦意和对明天的企盼走出商城时，市中心的钟楼传来了八声钟响。走在灯火辉煌的大街上，看着大道上那川流不息的车流，她的脑子里还在思索着明天的“价格战”将会给商城带来什么后果。

（资料来源：董继超．秘书实务．北京：线装书局，2000）

【问题讨论】

结合以上案例中王秘书的工作实际，分析企业秘书职业具有哪些特点。

1.3.1 企业秘书的职业化

我国秘书职业化的进程开始于20世纪80年代。党的十一届三中全会以后，随着改革开放政策的实施，社会生产力获得了巨大的解放，我国经济主体开始由单一化转向多元化。各种规模、形式和性质的企事业单位，多形式多种类的经济活动和贸易活动，必然产生大量的秘书性事务需要专门人员来处理，社会上便出现了一些专门从事秘书事务的机构和职业阶层，而后来被通称为公司秘书的异军突起和迅猛发展，无疑促使这一职业阶层在很短的时间内迅速壮大。

同时，秘书教育出现并迅速形成热潮。很自然，我国秘书职业化的时代已经开始。特别是随着社会主义市场经济体制的建立与发展，秘书职业化具备了充分的社会条件，而且日益成熟。当然，如果说这一阶段还只是我国秘书职业化的自发阶段，那么20世纪90年代后期开始实施的秘书国家职业资格鉴定工作，则标志着我国秘书职业化进入了自觉阶段。

1998年，原劳动和社会保障部开展了秘书国家职业资格鉴定试点工作，随后在全国全面推开。2003年，修订和颁布了新的《秘书国家职业标准》，改革鉴定考试办法，使秘书职业化走上了制度化、规范化的道路。同时，其他形式的秘书职业资格证书先后推出或者引进，秘书职业教育也获得了快速发展。这些因素都使我国秘书职业化在较短时间内得到了长足的进展。

以企业秘书为主体的职业阶层的形成和壮大，秘书性服务性机构的大量出现，秘书职业资格认证的广泛开展，秘书职业教育的蓬勃发展等，都标志着我国秘书职业化日趋成熟，秘书已经成为社会需求中不可缺少的一支职业大军。

1. 服务对象多元化

今天，秘书工作的范畴，已经广泛存在于一切社会管理活动之中。秘书职业化既是秘书工作满足社会各行各业需要的结果，又是促进秘书工作满足各行各业需要的动因。秘书已经不再为国家官僚体系所独有，社会各行各业、各种人等，如果需要秘书提供辅助管理和综合服务，只要具备一定的财力，就可以聘请和雇用秘书。企业家、科学家、作家、学者、演员、医生、教师、法官、律师、运动员等一切社会人士都可以成为秘书服务的对象，而这在秘书职业化之前是不可能的。从业范围广泛、从业人数众多、服务对象多元化已经成为我国秘书职业化的重要特征。

2. 业务工作专门化

秘书业务是秘书职业区别于其他职业的显著标志之一。秘书职业之所以成为一种独立的社会职业，就是因为秘书业务有自己独立的工作范围，如文档工作、会议工作、信息工作、接待工作、随从工作等。当然，随着社会的不断发展，秘书业务领域呈现扩大趋势，同时淘汰了一些过时的工作内容和形式。而这些专门的业务工作，要求秘书必须经过专业训练并具备相应的素养和技能。“万金油”的时代已经被秘书职业抛弃，不懂业务的“漂亮宝贝”也将被秘书职业拒之门外。秘书职业化不仅要求秘书是“杂家”，更是“专家”，要求其知识技能专业化。

3. 劳动价值商品化

在商品经济时代，秘书的劳动也带有商品性，其价值也就具有商品化特征。在市场经济条件下，秘书职业阶层成员的劳动价值的商品化特征日益突出：其一，秘书靠自己的服务质量、数量和劳动辛苦程度来取得用人单位的报酬。这种报酬既取决于秘书自身的能力、态度和工作效率，也受市场需求因素的影响，因此秘书的劳动价值具有商品性。其二，秘书的劳动成果商品化，秘书的有些劳动成果是可以量化的，因而其商品化更明显，如打字速记、代拟文稿、信息咨询等。

4. 资格认定制度化

西方发达国家秘书职业化成熟的标志之一，就是建立了完善的职业资格认证制度和体系。秘书从业者在进入职业领域之前，必须接受正规教育和专业培训，并经过权威机构的统一考试，取得专业任职资格证书。我国实行秘书职业资格认证是秘书职业化的必然要求，也为社会选聘秘书提供了科学的依据。目前，我国秘书职业资格认证的主要形式是原劳动和社会保障部开展的秘书国家职业资格鉴定，属于国家职业资格制度体系。它将秘书职业设为四个职业等级，分别规定了相应的工作要求及申报条件。秘书职业资格认定的制度化，标志着我国秘书职业化向前迈出了重要的一步。

1.3.2 企业秘书职业特点

1. 企业领导的助手

秘书部门是领导的办事机构，协助领导处理日常办公事务，为领导工作提供各方面的服务，而这种服务的最大特点是“点对点”的形式，秘书单独为上司或雇主服务。无论他们的身份、地位多高，哪怕是知名公司的总裁、董事长，其秘书都是他们“直接的”工作助手。即使身份、级别悬殊，上司和其秘书之间也不存在什么中间层次。在服务的过程中，秘书几乎所有的工作都是上司亲自指派、直接安排的，秘书也一定是直接向上司请示、汇报工作中的有关情况，秘书的工作内容与上司的工作内容保持着高度的一致性，因此秘书工作的成败与上司的工作结果也有着非常密切的关系。

2. 企业秘书的专业化

随着科学技术的进步和决策科学化、管理现代化水平的不断提高，企业对秘书工作的要求越来越高。企业秘书业务不仅要求秘书要具有良好的写作能力，还必须掌握信息处理、调查研究、会务管理、沟通协调、投诉接待等多方面的业务知识和现代化办公技能，而这些理论知识和业务技能的获得都必须经过专门的学习与培训。从近年来人才市场的需求看，企业招聘秘书，已经开始明确要求应聘者具有秘书专业的教育经历。许多企业从过去的用人实践中感觉到，经过严格的秘书业务训练的秘书专业的毕业生，走上秘书岗位后能很快进入角色，熟悉办公室业务，而其他专业的毕业生往往需要长时间的适应过程，才能胜任公文撰写、会务组织、公关协调、文档制作和立卷归档等主要秘书业务。

3. 企业事务管理特别追求效益

企业的最终目标就是追求最大限度的增值。企业秘书工作同样讲求工作效率，要进行成本核算，以降低企业办公成本。企业秘书工作涉及最多的是时间资源。企业的人力和工时是成本的主要部分之一，因此秘书要讲求如何科学运筹时间，如遇事可推敲一下，是不是可以与其他事同时处理？能不能替代？可不可以取消？以确保时间分配的有效性。秘书要制定好工作日程表，因为它是节约时间、提高效率的重要保证。秘书需客观地看待自己的每一项工作，制定工作表时应先急后缓，统筹兼顾。要赢得更多的时间，就必须学会集中注意力，掌握好时间，提高工作效率。正确的时间观念表现为：追求目标成果，循序渐进，注重效益，有计划，劳逸结合，张弛有度。

4. 企业秘书群体的女性化

在海外，秘书职业女性化趋势是存在已久的客观事实，女秘书在秘书队伍中有绝对优势。秘书职业也是许多国家和地区女性的首选职业。在国内，女秘书占优势的趋向是改革开放的结果，一方面三资企业纷纷出现，很自然地将包括商务秘书女性化这一管理模式带了过来，另一方面国内纷纷出现的集体、私人、个体企业也仿效三资企业的管理模式，使用女秘书成了时尚，尤其是随着市场经济的深入发展，使这一趋势得到了强化。同时，女性做秘书确实能够发挥性别优势。所以，企业秘书女性化使我国的秘书职业在这一点上实现了与国际接轨。

【本章小结】

本章从理论层次简要论述了秘书和企业秘书的含义，对不同层次的企业秘书进行了分析，归纳了不同企业秘书所处的位置；简要介绍了企业秘书工作的主要内容，列举出企业秘书职业的显著特点，让学生对企业秘书形成一个基本概念。

【习题与训练】

1. 什么是秘书？
2. 什么是企业秘书？
3. 秘书如何与企业雇主建立良好的工作关系？
4. 如何分析不同层次的企业秘书？
5. 企业秘书的工作内容主要有哪几个方面？
6. 企业秘书职业有哪些显著的特点？

7. 请利用课余时间到周边企业采访企业的文员（前台秘书），了解她们的工作职责和工作范围，以及工作中遇到的问题。并将采访结果做成 PPT 在课堂上作采访报告。

【知识链接】

（一）××企业秘书业务的工作内容

1. 传达事务

接待来访。来访者身份不同、事由不同，秘书应学会区别对待。对应该会见的人，直接转达对方的意图并将其引入会客室或经理办公室，而不论对方是要求见面还是预约。对不宜会见的人，在请示经理后以适当的理由，礼貌地拒绝对方，或是将其个人意见汇报经理后进行答复。

接听电话。接听电话时一定要先声明"这里是××公司"，然后记下对方的姓名、工作单位、具体事务。根据对方情况，不妨碍时可明确回答，但一般不说经理是否在。需要转达时确认对方的身份和要转达的内容，根据情况问清楚并准确、迅速地转达。

文件的收发及分送。对收到的邮件或送来的文件，首先要区分是要直接送呈经理的，还是需秘书先进行处置和整理的，或者是私用文书。需经理办理的要直接送交经理；经理不在时，如果是与经理直接有关的留言、电报、快递等，可用电话告知。

2. 日常运转工作

日程的设计及安排。对所确定的应由经理处理的事务，如会见、出席高层职员会、办公会等，进行记录并随时进行调查，协助经理制定日程表。

准备及安排。对于那些有一定时间限制的、需要特别准备和安排的工作，如会场预订、文件拟定以及车、船、机票的预购等，需要提前做好适当的准备。

3. 用品的整理

办公室用品的整理。秘书应为常用的物品及办公用品设计一张明细表，在上面记下品种和一月或一周所需数量以及补充的数量和补充日期。办公用品应有一定量的备用品，以便随时补充，使之能在合适的地方保持合适的数量。

经理外出用品的整理。经理外出时需使用的钢笔、铅笔等，秘书每天都应注意事先准备好一定的数量。同时还要准备手提包内的物品。这些需要准备的物品应在询问过经理后制作一张明细表并做好备忘录以防遗漏。如果是出差，还应考虑出差的地点和天数等，需要征询经理的意见以便准备好所需用品。

文件、资料的准备。秘书首先要清楚哪些文件是要用的，如不明白应详细询问，以便将可能要用的文件材料准备齐全。机密文件要直接交经理或是用封袋封好，然后等待经理指示。

4. 文件整理业务

业务用的文件分为正在处理的文件、正在运行的先行文件和已处理完毕的文件，此外还有机密类文件。根据应用情况还可以分为每日必用、常用和不常用三种。为使经理处理完毕或正在使用的文件不丢失、不散乱，并且随时可以提用，秘书需要对这些文件进行整理。整理工作首先要根据经理意见将文件分类并放入固定的橱柜或容器内。在使用中还要经常整理，以便需要时即刻就可查到文件。确定分类项目，选择保管及整理文件用品和完善整理、借阅手续。文件整理之后，还要对其进行装订，并命名。秘书在听取经理意见后制定一张文件分类明细表，并将表贴在保管场所或保管人的桌子上，以便查阅。

5. 整理、清扫工作

秘书在征询经理和副经理的意见后确定每日的常规清扫日程表，督促事务员或勤杂工完成整理清扫工作。清理桌面。台历和墙上挂的日历要每天调整日期。桌子要擦抹干净。常用品要准备好并按要求备齐数量。将前一天取出的图书、文件放回原处，有破损和污染的物品要进行清洁或更换。室内的所有物品都要放在固定的地方。根据当天的天气情况，随时调整空调和窗帘。室内用品，如墨水、铅笔、钢笔、印泥等按要求准备齐全。

6. 代行事务

秘书可以代行的事务主要有参加庆典、丧礼等仪式。秘书平时应了解不同场合的范例及标准寒暄用语，以便在出席不同场合的活动时，做到服饰和行为得体。秘书表达经理意见时要完整准确，简洁迅速。有时根据情况，还要将对方的答复向经理汇报。

7. 会计事务

该项事务是对经理直接使用的几种项目的管理，包括：物品的购入及发放、资产的调配及运用、收入及支出等方面的账目及管理等。关于资产状态及收支情况要制作一张明细表，至少1个月要制作一张月报表，在特殊情况下，应随时根据经理及副经理的要求拿出报表。处理资产状况还应注意以下几点：支出及收入可根据原始凭证将其发生额记入现金出纳中，现金出纳与现金余额应保持一致；票据上要有经手人的印章以明确责任；每个月应处理两三次，将这些收据汇总后让经理过目；日常的现金支出应限定数额；若有特殊项目，应申请特别支出资金或开出支票；开出支票需有收据或其他凭证，并在支票上注明用途，由经理盖章。

8. 协助调查

进行调查工作时，秘书应选择合适的专家、顾问，或将他们列为调查委员并与之保持日常联系，需要时提出调查课题请他们完成。秘书可以通过剪报等方式，将与调查内容相关的信息做上记号或剪下来，以协助经理做好调查工作。某些专业事项的调查，秘书可以听取专家或当事人的意见，或在调查各方面情况后，将意见和调查情况报告给经理。

9. 文书工作

文书工作有三个方面，包括信函写作、文件起草以及誊清和印刷文件。信函写作前要准备好不同内容的信件的范例，同时还应备有辞典等工具书。对经理经常使用的信件种类，可事先汇集为“标准通信范例”，需要时选择一种略加增删便可使用，以提高工作效率。秘书可以采用文件录音、记日记的方式或者选择典型的制成范例等方式来起草有关的报告、明细表和说明书等。在文件的誊清和印刷方面，秘书应事先准备好打字机和誊写器，并在誊写器的誊写板上注明原文作者和誊写者姓名。在誊写过程中，秘书要能迅速辨认经理的简化字和字句的使用方法，还要熟悉经理的作文习惯，使誊清工作准确而快速。秘书要注意区别文件的使用目的和使用方法，以便选择适宜的印刷方式和纸张。在确保没有需要修改的语句和需要纠正的错字后，不能遗漏张页。在进行编辑、规定格式后，交付印刷厂印刷。

10. 联系业务

秘书要负责向经理或副经理转达某项事情并向对方转告经理或副经理的意图，听取对方的答复并将答复反馈给经理。为此，秘书应尽可能多地备齐公司职员名录、公司名录、各地电话号码簿等，使联系业务工作得以顺利进行。

11. 招待事务

招待是指在经理外出、返回或有客人来访时的礼仪性款待，多由文员或勤杂工完成。款待包括向导、收存携带物品、奉送茶点、迎来送往等。

12. 为经理服务

经理外出时应准备好车辆。经理回到公司时，要接过其脱下的外套、帽子等，然后放到一定的地方并随时用刷子清洁这些衣物。经理从外面回到办公室的时候，夏天要递上湿毛巾、冰水、咖啡或苏打水，冬天应马上递上热茶或热咖啡。要视天气情况调好空调。当有客人来访时，秘书还需为客人服务，比如在其出入公司时，应参照对经理的服务进行接待。若需要来访者等候时，应递上报纸、杂志等。

（二）上司用什么标准选择秘书

1. 看起来舒心

领导人在选择自己的秘书时，一般都有自己的偏好。有的喜欢性格开朗的，有的喜欢美貌的，有的喜欢勤快的，有的喜欢沉稳的……尽管选择的标准各不相同，但对“好”秘书的看法基本相似：首先，作为一个秘书，你必须让上司看着舒服。这个看着“舒服”，并不一定是特别漂亮，而是衣着打扮和言谈举止得体，气质好。

作为秘书，你要给上司一个良好的第一印象，除了容貌之外，包括你说话的重音、音调和口齿是否清楚等在内，都有可能影响他对你的第一印象。尽管秘书的能力与外表没有直接关系，但遗憾的是，即使你的内在品质非常优秀，你给上司的第一印象仍是由你的外貌决定的。上司是否选择你做秘书，往往取决于你给他的第一印象。当然，如果你只给上司留下好感，还不足以让他放心地把工作交给你。

2. 带在身边放心

光看着舒服，上司还不会真正信任你；他还要继续考察你是否诚实与忠诚。你只有让上司信得过你，你才能算是真正的“秘书”，否则，尽管你可能被称为“秘书”，实际上只是一个普通的文员。

为什么秘书一定要让上司感到放心呢？因为秘书经常要直接或间接地接触公司的重大决策信息，甚至有可能参与对这些信息的处理，因此，你必须让上司对你放心，秘书职业的第一条准则就是保守秘密。有些年轻的秘书泄密，并不是她们有意这么做，很多时候是由于她们的疏忽造成的，如被人盗走机密，或对方通过对自己的行为进行推测得到机密。因此，秘书要小心慎言。另外，一些人由于失恋等原因造成精神状态不稳定，感情上有点波折都会挂在脸上，这样的人也很难让上司放心。

3. 用起来省心

只有当上司对秘书感到放心之后，他才会根据你的能力来安排你的工作，而秘书只有通过充分发挥自己的能力，才能让上司对自己的工作满意，成为上司名副其实的助手。那么，要具备什么条件才能让上司用起来省心呢?

第一，经验丰富。一个有能力的秘书，无论遇到什么状况、在什么时候和该怎么处理，都能从公司的全局出发考虑问题。如果秘书不能正确地理解上司的意图，就抓不住工作的重点；如果不知道自己工作的重点，自然就不知道在一大堆工作中，哪些工作应该优先安排，所以很多秘书经常费力不讨好，甚至给上司帮倒忙，错过时机，这种秘书自然谈不上是有组织工作能力的秘书。可以说，只有具备了一定组织能力的秘书，才有可能被上司当做有能力的秘书。

一个有经验的秘书在工作中会有以下一些特征：先决定工作的优先顺序，然后再着手开始工作；做好必要的准备工作后再开始工作；恰到好处地整理好办公环境，以减少疲劳；文件存放从不将就，按规定存放一步到位，这样要找文件时非常方便；在不是特别强调优先顺序的情况下，工作从难到易；对于那些特别耗时间的工作，在处理过程中向上司反映，听取上司的指示。

第二，身心健康。上司对秘书的要求首先是头脑敏捷，所以说秘书工作既是体力工作也是脑力工作，因此，身心健康是从事秘书工作的先决条件。生活有规律，保持适度的运动与休息，注意饮食的平衡。只有保持身体健康，才能够在工作中保持相当的耐力和爆发力，出色地完成自己的工作，这是作为秘书最基本的条件。

为了保持身心健康，条件允许的话，秘书一定要休息好，特别是中午。午休能极大地提高人们在下午的工作效率，这并不是一个个人习惯的问题，而是早已被科学所证明。如果中午不休息，下午就有可能出现犯困“走神”的现象。当你在接受领导指示的时候，你却在“走神”，甚至忍不住呵欠连连，领导看了会怎么想？即使他不当面批评你，在那种状态下你能完全领会领导的意思吗?

（三）为什么秘书要特别注意礼貌

虽然从身份上来讲，秘书只是一般的员工，没有什么特殊的地方，但从工作性质上看，秘书身处企业管理的高层，每天接触到的人物身份都比较高，所以，这就要求秘书有相当的教养，无论是说话还是办事都要体现出礼貌和涵养，因为你不仅代表着你自己，还代表着你的上司和整个企业的形象。公司领导的年龄和地位决定了他们不喜欢自己身边工作的人说话粗俗、办事毛糙、待人接物不懂规矩。

注意礼貌是秘书保持与各方面良好关系的一大法宝。秘书处于公司管理枢纽中心，每天要与公司内外各种各样的人打交道，只有与他们保持良好的关系，你的工作才能得到他们的支持和帮助，才能维护与各方良好的关系。

现在一些公司里的是是非非，都是由于一方或双方不讲礼貌造成误会积累而成。比如，早晨上班时，你在电梯口碰到了一个部门的经理，由于急着打卡，你没有对他点头问候，于是你在他心里留下一个“目中无人”的印象；又比如，总经理让你给上海的分公司经理打个电话，事说完了之后，由于又来电话了，所以你先挂电话，这样，你给对方留下了一个“傲慢”的印象……

一些年轻的秘书之所以不太注意礼貌，并不是她们多么傲慢和无礼，而是她们觉得许多礼仪已经过时，而且没有什么实际意义。的确，许多“礼仪”是过去人们所规定的一些形式化的东西，并没有什么实际意义，而且人类的礼仪规范不是一成不变的，它也随着时代而变化。比如过去见了长辈要下跪磕头，现在就不用了。但是，公司领导一般比秘书年长，他们的观念和行为相对较保守，所以，在注意礼貌方面一定要注意他们的感受，因为你对他们讲礼貌，可能仅仅是让他们感受到了你对他们的尊重和关心。

（四）如何把握衣着打扮的分寸

1. 要注意分寸

在讲究“包装”的今天，秘书如果一味地追赶潮流，将所有的流行前卫的东西都带到办公室，可能会给你的工作带来一些意想不到的麻烦。妙龄花季，追求时尚与前卫，并没有错，但是这种标新立异与工作环境不协调。因为公司领导与一般的员工相比，特别是与秘书的年龄相比，年龄普遍偏大，而且大多是男性。他们的审美情趣不仅没有秘书那么前卫、时尚，而且可以说比较保守甚至落后。在他们眼里，如果秘书的衣着打扮标新立异，则有可能被看作是庸俗和轻浮的表现。因此，从这个意义上来说，秘书应当与时尚、前卫保持一米线的安全距离。另外，秘书是上司的助手，主要从事一些日常性的服务工作，如果穿得过于时尚和前卫，不利于工作。当然，这并不是说秘书对衣着打扮可以非常随便，秘书在这方面一定要注意分寸。

2. 保持大众化

在办公室里，略施淡妆，也许更能显示秘书清秀的风格。评价一个人长得美与丑，都是相对的，因为客观上没有统一的标准，每个人都有自己的主观审美意识。但是，美有一条原则，那就是必须合乎自然，如果过分打扮，显得鹤立鸡群，反而不如大众化显得更加自然。秘书的衣着打扮不仅要与自己的形体、性格相称，而且要与工作环境所需要的气氛相协调。

3. 上班服装的选择

秘书在选择穿什么样的衣服上班时，既要考虑秘书的形象，又要考虑不影响秘书的工作。因此，在选择上班的服装时，既要考虑服装是否会妨碍工作，如衣袖是否太长、裙子是否太长和用什么料子做的；还要考虑穿着是否舒适，衣服是否有口袋和看起来是否端庄，是否适合接待客人等。

有些秘书因为经常要抄抄写写，所以总爱穿T恤衫上班，图方便。但是，穿T恤衫接待客人显得不够严肃。与此相反，有些秘书因为要接待客人，喜欢穿西服上班，但西服又容易弄脏。因此，秘书最好穿用中长纤维等料子做的简易西服或西服裙上班。

4. 首饰的副作用

秘书最好不要戴首饰，因为耳环、戒指、手镯这类首饰太显眼，在接待客人时，容易分散客人的注意力，与会见客人所需的庄重气氛不和谐。比如，你在给客人送茶时，客人听到你的手镯叮叮当当地响，会有什么感受呢?

5. 互相提醒

为了保持一种清新美好的形象，秘书不仅在精神上要有蓬勃向上的朝气，而且在衣着打扮上也要有所讲究，但不能过于显眼。但是，分寸的掌握不易，如不是眉毛描得太浓，就是口红涂得太艳。因此，秘书之间要经常互相督促，如果谁的衣服皱了或者妆太重，就要及时提醒。

（资料来源：路易斯·奥特罗．新时代新秘书．秘书之友，2006，2）

2　企业秘书角色

【本章要点】

●理解和掌握角色理论，对企业秘书的角色定位形成清晰的概念。
●归纳女性扮演企业秘书的优势条件。

2.1　企业秘书角色定位

【案例分析】

案例1：盖茨的秘书

微软公司的创业者在创业时都比较年轻，这些人搞业务、搞推销都是一把好手，可是做起内务、管理方面的杂事，没有人有耐心。一次，为了接待即将来访的惠普公司人员，盖茨才在亚帕克基市中心租了一套四个房间的办公室，可里边是空荡荡的。盖茨动员大家连夜去寻找办公用品，自己则亲手安装终端设备。可是这些事情，对于他的第一任秘书——一个年轻的女大学生来说，她觉得并不是自己分内的工作，一副不闻不问的冷漠劲儿让盖茨大伤脑筋。他深切地感到，对公司这些风风火火的年轻人来说，应该有一位热心肠、事无巨细的把后勤工作都能揽下来的总管式女秘书，不能总让这方面的事来分他们的心。

不久，盖茨在自己的办公室召见了伍德，问他需要的女秘书找到了没有。伍德一连交上几个年轻女性的应聘资料，盖茨看后都连连摇头。他看重女秘书的干练、稳重、能干，而对花瓶式的年轻女性没兴趣。“难道就没有比她们更合适的人选了？”盖茨失望地责问伍德。伍德犹犹豫豫地拿出一份资料递给盖茨：“这位女士做过文秘、档案管理和会计员等不少后勤工作，只是她年纪太大，又有家庭拖累，恐怕……”不等伍德说完，盖茨已看完了这份应聘资料，丢下“就是她了”后扬长而去。

就这样，盖茨的第二任女秘书——42岁的露宝上任了。她是4个孩子的母亲，出来应聘时并没有寄予太大的希望，在常年操持家务后她希望重新走向社会，重新追寻自我的价值。而这时比尔·盖茨才21岁，正值创业之初。当露宝的丈夫知道她即将任职的公司情况后，就警告她，要特别留意公司月底是否发得出工资。而露宝没有理会丈夫的忠告，她想一个如此年轻的董事长开办公司，遇到的困难一定很多，她开始以一个成熟女性所特有的缜密、细腻和周到来考虑她今后在公司应尽的责任与义务。露宝刚进公司时觉得这个公司有点古怪，因为一般公司请秘书一定要年轻漂亮、身材苗条的女性，而自己这么大的年龄居然得以录用，真是不可思议。

几天后的一个早上，露宝坐在自己的位置上看到一个男孩直闯董事长的办公室，经过她面前时只是“嗨”地打了一声招呼，像孩子对待母亲似的那么自然，然后就摆弄起办公室的电脑。因为先前伍德曾特别提醒她，严禁任何闲人进入盖茨的办公室操作电脑，所以她立刻告知伍德说有小孩闯进了董事长的办公室。伍德表情淡漠地说：“他不是小孩，他是我们的董事长。”“什么，他就是比尔·盖茨?”露宝回到自己的办公室，愣了几分钟还是不死心，又跑去问伍德：“对不起，请问盖茨几岁了?”“21 岁。”许多竞争对手就是被这个外形清瘦、头发蓬乱还带着头皮屑的大男孩所迷惑，露宝也不例外，她想：一个给人印象如此稚嫩的董事长办实业，遇到的困难恐怕很多吧！一段日子后，露宝发现盖茨和艾伦的行为颇异于常人。他们通常是中午到公司上班，一直工作到深夜。假如第二天早上要会客，他们就在办公室睡到天亮。盖茨睡觉的习惯很独特，他从不在床上睡觉。累了的时候，只要拉过一条毛毯盖在头上，不管何时也不管环境如何喧闹，他总能马上进入甜甜的梦乡。细心的露宝就适时为他准备毛毯，特别是出差的时候，无论时间多紧张，盖茨想睡觉时总能随手拉出毛毯。关心盖茨的起居饮食，成了露宝日常工作的一项重要内容，这使盖茨感到了一种母性的关怀和温暖，减少了因远离家庭而带来的种种不适。

公司离亚帕克机场只有几分钟路程，所以盖茨每次出差时，为了使工作尽可能的满负荷，他往往要在办公室处理事务直至最后时刻才赶往机场，为了赶时间，他常超车甚至闯红灯。这样的事多了，露宝难免为他担心，便请求他每次多留出 15 分钟去机场，并且每次她都加以督促。

露宝把公司看成一个大家庭，她对公司的每个员工、每项工作，都有一种很深的情感。很自然地，她成了公司的后勤总管，负责发放工资、记账、接订单、采购、打印文件等工作，这引来周围好多人的羡慕。然而，此时的她却有了新的苦恼。每天早上 9 点左右，清洁工进入微软公司进行清理工作。有一天，一位软件工程师突然从办公室里嚷着冲出来，板起脸孔问露宝有没有把他的程序扔掉。露宝莫名其妙地问：“没看见什么程序呀!”经过仔细询问，方知是清洁工误把这位软件工程师放在电脑旁、写在废纸上的一叠程序当做垃圾给扔了。这位工程师懊恼不已，那可是他的灵感之作呀。这件事后，露宝定了制度：在微软公司的办公室，清洁工只能清除垃圾桶里的东西，其他地方的东西一律不准移动。可是问题又来了，程序设计师把喝完饮料的空罐随手扔在电脑旁或桌子角，清洁工也不敢去碰。不久，办公室里空罐堆积如山。露宝又得向清洁工解释：哪些东西是有用的，不可以碰；哪些东西是垃圾，应该清除。露宝成了公司的灵魂，为公司带来了凝聚力，盖茨和其他员工都对她有很强的依赖心理。当微软公司决定迁往西雅图，而露宝因为丈夫在亚帕克基有自己的事业不能走时，全公司的人都对她依依不舍，留恋不已。盖茨、艾伦和伍德联名写了一封推荐信，信中对露宝的工作能力给予了很高的评价。露宝凭着这封推荐信，重找一份工作应不成问题。临别时盖茨握住露宝的手动情地说：“微软公司为你留着空位，随时欢迎你回来!”

3 年后的一个冬夜，西雅图浓雾持久不散，因缺乏得力助手而心情郁闷的盖茨坐在办公室里发愁。这时，一个熟悉的嗓音伴随着一个熟悉的身影来到了他的跟前，“我回来了”。是露宝，她为了微软公司，说服了丈夫举家迁到西雅图，继续为公司的腾飞效力。

盖茨从露宝那里得到了母亲般的照顾与支持，露宝则从盖茨那里得到了信赖与尊重，两人在各自的职业生涯中都获得了巨大的成功。领导和秘书相辅相成，珠联璧合，成为微软公司一道独特的风景。

在欧美国家的多数跨国公司里，秘书这个职位大多由年长且风度极佳的女士担任，她们虽没有年轻女孩的青春与活力，却都有着一番自信、成熟、高雅，让人不由得产生一种亲切信赖之感。

案例 2：秘书于雪

公司今年准备再招聘两个秘书，在北京的一家青年报上登载了招聘启事。今天，招聘启事出来了。在公司的招聘启事旁边，还有一条同样大版面的招聘启事。那是一个 IT 企业，它的招聘启事是这样的：

"本公司是一家专门从事网上资讯服务电子商务的综合性公司。现欲聘文秘两名，要求本科以上学历，三年以上相关工作经验，形象气质俱佳，能熟练使用 Word、Excel、Powerpoint 等办公软件，懂数据库管理，打字速度每分钟不低于 100 字，英语六级以上，沟通能力强，适应团队工作，具备一定的财务知识，熟悉市场经营与管理，有敏锐的市场洞察力。"

"于雪，你看这个招聘广告。"玛丽把报纸递给我说，"这哪是招文秘，简直就是招 CEO。"

小石把报纸拿过去看，看完感叹："IT 企业的文秘就是这样!"

"小石，你知道 IT 是什么意思吗?"玛丽问小石。

"不就是 Information Technology 吗?"

"No，"玛丽装着洋腔洋调说，"IT is I'm Tied."

艾丽丝见她俩这么热闹，也把报纸拿过去看，一边看一边对我说："小于，我倒想起一件事来，前天美国 AT 公司兰妮给了我一张名片，她实际就是个 Secretary，可名片上却印着 Administrative Assistant，我当时没有太在意，看来是有些区别。"

"我还见过印着 Office Coordinator 的名片，这有什么稀奇的，人家想怎么印就怎么印!"玛丽总觉得艾丽丝喜欢大惊小怪。

"我也想起来了，"小石说着，从抽屉里翻出一张名片来，"这是我上个星期收到的一张名片，人家是 Executive Assistant，当时我琢磨了好久，猜不出到底是个什么职务。"

我觉得，人家在名片上印的职务，并不像玛丽所说，在企业管理制度相当规范和严格的公司里，员工的职务和头衔是不能随便叫的，更不能随便乱印，所以，无论是 Administrative Assistant，还是 Office Coordinator 和 Executive Assistant，都有确切的工作内容和职责。应该说，这些头衔从本质上来说，还是属于 Secretary 的范畴，但是，她们与传统的 Secretary 相比，无论是在工作内容，还是在职责上，都有一定的区别。其实，在我们的实际工作中，这种区别也很明显，只不过我们在名称上并未加区分，都笼统地叫"文秘"或者"秘书"罢了。

随着时代的发展，秘书工作的内容和职责也相应发生变化，这是理所当然的。从这则广告就可以明显地看出来。首先，对秘书文秘知识的要求，已由过去强调打字、写作和存档这类基本技能向英语、办公自动化、财务这些更广泛的文秘知识拓展。过去招聘文秘，一般只要求“有一定的写作能力”或“良好的文档管理经验”这类基本技能，现在，不仅在办公自动化方面，要求会管理数据库，而且在财务、企业管理的知识方面也有了相当的要求，这是一种趋势。

其次，秘书不仅要注意秘书业务素质的提高，还要熟悉本公司所在行业和专业的情况。过去的文秘工作往往只局限于秘书工作本身，不需要了解行业或专业方面的动态和最新进展，认为那只是职能部门的事情。现在不仅要求秘书熟悉公司的市场经营活动，还要有敏锐的市场洞察力。所以，现在的高新技术企业，特别是IT企业，一方面，要求秘书是通才，具备相当的行业背景、经验和知识面，对新技术有一定的了解，有快速洞察竞争对手策略变化的能力；另一方面，要求秘书对本公司的产品性能和产品核心价值定位有深刻的理解和体验。如果从秘书是上司的助手和参谋这个角度来看，这种要求是很正常的。如果你不懂公司的业务，不了解公司所在行业或专业的具体情况，你怎么做参谋或助手？比方我们东岩公司马上要进入生物制药行业，上司要求我们看些有关这方面市场和技术的书，了解一些基本知识，就是这个道理。

最后，也是最重要的，那就是企业对秘书的非智力因素的要求，将和对智力因素的要求一样同等看待。过去人们挑选秘书，就是看会不会打字，或者会不会英语这些技能知识性的东西，将来会更重视协调沟通能力、团队精神、责任感、忠诚度这些非智力因素方面的东西。

作为职业秘书，我们必须迎接挑战。

The only thing we have to fear is fear itself.

从明天起，我将正式成为姜总的专职秘书。如果从单纯的秘书基本技能来看，我对自己的能力充满了自信。但是，随着公司业务的发展，市场竞争越来越激烈，姜总肩上的担子也越来越重，面临的挑战越来越严峻。作为他的专职秘书，或者是他的助手和参谋，我的工作自然而然也面临着许多严峻的考验，既有知识方面的，也有技能方面的；既有经验方面的，也有意志方面的。只有勤奋学习，努力积累，才能应付挑战，不辱使命。

下午，西部的一个省政府在京举办投资企业联谊会。我和玛丽陪姜总和赵总出席。晚宴之后，玛丽说不顺路，让司机直接开到我家，她晚上就住我家。

雪在漫天飘舞，我让司机在路口停车，我俩决定走一段路回家。

【问题讨论】

1. 查阅相关资料，比较秘书含义的各种解释，理解秘书角色的含义。
2. 结合以上案例，综述称职的秘书应如何扮演自己的工作角色？

2.1.1 社会角色

角色的概念源于戏剧，指演员在表演中依据剧本扮演的某一特定的剧中人物。后来角色一词被引入社会心理学。在社会生活的任何一个岗位上，都需要各种不同的人物来完成社会成员所期望的行为，这些各式各样的人物，便称为不同的社会角色。

关于角色的定义不尽相同，目前关于角色的定义主要有如下论述：

（1）社会地位说。角色是指一个人在社会关系中所处的地位。

（2）身份说。角色就是个体于特定的社会条件下，在群体中所处的地位与身份。

（3）行为模式说。角色是与社会位置相联系的行为模式，是处于某一社会位置的人应有的行为表现。

（4）人物说。角色是处于一定社会位置并得到社会成员所公认的一类人物。

综上所述，所谓角色是指在一定的社会关系中处于某一社会地位或者具有某种身份并遵守相应的行为规范的一类人物。那么，秘书在企业中属于什么角色呢？

2.1.2 秘书在企业中的地位

一、上司的助手和参谋

秘书是上司的助手，能够为上司决策出谋划策的秘书则被称为上司的参谋。虽然将秘书定义为“上司的助手”尚欠科学，但是秘书作为上司近身综合辅佐的参谋，由于处于管理核心的边缘，因此对上司全面承担其职责、正确有效地行使职权都有着不可低估的影响。秘书在上司、主管或雇主的身边工作，他们处在企业或部门的核心要害部位，是沟通上下、联系左右的枢纽。秘书通常为决策的制定和重要事件的策划提供支持，经常想办法、出主意、提建议、拟方案等，所以说秘书是上司的助手和参谋。

二、公司的管理人员

秘书在企业中的主要工作是为上司提供以脑力劳动为主的综合服务，广义的秘书还包括有别于专业技术人员的一般文员，这类人员范围很广，数量很多，收入也比较稳定，因此秘书也就成了许多人羡慕的社会职业。在经济比较发达的美国、日本、韩国乃至我国的港澳台地区，秘书职业大都是青年女性首选的职业。

随着秘书工作范围的不断拓展和秘书个人素质的不断提高，秘书的称谓也在发生着改变。在国际行政管理职业协会中，只有18%的会员至今还使用秘书这一称谓，其他会员都使用了行政助理、协调经理、专业经理、执行秘书和执行助理等名称。

为世界著名互联网设备供应商思科公司总裁约翰·钱伯斯做了八年秘书的德

比·格罗斯曾经说过这样的话："秘书这个词已经过时了，我们不仅仅是打字、填表或接电话，我们是被赋予权力的，能够作决定。"而钱伯斯也说："格罗斯女士并不是公司里50多个副总裁中的一员，但她是公司里最有权力的人员之一。"格罗斯每天工作12小时，她要帮助钱伯斯制订复杂的全球工作计划表，向他汇报各个会议的主要内容，阅读他的电子邮件，还要记录公司在全球一万八千多名员工的工作情况。

我国在向现代工业化发展，城市化、商业化、市场化为秘书这一"白领"职业的发展提供了广阔的社会环境。由于社会职业分工越来越细，专业内容和技术成分越来越强，因此在协作中需要协调、沟通、弥合的地方更多，这也为秘书工作拓展了更大的空间。

三、增长才干的理想职位

秘书贴近上司，直接为上司的决策和管理服务，了解决策全过程，熟悉领导机关的运作程序，因此秘书职位是积累经验、增长才干、获取领导工作基本能力的理想职位。另外，在一个企业之中，与从事其他工作的职位相比，秘书职位还有一个天然的优势：和上司接触频繁，能在领导面前充分展示自己的才干，让领导比较全面地了解自己，接受培训学习的机会也比较多，被提拔重用的几率也更大，所谓"知人善任"就是这个道理。

2.1.3 企业秘书角色定位

理解和把握秘书工作的特征是秘书进行角色定位的前提。秘书角色定位，是指秘书对自己在社会组织中所扮演的角色、所处的地位的衡量和确定。

为上司服务是秘书首要的基本定位，秘书活动是上司的附庸和补充，上司活动规定了秘书活动的基本范围和利益指向，秘书与上司的关系成为秘书最首要、最基本的社会关系。下面简要分析企业秘书角色意识定位的现实基础。

（1）上司工作的助手。协助上司处理企业事务，直接在上司的授意下执行上司指令。

（2）上司事务的帮手。秘书可以直接处理在机关发生的与上司有关部门的事务活动，为上司分身、处理小事，协助上司抓大事，使上司摆脱具体事务的纠缠，集中精力开展管理活动和决策思考。

（3）上司思维的延伸。秘书是上司的幕僚、咨政人员和决策参谋。秘书思维是上司思维的前导补充和延伸。

（4）企业的信息枢纽。在上级与平级、下级，领导与群众的多维关系中，秘书是传递文件、沟通情况的载体，负责疏通信息渠道，强化联系，使上情下达，下情上达，密切企业内部和外部等各种关系。

（5）决策（决定）的督办员。在上司作出的决策、决定颁布实施以后，秘书负有检查、督办、催办、落实的义务和权利。

（6）上司信息的资料库。秘书负有搜集、掌握、储存大量企业相关信息，及时向上司提供必要情况的责任，并掌管机关档案、文书，保管与工作有关的社会资料。

（7）上司公关活动的组织者和随员。在以公共关系活动形态表现的企业活动中，如集会、庆典、宴请、接待、应酬等，秘书是秉承上司意图的具体组织者和执行者。

2.1.4 企业秘书多重角色

企业秘书的角色既有配角的一面，又有主角的一面。秘书的基本角色是辅助管理者，是上司的近身助手，是配角。但在特定的时间、地点和场合，秘书可以由配角转化为主角，由被动转变为主动，发挥主观能动性。当然，这不意味着秘书可以反客为主，自以为是，而必须深刻认识秘书的角色内涵，摆正自身位置，恪守职场规则，扮演好自己的职业角色。

企业秘书的职业角色具有多样性，这是由秘书职责的多样性决定的。秘书应当具有角色转换的思维方式，从实际需要出发，自觉地转换好不断变化的角色，从而更好地发挥角色职能，胜任秘书工作。

1. 上司的代表

秘书的工作性质，决定了秘书首先是上司的助手。当上司工作繁忙时，上司会授权秘书代表自己履行公务，因此秘书这时就以管理者身份出现在下级面前，秘书是上司的代言人。

2. 公关角色

秘书在组织中扮演着重要的公共关系职业者的角色。秘书形象不仅仅代表其个人，还代表上司的形象和整个组织的形象，在工作中应该努力为本企业广泛结缘，以形成有利于企业发展的广泛社会关系的网络和环境。

3. 保密角色

秘书处于组织的中枢位置，知密早、涉密多、交际广，保密就成了秘书的天职。秘书必须具备高度的保密意识，严守保密纪律，自觉履行保密的职责，做一个特殊的保密员。

4. 助理角色

秘书的工作性质决定了秘书首先是上司的工作助手，他必须发挥参谋作用。在工作中秘书要参与管理，处理具体事务，让上司从琐碎的繁杂的事务工作中解脱出来，提高工作效率。秘书还应是一个有力的执行者，既要周密组织、精心协调、推动决策的落实，又要起好承上启下、衔接内外、沟通左右、联系各方的桥梁和纽带作用。

【课堂练习】

1. 假设你是一位刚刚走上秘书岗位的职场新人，你将如何定位自己的职业角色？

2. 结合具体作品，谈谈你如何看待文学影视作品中的各种秘书形象？

3. 对照秘书的一般角色条件，看看自己还有哪些差距以及如何缩短这些差距？

2.2 企业秘书角色条件

【案例分析】

案例1：美国专业秘书

《美国专业秘书工作职责说明》指出："秘书的工作在于帮助主管处理琐碎的行政事务、协调办公室工作，保证工作的有效性和提高工作效率。"这是秘书工作最基础的部分。

众所周知，领导更多地把时间和精力放在公司长远发展的大事上，日常琐碎的工作无暇顾及，需要秘书提醒和协调。举例说，经理要请客，秘书要根据客人的身份及主人的嗜好，选择合适的餐馆，既不铺张浪费，又要保证主人不失排场，就连每位客人的座次，秘书都要作出得体的安排。餐费的审核和结算也都由秘书来完成。处理好经理的日常事务，事无巨细，让领导无后顾之忧，这是秘书的基本职责。

案例2：华为公司的总裁任正非说秘书

第一，秘书一定要有基本功，必须具备做文员的条件。若秘书连文员都做不好，根本就不是一个好秘书。因此，秘书领域范围内的事情，如打字、复印、操作计算机以及其他一系列的工作，都要非常熟悉、熟练，而且我认为这是今后秘书待遇调整时需要考核的一个最基本的要点。秘书必须能承担文员所能做的一切工作，但是不同的岗位、不同的级别和不同层次，对秘书的要求都不相同，这就需要各级部门自己制定秘书体系的具体要求。每个秘书都要努力达到这个目标和要求。

第二，秘书是经理的助手，是管理者的助手。助手的含义怎么理解，这里面就有一个善解人意的问题。上述所说搜集信息情报、提供技术资料等想法并不错，但主要还应该体现在善解人意上。每一个部门、每一个科室甚至每一个课题，在往前推动的过程中哪些事情要发生，哪些问题要注意，或者哪些方面能够减轻他们的工作量，为了保证他们把全部精力用在主攻方向上，那么我们就应该把这些工作接下来，由我们来承担。如果觉得担子太重了，可以再加一个秘书；还重，就再加一个秘书。如此往复下去，不就有了秘书科、秘书处了嘛。

总的来说，作为秘书就是要下定决心、不顾一切地去分担管理者的压力。此处所说分担管理者的压力，不是说替他决策，出主意，而是要减轻他的大量事务性的重复性的劳动，保证他们在主攻方向上能够投入很大力量，这是我认为的助手的作用。

助手有高低之分，也有级别之分，大家不要总是只看管理的作用，而忽略了服务的功能。秘书工作中可能有90%是处理简单事务，10%是助手性工作，因此秘书的服务功能是非常重要的。这种重要表现在其他人不做的事，都应该由秘书来做。当然你可以通过分流的方式，比如你打字又快又好，但你可以交给打字员去做，而自己做一些组织性的工作。为什么聘秘书呢？就是让经理、研究开发人员、市场营销人员专心从事那些别人做不了、只有他们自己能做的事情，这样，秘书就真正地起到了解放管理干部、研究人员的职能工作。

我们不是为了解放而解放，而是为了服务。为什么要服务，就是要提高总体效益。以前，童第周要自己洗试管，我认为洗试管没有必要让一位科学家来做，他不做这件事，可多做一些别的事，为国家多作一些贡献。我们就是为了降低整个企业的总体成本，才建立秘书服务队伍的。如果我们不想降低成本，那么我们让研究开发人员、高级管理人员自己拖地板、装订文件，无疑减慢了他们的工作速度，降低了工作效率。这就是我们所说的服务的概念，归根到底就是解放生产力。

我曾经在市场部讲过，办事处的行政秘书就是管家婆，把这个家乱七八糟的事情管理起来，主任就可以省心了，减轻了管理者的压力。这些往往是例行管理的事情。对于例外管理，还是应该让经理去操作，而不需你们越俎代庖。至于什么是例行管理，什么是例外管理，去看基本法，都写得很明确。

现在我们的秘书队伍是不是能完全担负起这样的责任呢？我觉得可能还有很大差距。因为我认为秘书队伍应在考核管理上重新定位，适当调换。若办事处正在招聘文员，是不是可以适当考核办事处行政秘书能不能担负起行政秘书的责任，如果按标准担负不起来，那么她就做文员，再招一个秘书来管她。新员工管老员，老员工可能不服气，不服气是短暂的，时间长了，也得服气。合理调整组织结构，合理调整组织层次。如果说我资格很老，怎么办？那就努力学习，只有努力学习这一条道路。将来市场部考核上岗这种行为会越来越普及，包括秘书系统内部也要实行。一个秘书，一考试连打字都不合格，就不可能是一个好秘书，肯定得扣分。

第三，秘书地位问题。你们问秘书地位究竟有多高，这个问题很难说清楚。我举一个例子给你们听，美国军队里有一种士官，不叫军官，是士兵的士，叫士官。他们有时候连准将都可以管，但他们连准尉都不是。这是美国军旅制度确定的，士官没有军官资格，可他们在总参谋部做一些非常具体的工作。所以，秘书的权力、职责大小是与他本人所处的部门、岗位密不可分的，秘书的地位、岗位也是有一定区别的。

说到底，秘书定位就是一个服务性的定位，但不能简单理解为端茶倒水、打字复印，不同地位的秘书其服务的意义也不同。像我们公司这么庞大的秘书队伍，发达国家是养不起的，因为成本太高。美国的公司一般是提供好的工具，要求科技人员自己做文件，下班之前务必做完。这一系列管理制度目的就是为了降低成本。华为公司处于中国特色的情况下，所以养得起，有这么一大群秘书。

许多公司对女性都有不同程度的歧视，但华为公司从不歧视女员工。我们女性员工总人数占公司总人数的25%左右，这个比例是相当高的。我们在安排安全退休金以及其他方面，都是男女平等的。很多公司不愿意聘用女员工，是因为女员工效率低，做事达不到目标，而且女员工有一个大缺点，就是爱传小话，唠叨小话，破坏团结。本来我们录用女员工的目的是为了给管理群增加一种润滑剂。男员工的最大特点是刚性，互相一碰撞容易出火花。中间隔了一层弹性海绵，就不会撞出火花了。若女员工传小话，反而是去点火了。既然如此，那我们就有必要调整某些部门女员工的比例，向其他部门输送、消化一部分。华为公司聘用员工的男女比例是遵循客观规律的，不是人为可以改变的，我们去大学招聘科技、技术人员时是没有性别歧视的。

【问题讨论】

1. 秘书在日常工作如何做到“事无巨细”才能提供好服务？这与秘书角色条件有什么关系？

2. 秘书在企业中的重要作用表现在哪些方面？

秘书的角色条件是由秘书工作的特点决定的，在这里我们主要讨论秘书角色的年龄、性别、健康、文化程度等一般条件。

一、年龄条件

社会角色不同，对年龄条件的要求也不同。目前对秘书从业者的年龄并没有明确的规定，但是从企业对秘书的需求趋势来看，整体上呈现年轻化的特征。

20 世纪 80 年代初期，我国秘书队伍的年龄结构有明确的老化倾向。进入 90 年代后，秘书队伍的老化倾向大有改观，尤其是商务类秘书队伍的日益壮大，一大批年轻的大中专毕业生走上秘书岗位，秘书队伍基本实现了年轻化、知识化、专业化。据调查资料表明，深圳特区部分国有企业和中外合资企业秘书的综合平均年龄为 32.7 岁。进入 21 世纪后，秘书队伍年轻化的特征更加明显，据上海大学高等技术学院涉外企业调查组在 2002 年 6 月对 108 家涉外企业的调查资料表明，在涉外企业中从事秘书工作的人员中，年龄在 30 岁左右的占 54.6%，40 岁左右的占 18.6%，50 岁左右的占 6.5%。

但是，目前在我国对秘书年轻化的要求也存在偏低化的误区，如大量的招聘启事中标明的秘书年龄不符合职业需要的实际，有的要求应聘者年龄在 24 岁以下甚至更小，同时又要求有若干年工作经验，这是矛盾的，从某种角度也反映了社会对秘书角色认识的偏颇。其实，国外对秘书年龄也是有要求的，但不是越年轻越好。在美国，初级秘书的职责一般比较单一，在职秘书的年龄一般不超过

25 岁。中级秘书的权力和职责相对要大一些，在职者的年龄一般在 25 ~ 35 岁。高级秘书由于处于高级领导层的要职，他们的能力需要多年甚至十几年的培养和历练，所以许多人的年龄在 40 岁以上。从某种意义上讲，秘书的成熟度是与年龄成正比的。

所以，我们不能绝对地说秘书就是年轻人的职业，具体情况还是要结合具体的岗位要求来定。这也给年轻秘书以有益的启示，提高自身素质才是关键所在，所谓秘书吃的是青春饭的观点只是认识上的偏颇。

二、性别条件

社会角色不同，对性别条件的要求也不一样，有些社会角色对性别的要求规定得比较明确，有些社会角色对性别的要求规定得不十分明确。从职业化的角度考察，秘书职业呈现女性化的特征，在许多国家和地区，秘书职业被公认为是“女性的一统天下”。在英语世界国家出版的关于秘书工作的出版物中，包括权威性的词典、百科全书中，凡是需要用第三人称指代秘书时，都一概使用“she”（她），而不使用“he”（他）。

女性从事秘书职业有其自身的优势：一是思维能力优势。女性由于有较强的形象记忆和机械记忆的能力而更善于形象思维，更富于想象力，做事大多谨慎仔细，思考问题的细致周到程度普遍优于男性，更利于处理繁杂的事务。

二是交际能力优势。女性温和、文雅、富于同情心和宽容心，更善于理解他人，更能体谅他人，能为领导和同事着想，能拉近与领导的距离，知觉速度快，所以更利于沟通，表现出较强的人际交往能力。

三是语言能力优势。女性善于发挥口语表达技巧，能在说话中灵活运用温和、欢乐、惊讶等不同口吻，自然地配以微笑、愉快、忧愁等不同神情，所以谈话的方式较男性生动活泼，易于与对方融洽交流。

四是操作能力优势。女性普遍心灵手巧，而且有耐性，适于操作现代办公设备。19 世纪 70 年代字母打字机发明后，打字成为秘书工作中最基本的业务，而女性似乎有打字的天赋，秘书工作给了她们发挥这一天赋的机会。

五是审美愉快优势。男性有阳刚之美，女性有阴柔之美，刚柔相济才能产生审美愉悦。有温柔的女性存在于办公室中，能够调节环境气氛，使之明快轻松。即使办公自动化高度发达的今天，由女性秘书来操作这些设备仍然多了一些温情的色彩。

在我国，改革开放以前，秘书几乎是男性的天下。改革开放后，“三资”企业大量出现，发达国家先进的管理思想和方法被引进，包括秘书女性化这一被发达国家普遍认同的管理模式。所以，从职业化的角度来考察，现在女性秘书已经成为我国秘书职业阶层的主体。

三、健康条件

各种社会角色对角色健康的要求基本上是一致的，即要求身心健康。秘书角色的健康条件也不例外，一要生理健康，二要心理健康。二者既相互联系又相互制约，生理健康是心理健康的自然条件，而心理健康又影响着生理健康。一个人如果只有生理健康，而缺乏心理健康的条件，也很难胜任角色任务。

秘书工作比较辛苦，生活规律常常被打乱，若加班加点赶任务就需要有旺盛的精力和体力。秘书处于企业或组织的枢纽位置，地位特殊，事务繁重，角色复杂，工作要求高，关系难处理，常常使其心理处于紧张状态，心理承受力需较强。若不能及时调整心态就很容易出现心理疾病，尤其是当秘书处于一个较为复杂的人际关系网中时，若不善于处理各种关系，就很容易形成不健康的心理。

所以，秘书的心理健康条件应当是智力水平正常，情绪稳定，心态平和，具有较强的环境适应能力，具有良好的人际关系。因此，秘书要树立正确的人生观、价值观，要正确认识和评价自己，努力创造良好的人际环境，积极参加有益的公益、文体活动，并能及时发现和自觉调整出现的不良心理状态，以便担当好秘书这个比较复杂的社会角色。

四、文化程度

文化程度即受教育程度，是秘书角色条件中不可或缺的条件之一。秘书要从事文字性、智能性工作，没有一定的受教育程度是难以胜任秘书工作的。文化程度可以从两个方面来理解，一是以学历层次的高低作为评判标准，二是以知识结构和能力结构是否合理作为评判标准。

担任秘书角色的学历一般根据所任职位的职级而定，所任秘书职位的职级越高，对任职者的学历要求也就越高。因为职位的职级越高，其处理的工作事务就越复杂，就要其具备相应的学历。在我国的《秘书国家职业标准》中，四级、三级、二级秘书资格考试的申报条件中，虽然未将学历作为必要条件，但也分别提出了大专及本科的充分条件选项。

从理想的角度看，秘书更要有合理的知识结构和能力结构。知识结构包括基础知识、专业知识和辅助知识三个部分；能力结构包括写作能力、信息处理能力、组织能力、沟通能力和办公设备操作能力等。知识结构和能力结构与学历层次相比，前者更应当受到重视，因此秘书应根据工作需要不断优化自己的知识结构和能力结构。

2.3 企业秘书角色意识的培养

【案例分析】

案例1：招聘亚太区总裁秘书

（1）35至42岁，职业女性；

（2）长期外资企业工作经历，至少8年外企高级秘书经验；

（3）非常流利的英语、熟悉计算机操作；

（4）良好的沟通能力、协调能力、判断能力和预见能力；

……

案例2：形形色色的女秘书

1. 听风是雨

秘书小英有回神神秘秘地跟我们说，老板近期要给大家涨工资，这下大家把各种糖衣炮弹全都用在小英身上，都想早点从小英嘴里套出老板给自己涨了多少。小英美美地享受完，然后跟我们说："甭着急，公司业绩这么好，平均涨幅怎么也得20%以上！"可大伙望眼欲穿地盼了一个月，一点动静都没有。我们就问小英到底从哪儿得来的消息，小英说："是老板说的呀！"再问她老板到底是怎么说的，小英含糊了，说："就是有一天老板叫我，让我把大家的工资单都拿给他看看。"小英想老板可能是要给涨工资了，所以马上就出来给大家透露消息了……"晕，合着这内幕是小英自己瞎推理推出来的呀，可惜了我们那些糖衣炮弹啊！

2. 口无遮拦

秘书小美性格开朗，一张玲珑小嘴不管什么时候都能以最快速度把消息传播出去。那天老板跟李先生正在谈合同，小美接了个电话，拉开老板房门就说："老板，张先生刚打电话来说，说咱们给他报的礼品杯，五块钱一个的报价他们同意，让赶紧签合同！"谁承想，老板跟李先生谈的也正是这杯子，老板给李先生报价六块，李先生就差点头了，结果小美这一嗓子，到手的生意就飞了！为此小美也成为我们公司这些秘书当中上岗时间最短的一位，只干了一星期，就让老板请下岗了。

3. 故弄玄虚

秘书小钱经常在QQ上给我们发布神秘通告，什么老板明天要外出开会啦，什么老板今天找小王谈了很长时间啊！等把我们胃口都吊起来了，我们再问个究竟时，小钱就会发一个很拽的图标，然后说这是公司机密啦，她是绝对不能泄漏的。有次我们眼瞅着老板屋里进去了一位漂亮女孩，赶紧就向小钱打听起来，小钱说那是公司新谈成的一个大客户，再多问就没声了。等老板送走那女孩，我正好有份文件要找老板签，跟老板说完正事，我随口问了句："老板，刚才那位是咱们的新客户呀？"老板一脸莫名其妙地说："谁说的？那是我一远房亲戚！"看看这小钱，净瞎忽悠人！

4. 自以为是

秘书小杜在别的地方做了挺长时间的秘书，觉得自己特有经验。她一来，我们可算倒了霉了，特别是老板外出的时候，她好像成了老板代理，这一通指挥我们。我们心里一肚子火也不敢跟她撒，把她惹急了，到老板那儿随便给我们扎一针儿，我们也受不了呀。还是强子聪明，有一天老板出门前安排他联系一个事儿，他故意跑小杜那儿晃了一下，结果立马被小杜抓了个差，等干完小杜的差事，老板回来了，一问强子还没办老板交代的事儿，就发了火，等得知原委，又把小杜也骂了一顿。强子这次牺牲了自己一把，可算给我们大家出了口气。

5. 笑里藏刀

秘书小静跟我们特别能打成一片，经常跟我们又吃又玩的，我们有时候发发老板牢骚，小静也跟着我们一起表示不满，所以我们什么事儿都跟她讲。后来有一次，老板请我们大家吃饭，吃着喝着，老板就喝得有点高，这下可不得了，老板开始一个个训我们，我们谁说过他什么坏话，他一点不差地都能说出来，吓得我们这一身冷汗呀！再看小静，那脸红一阵儿白一阵儿的，那叫一个尴尬！自此以后，我们再跟小静一起玩，大家都不再提老板。

【问题讨论】

1. 请从领导与秘书的主辅关系、领导的秘书观的角度，对案例加以评析。

2. 分析案例2“形形色色的女秘书”中的具体事例，说明那些行为对秘书角色的危害是什么？

2.3.1　秘书角色知觉的误区

角色意识是指一个人在社会群体中对自己所处的地位以及由该地位所规定的社会职责的感知与认识、自己对周围人的种种角色关系的理解与协调。秘书的角色意识是指秘书对所担任角色的社会地位及由地位所规定的职责的知觉、理解和体验。秘书要形成鲜明强烈的角色意识，这是做好秘书工作并且发挥主观能动性的基础；不能形成正确的角色意识，就很难成为优秀的秘书。

影响秘书角色知觉的因素主要有两大类：一是客观因素，如社会政治经济条件、社会文化发展水平以及社会角色特征差异等；二是主观因素，如个体的社会经验、行为动机、人格特征等。由于这些主客观影响因素繁杂，所以秘书很容易受到外界不良因素的影响，形成不正确的秘书角色知觉，使自己难以安心从业、乐业、敬业。对这些不正确的秘书角色知觉必须予以澄清。比较典型的秘书角色知觉误区有：

1. 秘书是“高级保姆”

这种角色知觉的错误在于把秘书角色完全置于受领导雇用的地位上，不符合我国秘书职业的现状。这种观点认为秘书为领导服务没有界限，从日常工作到家庭事务都要为领导提供服务，是一种不需要什么专长，只需善于察言观色就行的角色。显然，这是对秘书职业和秘书工作的一种误解。虽然秘书为领导服务是一种角色规定，但是这种服务应该是在职责范围内的服务，否则就不属于秘书角色分内的事。如果秘书与领导关系密切，私人关系很好，在生活中相互关心和帮助也是正常的，但它属于非秘书角色的一种个人关系。

2. 秘书是“漂亮宝贝”

这种角色知觉的错误在于极端地贬低了秘书职业的作用，严重扭曲了秘书职业形象。随着我国秘书职业女性化特征的日趋明显，受各种复杂社会因素的影响，一些人认为秘书只要年轻漂亮就可以，将秘书视为好看的花瓶，做一些招待、应酬工作，更有甚者将女秘书的职业形象与社会不良现象画等号，认为女秘书就是“情人”、“小蜜”甚至“二奶”。这里面有残余封建陈腐观念的精神贻害的影响，有某些文学影视作品的商业渲染的影响，也有极少数人不良行为的现实误导的影响，其危害是相当大的。这种观点败坏了秘书职业的声誉，阻碍了秘书职业的健康发展。

3. 秘书是“领导附庸”

这种角色知觉的错误在于抹杀了秘书职业及秘书工作的真实状态，贬低了秘书的人格形象。有些电影、小说等出于塑造人物的需要，常把秘书角色描绘成在领导面前点头哈腰、唯唯诺诺、狐假虎威的不光彩形象，甚至有“奴化”倾向，实际上是对少数人的个别行为进行了抽象概括，却使人们尤其是对秘书工作实际缺乏了解的人对秘书工作产生了误解。秘书作为一种特定的社会角色有其不可替代的工作内容，更有其独立的人格。秘书与领导之间在工作上是上下级关系，但是在人格上是完全平等的，不存在人身依附关系。

4. 秘书是“领导高参”

这种角色知觉的错误在于过高估计了秘书角色所发挥的参谋作用，过分夸大了秘书角色的作用。我们提倡秘书在很好地完成自己各项事务性工作的前提下，尽可能地发挥自己的聪明才智，多为领导提供一些可供选择的优化方案或者有用信息，以便适当合理地发挥参谋的作用。但是，这绝不意味着让秘书将工作本末倒置，忽视办事职能，过分强调参谋作用，专门为领导出主意、想办法。秘书工作的基本任务是辅助管理，使领导从繁杂的事务中解脱出来。把秘书角色说成领导的专职高参，甚至说成“智囊团”、“思想库”，是非常有害的。领导的专职高参是副总经理、副总裁等，秘书不能越位。

2.3.2 秘书角色错位的行为

进入职场，秘书必须时刻清醒地认识自己的角色，把握好角色的分寸，恰如其分地规划好自己的职业生涯。但是，在实际工作中，许多秘书做不到这一点，经常自觉不自觉地表现出不符合角色定位的过分行为，致使角色错位或偏离角色位置，给自身形象及职业生涯带来不良影响甚至损失，应当引以为戒。

常见的秘书角色错位表现有以下几种：

1. 关系越位

秘书与领导的关系在组织上是一种上下级关系，在工作上是一种主辅关系。工作中有的秘书不能把握这种关系，以领导的角色或者假借领导名义发号施令，越俎代庖，甚至以“领导”自居，颐指气使，造成关系越位。

2. 工作越位

秘书和领导在工作中必须各司其职，各负其责，在各自的职责范围内开展工作，不能相互代替。工作中有的秘书出于把工作做好之心，抢着去做本应由领导出面处理的事，结果给领导帮倒忙，造成工作越位。也有的秘书为出风头而造成工作越位。

3. 表态越位

表态与个人的身份或者权力有着直接的关系。有些秘书在未经领导授权或授意的情况下，就对某些问题进行决定性表态，给领导工作带来被动甚至不良的影响，造成表态越位。

4. 社交越位

秘书经常陪同领导参加一些社交活动，如迎来送往、宴请舞会、录像合影等，有些秘书不能够自觉地甘当配角，不注意突出领导地位，造成社交越位。

秘书角色错位的表现还有许多。应该说，造成秘书角色错位的原因在于秘书对角色的认识与理解不正确，对秘书角色与领导角色的关系把握不准确，再加之某些人从业动机不纯，个人主义意识强烈，过分看重自己的利益，给秘书角色人为地赋予了某种以权谋私的色彩，其消极影响不可低估，对组织、对领导、对自身都会带来损害。

2.3.3 秘书角色意识的培养

鲜明而正确的角色意识是从事秘书职业的灵魂所在。没有正确的角色意识，秘书就不能在工作中积极发挥主观能动性，就不会形成乐业、敬业的精神，甚至偏离职业轨道。要想成为一名合格的、优秀的秘书，就必须确立正确的角色意识。

1. 责任意识

秘书身处领导身边，直接为领导服务，在工作中负有重要责任。秘书必须培养高度的责任意识，培养强烈的社会责任感，这样才能在为领导服务中实现自己的角色价值。责任意识是秘书角色意识之本。

2. 服务意识

秘书必须把服务作为基本职能，认识到服务是秘书的本色，理解服务的崇高性，树立自觉服务的意识，甘当配角、乐于奉献。

3. 服从意识

服从是秘书最起码的角色意识，也是基本的职业道德品质。秘书必须坚定不移地、毫不走样地贯彻领导的决策、执行领导的决定，学会适应不同的领导，保持心态的稳定和平衡。

4. 主体意识

秘书的基本角色是配角，但是秘书作为秘书职业活动的主体在处理具体事务工作中又必须唱主角，必须积极主动地完成好本职工作。这是由秘书角色的双重性决定的。

5. 公关意识

秘书处在特殊的位置，需要处理好上下、左右、内外等各种关系，因此要有很强的公关意识。秘书应当全面培养自己的学识、技能，学会处理各种复杂关系和突如其来的紧急情况，为领导分忧。

6. 形象意识

秘书的一言一行，代表着个人形象、领导形象、组织形象，是三位一体的综合形象。秘书要讲究仪表美、心灵美，以外在美与内在美的和谐统一彰显职业形象。

7. 纪律意识

秘书处在领导身边这样一个特殊位置，有许多便利条件，所以必须做到遵纪守法，遵章守规，具有鲜明的纪律意识，以此指导和约束自己的社会行为，尤其在保守秘密方面，应将之视为铁的纪律。

2.3.4 秘书群体角色意识的优化

秘书群体角色意识的优化是指秘书个体角色意识和秘书群体角色意识的和谐统一。人们的自我意识是在社会实践中产生和发展的，表现为愿望、意向、兴趣、理想、信念等。

自我意识的高层次表现为一种丰富性动机，就是在社会生活中不断推进提高自我实现的精神支柱，每个人在进入自我实现的某个阶段以后，又会出现新的更高的自我实现的追求。这种时时更新的自我意识总是呈现膨胀的趋势。

秘书是人在社会组织中担当的一种职业角色，其职业角色意识必须控制在社会组织为他规定的规范之内。也就是说，他不是在自己选定的环境下而是在他直接遇到的环境下塑造自己。因为秘书在社会组织中不是领导者、指挥者、决策者，而仅仅是领导者、指挥者、决策者的助手和参谋。他服务于领导工作，活动于幕后。作为处于从属辅助地位的秘书，必须听命于人，只能在受控的前提下施控。这种受规范控制的角色意识制约着呈膨胀状态的自我个体意识，而强烈的自我个体意识能在一定条件下促进、推动个体角色意识。

秘书要实现自我，必须冲出自我，在“无我”中实现自我并达到“超我”，融自我角色与群体角色为一体。在戏剧舞台上，我们通常会看到：锣鼓一响、音乐声起，演员就各自进入自己的角色。剧演得好不好、演得成不成功不是一个演员的力量所为，而是众人努力的结果。

作为秘书，不仅要让个性服从于共性，还要使自己的个性巧妙地融合于共性，使个性具有最大限度的可压缩性，刚柔相济，富有弹性。在任何情况下，在任何环境中，不但能顺应群体共性，还要能顺应其服务对象的独特个性。要彻底摈弃“身在曹营心在汉”或“这山望着那山高”的心态，使强烈的自我实现的丰富性动机完全融汇在角色意识之中。在角色意识中融入强烈的自我个体意识，那么从属性的被动工作就会呈现创造性、主动性态势。在规范的角色位置上塑造出鲜明的个体角色形象，也就融入秘书群体角色之中了，其自我个体角色的实现也就达到了新的境界。

总之，深刻理解秘书的角色意识并努力培养自己的秘书角色意识，对于个体的职业生涯意义深远。

【本章小结】

理解和把握秘书工作的特征是秘书进行角色定位的前提。秘书角色定位，是指秘书对自己在社会组织中所扮演的角色、所处的地位的衡量和确定。企业秘书的角色具有两面性：既有配角的一面，又有主角的一面。秘书的基本角色是辅助管理者，是领导的近身助手，是配角。但是在特定的时间、地点和场合，秘书可以由配角转换为主角，由被动转变为主动。

秘书角色条件是由秘书工作特点决定的，包括生理条件、心理条件、社会条件。其中，生理条件是心理条件的必要前提，而心理条件的产生取决于角色个体的社会条件。要想成为一名合格的、优秀的秘书，就必须树立正确的角色意识。

【习题与训练】

1. 查阅相关资料，比较秘书的各种解释，理解秘书角色的含义。

2. 结合本章案例，综述称职的秘书应如何扮演自己的工作角色。

3. 假如你是一名刚走上秘书岗位的职场新人，你将如何定位自己的职业角色？

4. 请从领导与秘书的主辅关系、领导的秘书观的角度，对案例加以评析。

5. 对照秘书的一般角色条件，看看自己有哪些差距以及打算如何缩短这些差距？

6. 秘书在日常工作应如何做到“事无巨细”并提供好服务？

7. 通过观看影视作品和文学作品，结合作品的具体人物和表现，谈谈文学影视作品中各种秘书形象所扮演的角色。

【知识链接】

（一）秘书角色谈

1. 祝建新的秘书生活

祝建新大学毕业准备加入联想集团，梦想成为高层领导身边的一名秘书。她对自己的目标有着十分清醒的认识：她需要在大公司里积累工作的经验，联想应该是一个不错的选择；秘书的工作经常有机会接触到公司高层和方方面面的业务，可以学到很多东西，会是一个很高的职业“起点”。三年过去了，她发现，所有的一切都如同她当初梦想的一样，她学到了很多，成长得很快。与此同时，她爱上了联想，爱上了秘书的工作。

现在，祝建新在公司的高级秘书当中是工作时间最长、资格最老的一个。由于职业秘书的概念在国内企业中并未获得广泛认可，许多人在秘书的岗位上顶多做两年左右就纷纷离开了，有的跳槽，有的出国，有的转到公司的其他部门。秘书并不被认为是一个有长期发展前途的工作，而仅仅是晋升的台阶或一块弹性很好的“跳板”。祝建新给公司一半的高级秘书做过指导，同时她还负责招聘新秘书时的面试。她认为，做秘书，尤其是总裁的秘书，悟性最重要。什么是悟性？首先得聪明，有足够的沟通能力、应变能力和协调能力；但是太聪明、太有心计了也不行，秘书对于自己的工作定位要有明确的认识。用她自己总结出来的一句“格言”来说，就是“秘书是没有角色的角色”，你不能有出格的表演。作为联想的秘书，祝建新的手机被要求 24 小时开着。“但事实上，老板会尽量避免在休息时间找你，除非事情特别急。”

2. 章秘书的作用

汉正公司与日商洽谈，准备向日方出口大宗商品，商定由日方派船来港装货。日方需要知道长江水位深浅的准确数字，才能处理具体航运中的技术问题，否则，这大宗买卖难以成交。汉正公司张经理回答得含含糊糊，致使谈判搁浅。公司章秘书在征得张经理的同意后，用流利的日语，具体而详尽地讲清了长江从吴淞口到本港，各段位在不同季节的水位深浅，以及分别能承载多大吨位船舶。章秘书的讲解使日商特别满意，当场就签订了购货协议。

事后，有人渲染章秘书所起的关键作用，甚至说他超过了领导。章秘书听后面带得意神色，说："区区小事，何足挂齿？不过'为他人作嫁衣裳'而已！"

章秘书的话和表情很快就传到张经理耳中，此后，章秘书觉得自己不知为什么受到了冷落。

（二）秘书人员角色错位现象浅析

秘书角色，是指经过特定的选拔和任用程序而获得秘书从业者的社会地位和身份，并以秘书职业特定的行为模式从事职业活动的人员。秘书人员角色错位现象，是指秘书在工作中因没有找到或找准自己的位置而出现的违背秘书职业准则和有关道德规范的现象。如同一个演员在舞台上站错了位置必定会"出丑"一样，秘书人员如果出现角色错位必然会打乱组织程序，扰乱领导工作，甚至招致各方面的不满。具体而言，秘书在工作中角色错位主要有以下几种表现：

首先，在领导面前行为失范。一是扮演"无能者"，不能很好地处理工作问题；二是扮演"自负者"，看不起领导；三是扮演"亲密者"，与领导称兄道弟；四是扮演"对抗者"，顶撞领导，不服管理；五是扮演"献媚者"，对领导阿谀奉承。

其次，在各职能部门工作人员面前行为失范。一是扮演"二首长"，盛气凌人，代替领导发号施令；二是扮演"消息灵通人士"，无视保密纪律，传播"内部消息"；三是扮演"全知全能者"，随意干涉其他部门的工作。

再次，在普通职员面前行为失范。一是扮演"大领导"，居高临下，越权乱政；二是扮演"救世主"，不会解决矛盾却常常激化矛盾；三是扮演"权威者"，轻易对他人作出承诺，导致工作陷入被动。

造成秘书人员角色错位的原因主要包括内外两个方面。就内因而言，主观原因有二：一是秘书人员对秘书角色认识肤浅，理解不深，把握不准。从上述角色错位的表现来看，多数是由于秘书人员对自己所从事的事业的内在要求理解肤浅或理解有误、对秘书与领导的关系认识有误、把握失准造成的。二是秘书人员对秘书职责的认识和把握不当。"秘书是领导的助手"——秘书人员必须清楚地认识这一点，牢牢地把握这一点。上述秘书角色错位现象中有很大一部分是由于对此把握不准而引起的。从客观方面看，由于秘书人员履行秘书职责的技能欠缺，因而在工作中往往表现得"成事不足，败事有余"，扮演了"捣乱者"的角色。

就外因而言，一方面，秘书角色具有多重性。国际秘书联合会关于秘书的定义是："秘书应当是主管人员的一位特殊的助手。他掌握办公室工作的技能，能在没有上司过问的情况下，表现出自己的责任感，以实际行动显示出主动性和正确判断能力，并且在所给予的权力范围内作出决定。"

由此可见，秘书是一种以自己的责任感为依据，为领导提供全方位服务的助手。也就是说，秘书人员要在不同情况下扮演不同的角色。秘书角色的多重性特征，使得秘书把握角色有一定难度。

另一方面，秘书角色具有伴生性。秘书的存在是以领导的存在为前提的，而领导也离不开秘书，所以两者是相辅相成、彼此依存的伴生关系，这种伴生性特征，使得秘书与领导之间的关系非常紧密。同时，由于在两者的关系中领导占据主导地位，因此领导在生活中和工作中往往会对秘书产生很大影响。就像小孩总要模仿大人的行为一样，秘书有时会模仿领导的某些行为。这种模仿可能是有意识的，也可能是无意识的。但不论是有意识还是无意识，这种模仿行为都会对秘书正确扮演自己的角色产生积极或消极的影响。

秘书角色错位不但会给工作造成困难，还会导致工作关系紧张，对工作大局产生不利影响。所以，我们必须防止出现秘书角色错位现象。那么，秘书怎样才能防止角色错位呢？

首先，要自觉培养正确的角色意识，加强对秘书角色的认识、理解和领悟。为此，秘书人员必须深入了解各方面的服务对象对秘书工作的期望，熟悉领导、各职能部门和人民群众对秘书行为的要求。就领导而言，他们对秘书角色有一个共性的期望，那就是秘书应该在基本层次上“像个秘书”，核心是要求秘书干练而忠诚。同时，不同的领导因自身情况的差异会对自己的秘书有一些特定的期望和要求。从这一点上讲，秘书人员要扮演好秘书角色，就必须了解自己所服务的领导的个性并清楚领导的特殊要求，如此才能成为领导的得力助手。

就各职能部门而言，不同的部门对秘书有不同的期望。一般而言，各职能部门的工作人员都希望秘书友善且易于合作。秘书在与各部门人员打交道时应尽量做到这一点，否则难免陷入“孤家寡人”的境地，即使付出再多的努力也只能是事倍功半。就人民群众而言，他们希望秘书和蔼、有耐心、容易沟通并乐于助人。所以，在与人民群众接触的过程中，秘书必须表现出热心、耐心和善心，这样才能得到人民群众的认可和支持。由此可见，秘书人员的角色行为效果在很大程度上取决于角色扮演者对秘书角色的内涵、意义的认识和理解。秘书只有准确理解秘书角色的特殊地位和作用，充分认识秘书工作的重要社会价值，才能树立信心，激发内心的工作热情，努力做好本职工作。

其次，要特别注意对秘书角色的多重性和伴生性特征的认识和把握。为此，秘书首先要弄清领导角色与秘书角色的本质差异，防止自己不自觉地进入领导角色领域。秘书要根据工作的不同要求，及时转换角色，防止角色错位。秘书工作领域广泛，不同的工作有不同的要求，因此秘书在工作中常常要扮演多种角色，而不能拘泥于一种角色。只有随着情况和环境的变化随时转换和调整自身角色，才能适应不同的工作需求。

再次，要在角色实践活动中不断提高对秘书角色的把握能力。秘书的角色活动是指秘书在对自身角色认识、理解和领悟的基础上，自觉地用秘书角色的本质要求和行为规范严格要求自己，出色地完成各项工作任务，实现自我社会价值的行为过程。秘书只有根据秘书角色的要求，在角色活动的实践中努力加强自我修养与锻炼，不断提高自身的素质和能力，才能尽快进入角色，更好地扮演角色，最终成为一名优秀的秘书。

（资料来源：王金．秘书人员角色错位现象浅析．秘书之友，2005，6）

（三）西方国家秘书培养点滴

西方各国对培养秘书人员都有明确的要求，以马里兰州初级大学为例，公共课有：速记、打字、阅读与写作、健康生活原则、办公工作程序、计算机应用、秘书学、体育、会计学。行政秘书的专业课程有：商业数学、企业法、簿记、演讲、社会科学、行政秘书听写和录音、行政秘书准则等。法律秘书的专业课程有：美国政府组织和企业法、法律秘书准则、法律专门术语、法律秘书听写和录音、法院及法律事务程序、联邦及马里兰州法院条例等。医药秘

书的专业课程有：生物学、生理学、人体解剖学、心理学、医药学、医药专门术语等

美国有“特许秘书资格证书”（CPS）考试，行政管理协会（AMS）还举办了 CAM 考试。英国有“特许秘书和行政人员工会”（ICSA）。法国有秘书的职业培训和考试制度，国家行政学院通过严格择优培养高级秘书人才。德国专门开办了“欧洲秘书培训班”，并由“欧洲秘书协会”和“国际贸易协会”联合主持考试，合格者成为驻外机构的秘书。日本由全国秘书协会主持 CBS 的资格考试。

“国际行政管理者协会”（International Association of Administrative Professionals，IAAP），是世界上 30 多个国家和地区的秘书成员交流秘书工作经验的中心和汇集互通信息的阵地。其前身为“国际职业秘书协会”（Professional Secretaries International），是当今世界有名的跨国性职业组织。该组织成立于 1942 年，原名美国全国秘书协会，其总部设于美国密苏里州堪萨斯城。有会员 4 万多人、700 家分支机构，除美国外，还包括欧、亚、拉美各洲 30 多个国家和地区，如英国、德国、意大利、瑞士、挪威、比利时、冰岛、澳大利亚、日本、菲律宾、马来西亚、新加坡、印度尼西亚、巴西、秘鲁、哥伦比亚、玻利维亚、巴拿马、南非以及中国香港和台湾等。其宗旨是：作为秘书的代言机构，维护秘书的合法利益；通过连续教育，提高秘书人员的素质和水平；介绍最新技术，增强业务技能，提高秘书的职业地位。

“国际行政管理者协会”提供给会员的刊物有：

（1）《秘书》杂志：为国际秘书领域主要刊物，交流介绍秘书工作方面的新思想、新观念、新动态、新技术。

（2）《秘书工作范例》：为国际职业秘书协会同各分支机构中企业经理代表人物合作创办的一种多方面综合论述刊物，适用于各种办公室环境，反映秘书职责的共同特性。

（3）《职业秘书道德准则》：建立和传播职业行为标准，体现秘书的职业道德观念。

（资料来源：http：//www. xici. net/b601264/d38903264. htm）

3 企业秘书素养

【本章要点】

●理解和熟悉企业秘书的知识结构和能力要求。

●了解企业秘书职业道德要求与掌握职业道德修养的途径和方法。

●了解企业秘书职业性格的特征以及如何培养良好的职业性格。

【案例分析】

案例1：修养——不可忽略的财富

一家公司招聘总经理助理，经过多次筛选淘汰，最后剩下5位竞争者，决定胜出者的最后一轮考试，让他们终生难忘。

考场是座5层的办公楼，5位竞聘者由工作人员带进考场。当他们沿着阶梯逐级而上，最后进入5楼时，只见总经理和主考人员已经坐在办公室等候。当5位竞聘者坐下后，总经理宣布，考试已经结束，优胜者已有了，就是走在最后面的这位先生。顿时，5位竞聘者大惑不解，总经理接着解释道："你们进入办公室的过程就是考试。请看录像：你们走到第二层的楼梯途中，地上有一枚一毛的硬币，前四位先生无动于衷，最后这位先生捡了起来。进办公室后，他就交给了我。在你们走到第三层楼的出入口时，有名员工捧着一大摞资料出来，不小心滑了一下，资料撒了一地，前四位先生视而不见，还是最后这位先生帮忙捡起来。这两件事虽小，却反映了一个人的修养，别忘了，修养也是一种宝贵的财富，也是一种竞争优势。"

修养与知识的关系，就如同舵与桨的关系，有了好的修养和品质，才能为行为把好舵，才能把知识、智慧和能力正确地发挥到极致。

案例2：她为什么如此受欢迎？

有这么一位秘书，据说台北的老板们都乐意聘用她，想方设法地争着开高价把她聘请到自己的公司。据圈里人说，哪个老板要是能聘用到她，必然会财运亨通，诸事顺达。那她到底是怎样的一位秘书呢？从外表上看，她毫不起眼，既不年轻，也不漂亮，四十不到的她，瘦弱而且略微有些憔悴，她的个性也不活泼开朗，而是腼腆内向。然而她举止文雅，待人有度，尤其是她有着令人羡慕的惊人的敏感性和记忆力。她辅佐的上司的每一位客户和朋友的情况她都了如指掌，在公众场合和日常的工作中，她能适时地悄悄地提醒上司，该向某位客人道喜，因为他的公子近日考上了台大，或是该向某位友人慰问一下，因为他刚刚病体康复……

由此，每一位由她辅佐的上司总能在公众中赢得良好的口碑和极佳的人缘。现在你明白了她为什么如此受欢迎吗？

案例3：一口痰"吐掉"一项合作

某医疗器械厂与美国客商达成了引进"大输液管"生产线的协议，第二天就要签字。当这个厂的秘书科汪主任陪同外商参观车间时，汪主任一时嗓子发痒，随口向车间墙角吐了一口痰，然后用鞋底去蹭。这一幕让外商感到很恶心，且彻夜难眠。第二天，他让翻译给对方送去一封信，信中写道："恕我直言，一个工厂的管理人员的卫生习惯可以反映出一个工厂的管理素质，况且，我们今后要生产的是用来治疗疾病的输液皮管，贵国有句谚语：人命关天，请原谅我的不辞而别……"

一项基本达成的项目就这样吹了。

【问题讨论】

1. 讨论：做秘书一定要有漂亮的外表吗？
2. 结合案例谈一谈企业秘书需要具备哪些基本素质？
3. 讨论分析企业老板最喜欢什么样的秘书。

3.1 企业秘书知识

随着我国市场经济体制的确立，企业已成为我国社会经济发展的主力军。秘书是现代企业管理工作中不可缺少的重要岗位。现代企业秘书与传统意义上单纯从事文字整理、文件处理的秘书有着本质的区别。现代企业要求秘书在企业经营和日常活动中，直接协助企业上司综合处理各种事务，秘书是帮助企业上司处理日益频繁的经营管理事务的得力助手，是为上司出谋划策的"辅政大臣"，也是上情下达、下情上陈的纽带。因此，从企业秘书现阶段的工作和目标上看，企业秘书所从事的秘书工作需要具备丰富而具体的知识。

3.1.1 企业秘书知识结构

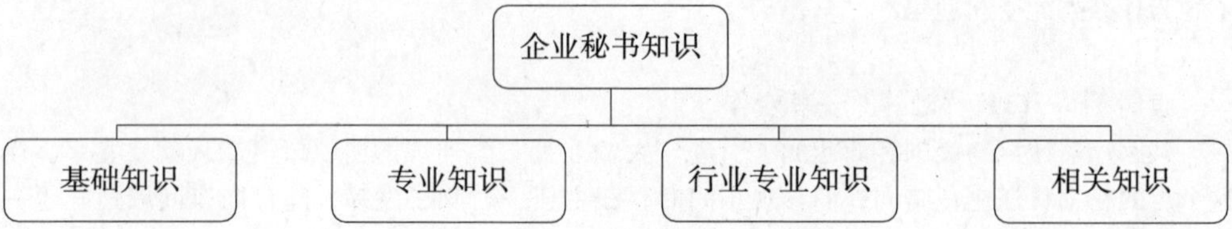

图 3－1 企业秘书知识结构图

一、基础知识

基础知识是指作为一个企业秘书所必须具备的最起码的知识面。它包括自然科学基础知识和社会科学基础知识两个方面。

（一）自然科学基础知识

自然科学基础知识指地理、生物、天文和数学等方面的知识。这些方面的基础知识要求企业秘书都应该掌握或有所涉猎。如掌握一定的数学知识可使企业秘书看懂各种报表。与数学一样，其他自然科学如生物、天文和地理等，企业秘书也都不能忽视。如企业秘书在为上司安排国际旅程时，必须具备必要的地理知识，如果忽略或错误地计算了时差变化，就会造成很大的麻烦，甚至耽误要事。

（二）社会科学基础知识

社会科学基础知识指历史、政治、社会发展史、哲学理论、法律常识、心理学等基本知识。现代企业秘书的工作涉及生产经营管理、工艺美术、工商、金融、税务、法律、外事等领域，这也是企业适应市场对秘书的客观要求。上述知识领域，秘书对此都要有基本了解。企业秘书作为企业的枢纽级人员，法律知识是必备的基础知识，企业秘书必须熟悉、了解与本企业有关的法律、法规，确保企业的生产经营活动在法律允许的范围内；熟悉并了解社会政治、经济、文化、环境信息，以便企业秘书更好地开展工作。对于政府部门的秘书来说，只要了解和掌握一门或两门社会科学知识就足以胜任本职工作，这是与政府本身的职能相关联的。但企业的秘书必须全面了解、广泛涉猎，如能精通一部分或者全面精通更佳。也就是说，企业秘书应该是数理化、文史哲样样通，即使做不到样样通，也必须样样懂。当然，企业性质不同，要求秘书样样精、样样通未免过于苛刻，有些领域做到粗通或者略知就可以了。

二、专业知识

秘书的专业知识可分为两大部分，第一部分是专业基础知识，第二部分是专业知识。

（一）专业基础知识

秘书的专业基础知识包括文书基础、办公自动化基础、沟通基础、速记基础、企业管理基础、与企业运营有关的法律法规。文书基础主要阐述应用文书的概念与制发程序、应用文书的格式、要素以及表达方式，它是拟写文书的基础理论。掌握了这些基础理论，也就为拟写文书做好了铺垫。办公自动化基础主要介绍秘书工作中常用的办公自动化的基础知识，包括计算机基础知识、常用办公软件的应用以及互联网的应用常识。沟通基础主要介绍沟通的定义、特点、类型，了解有效沟通的要素、原则、目标和过程，从而掌握有效沟通的基本方法和技巧。速记基础主要介绍速记的概念、功效，手写速记和计算机速记的原理、特点等。企业管理基础主要介绍企业秘书在实际工作中需要掌握的企业管理的相关知识和经营管理中的基本财务常识。与企业运营有关的法律与法规主要介绍与秘书工作有一定关联的法律基础知识，包括公司法、合同法、反不正当竞争法、劳动法和知识产权法等基本知识，还简单概括了世贸组织的架构和基本原则。

外语，尤其英语是秘书必须熟练掌握的专业基础知识。无论是在与外宾交谈、阅读外来文件，还是在使用电脑的过程中都会用到英语，掌握英语的高低程度有时是竞争上岗的重要条件。因此，企业秘书必须具备大学英语四级以上水平，并能熟练地进行应用。

企业秘书在提高外语水平的同时，应加强对世界各国文化及价值观的了解。在日益全球化的今天，企业秘书必须具有相当的国际文化素养。

（二）专业知识

专业知识主要是培养秘书的三项核心能力，课程设置包括秘书学、写作学、办公室事务管理、会务组织、企业公关、档案学等。秘书学是主要研究秘书工作的特性、一般规律和基本原则的一门学科。秘书学是专业中的根本，是从事秘书职业的入门学科、基础之基础。因此，企业秘书必须掌握秘书学。写作学对秘书人员来说非常重要，是关键学科。秘书不但要从中掌握写作的基本理论，还要通过学习写作学掌握高水平的写作技巧，懂得不同文种的写作方法。办公室事务管理与会务组织，也称秘书实务，培养秘书的“办事、办会”能力。企业公关是一门具有应用性、综合性、交叉性和边缘性的独立的学科。文秘工作中的公关职能是要妥善处理企业内外人与人之间的各种关系。作为企业形象代表的文秘人员在从事公关活动时，要与公众进行交流，把自己所在企业的政策、想法进行有计划的广泛的传播，以取得公众的合作。同时，还要将公众有关态度的信息及时反馈给组织，使组织根据公众的意见完善或调整计划，以树立良好的企业形象，顺利实现企业的目标，获得最佳的经济效益。

除了上述专业知识外，人力资源管理、档案学、会计基础、企业管理、市场营销等专业学科也是企业秘书人员的知识结构中不可缺少的。

三、行业专业知识

秘书专业知识的另一部分，是秘书所在行业的行业专业知识。这是秘书知识结构中的核心部分。总体来说，行业专业知识是指秘书所在企业所从事的行业要求秘书必须具备的行业知识，这对于秘书来说是“第二专业知识”。它包括本企业的生产、销售概况，人事变动情况，以及本企业在同行中的地位、作用，最重要的是本企业所从事的行业基本常识。比如说在从事服装经营的企业中就职，就得掌握服饰学、美学等知识。现在，人们愈来愈认识到第二专业知识的重要性。在国外，已按第二专业对秘书职业进行分类，如法律秘书、商务秘书、外事秘书、技术秘书、医务秘书等。目前一些国家秘书职业的永业化特点，就是因为秘书的第二专业知识已成为其谋职的重要因素。企业秘书工作不能“一俊遮百丑”，光会打字不行，光会写作不行，光能言会道也不行，还要熟悉本企业的行业专业知识，具备综合素质。因此，可以说单纯的秘书工作是不存在的。行行有秘书，行行的秘书都需要具备本行业的专业知识。这一点，企业秘书必须加以重视。

四、相关知识

这一部分知识是秘书为适应时代需要、做好工作应加以进修提高的知识，是秘书知识结构中的较高层次，包括经济学、法学、社会学、心理学、传播学、信息学、上司科学、统计学等。学习这些知识，可以使秘书有更广阔的前景。在当前市场经济条件下，各项改革措施不断深化，不管是哪行哪业的秘书人员，不略知经济学、统计学是不行的。我国为法治国家，人人都要知法懂法用法，企业秘书更应如此。有些知识可以使秘书从更深的角度去认识秘书工作和秘书活动，如社会学、心理学，它有助于秘书认识自己的社会地位和社会价值，调整自己的心理状态，运用科学的方法更自觉地、有效地适应秘书工作和秘书活动。还有些知识可以帮助秘书从更好更先进的角度去考虑和从事秘书工作，如上司科学、信息传播学等。

以上是对企业秘书应具备的知识结构的概述。有人认为秘书是人人都可做、人人都能做的大众职业，这一观点其实是错误的。随着社会的进步、时代的发展，企业对秘书职业的要求越来越高。秘书的职能也在不断扩大和更新。因此，对于非秘书人员来说，要想成为一名优秀的秘书，单凭学校正规教育是不够的；而已为秘书者，生存在以追求经济效益为主的企业中，更应该不断完善自我，以适应经济发展的需要。而完善自我就要把握好企业秘书所具备的知识结构，把基础和专业知识加深加固，把握好“三化”（规范化、制度化、科学化）和“四个转变”（从偏重办文办事转变为既办文办事又出谋划策、从收发传递信息转变为综合处理信息、从单凭经验办事转变为实行科学化管理、从被动服务转变为力争主动服务），并用发展的观点丰富自己的知识，提高自己的能力，挖掘自己的潜力，把生命中最宝贵的青春年华奉献给社会上最默默无闻的事业。秘书的职位不高，却要付出超常艰辛；名声不显，却在各行各业发挥着重要作用。

3.1.2 企业秘书知识结构特征

一、广博性

秘书知识结构的广博性，是由秘书工作的性质决定的。秘书工作繁而杂，每天要与不同的人打交道。秘书服务的对象是“人”：上司、同事、客户，不熟悉社会人文知识如何应对？面对繁而杂的事务，没有技巧和能力如何完成？首先，一名合格的秘书需要扎实的基础知识，这是秘书知识结构中的根基。基础知识越扎实、丰富，秘书潜力的发挥就越大。其次，秘书若不熟悉秘书岗位的专业知识，未掌握需要的能力，就无法有效地开展工作。因此，秘书只有广泛涉猎、知识丰富才能胜任工作。

二、专业性

在许多人看来，秘书工作似乎没什么难度，以为秘书每天就是收发、整理文件，接待来访客人，跟在领导后面开会、做个记录，连脑子都不用动。甚至有人把秘书看成美丽的“花瓶”，这种观点是错误的。其实，秘书职业的专业性很强，需要长时间的学习和实践才能胜任。随着社会的发展，社会组织对秘书岗位提出了更高的要求。秘书在工作范围、工作职责和工作内容方面应掌握精深的专业知识。只有精通并能熟练运用秘书学科专业知识，熟悉秘书所在部门的业务知识，才能使自己的工作更具有针对性和科学性，才能当好领导者的助手和参谋。多样的辅助知识使秘书开阔视野、扩大思路、提高工作效率。

三、动态性

现代社会变化日益加快，一天产生的信息是古代百年发生的信息之和。经济全球化与科技发展，使地球变成了一个“村庄”。全球范围内，信息即时传播，人员流动频繁，秘书面临着更多的机遇与挑战。仅有传统意义上的知识结构，已不能适应新世纪发展的需要，只有对自身现有的知识结构作及时的调整，进行优化和补充，方可立于不败之地，才能适应这个社会和世界。

3.2 企业秘书能力

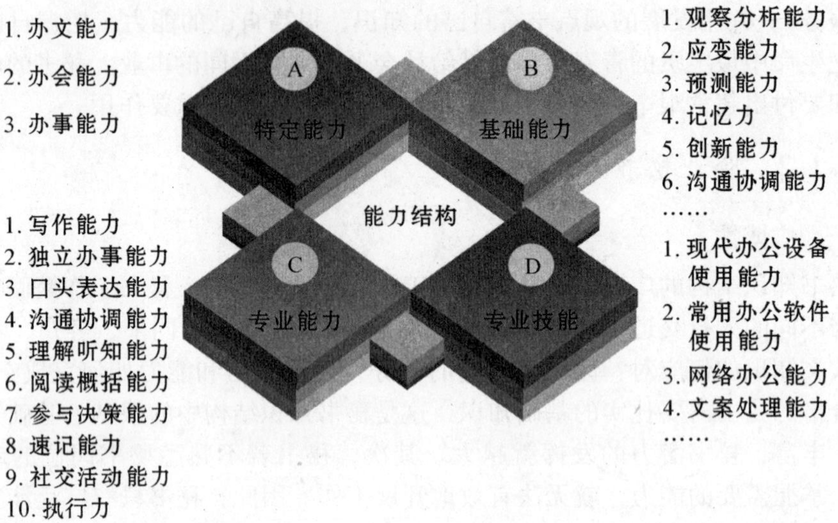

图 3－2　企业秘书能力结构图

3.2.1　企业秘书基础能力

企业秘书工作的复杂性、多样性和企业秘书活动的丰富性、广泛性，需要企业秘书具有多种能力。概括地说，企业秘书要具备办文、办会、办事三种特定能力。如果把企业秘书能力进行纵深分解，企业秘书能力包括基础能力、专业能力和专业技能。企业秘书要具备的基础能力主要有：

一、观察分析能力

企业秘书在工作中要时时、事事、处处做个有心人，善于观察，善于发现“死角”，及时提请上司注意，要善于做拾遗补阙工作。秘书不仅要善于发现问题，而且要善于分析问题并提出解决问题的办法供上司择用、实施。观察分析能力是企业秘书工作由被动服务转为主动服务的前提条件。

二、应变能力

应变是企业秘书的职责所在、贡献所在、价值所在。上司整天忙里忙外，并要处理一些始料来及的事情，难免有考虑不周的地方，这就需要企业秘书来挡驾、来提醒、来应对、来协助处理。因此，企业秘书必须具备冷静敏捷、灵活机警的应变能力。当上司遇到一些棘手问题或突发性应急事件而难以应对时，要主动出面“挡驾”，及时果断地提出应对方案和补救措施，化干戈为玉帛；当上司遇到客人来访，因工作繁忙想早点结束时，要主动出面“提醒”，巧妙地通过给上司送文件、通知开会等方式，对来访者发出必要的“告退令”；当上司接到陌生电话不方便或不愿意接听时，要主动出面“应对”，问清对方的有关情况和找上司的主要原因，再适时向上司报告；当上司遇到不速之客来访，要主动出面“协助处理”，做到迎接要热情、推辞要得体、提醒要自然、挡驾要巧妙、说服要耐心、答复要果断，尽可能处理得妥善圆满。如果一味盲从或明知上司考虑不周也不补充，明知上司情绪过激也不提醒，明知上司力不能及也不协助，甚至明知上司决策有误也不劝阻，就可能给工作带来损失，影响上司的形象。

三、预测能力

预测是在大量事实和信息的基础上，对即将发生或可能发生的情况作出科学的预计。有经验并富有创造精神的企业秘书应培养和锻炼自己的预测能力，这有助于企业秘书进行主动服务和预防工作差错，也有助于其获得晋升为管理者、决策者的机会。

四、记忆力

记忆力指准确记忆事物的能力。如果连续忘记相同的事物，不仅会降低工作效率，还可能使上司感到困惑。因此，为了促使上司对自己更加信任，应努力做到一次性地记牢上司说过的话。切记必须做笔记。

五、创新能力

创新是企业秘书为上司提供最佳作品和最优服务的一种方法。上司的思路和决策从理论上的酝酿构思、逻辑上的推敲完善到文字上的整理阐述，都需要企业秘书的辅助，因此，企业秘书必须具备独特的、超前的创新能力。一是要善于联想。经常不断地用发散思维、逆向思维、联想、比较等思维方式，努力培养和创新自己多角度观察、思考、分析、感知问题的能力。二是要超前思考。在辅助上司处理问题的过程中要从总体和全局的角度理性地进行有条理的分析和全面的判断，对于可能出现的利弊以及产生的正负效果，要有预测性。三是要注意延伸。上司交办的事宜，有时只是点到为止，未必经过深思熟虑，企业秘书要在上司想法的基础上进行延伸和拓展，提炼出让上司视之不倦、读之不厌、风味独特、回味深远的作品。如果为上司提供的文稿没有新思路、新招数，尽是一些大话、空话、套话、老话，上司看了很难被“触动”，因而也就不可能产生好的效果。

六、沟通协调能力

沟通协调能力现在已成为企业秘书工作成功的必要条件。对企业内部而言，由于越来越强调团队合作精神，因此有效的企业内部沟通交流是企业成功的关键。对企业外部而言，为了实现企业之间的强强联合与优势互补，人们需要掌握谈判和合作等沟通技巧。对外界社会，需要处理好企业与政府、企业与公众、企业与媒体等各方面的关系。企业秘书岗位是企业信息交流的枢纽，因此企业秘书必须具备较强的沟通能力。

首先，秘书应具备与上司沟通的能力，不断提高对上司表达、倾听、发问的技巧。一般来说，上司要考虑的事情很多很杂，许多时间并不能为自己主动控制，因此经常会忽视与部属的沟通。所以企业秘书应该有主动与上司沟通的意识，这样可以弥补上司因为工作繁忙和没有具体参与执行工作而忽视的沟通。

其次，秘书应具备聆听的能力。有效的沟通很大程度上取决于聆听。有研究表明：那些能很好地聆听的学生比那些不擅长聆听的学生更为成功。在工作中，聆听已被看作是工作成功、事业有成、工作出色的必备能力之一。

再次，秘书应具备言语表达的能力。言语行为包含通过表情、手势、姿势、服饰、发型、香水、口音、社会背景等来完成信息传达。所以，企业秘书必须具备运用语言和非语言沟通能力，如运用身体动作、目光接触、面部表情、触摸行为、空间距离、穿着打扮等技巧来增强沟通的效果。

企业秘书还需要努力提高自己的思维能力和注意能力。企业秘书只有具备了较强的思维能力，才能综合分析、抽象概括、正确判断，更好地发挥助手和参谋的作用。企业秘书如果没有较强的注意力，就无法排除干扰，就易出差错，甚至无法开展工作。企业秘书一要稳重、专注；二要能合理分配注意力，做到“眼观六路，耳听八方”；三要能迅速转移注意力，能够将注意力迅速转移到新的对象上。由于企业秘书不断面临新任务，只有迅速转移注意力，才能适应新的情况，高效率地完成任务。

3.2.2 企业秘书专业能力

一、写作能力

写作能力是企业秘书专业核心能力之一。写作能力是指公文和事务应用文的写作能力，与对记者、作家的写作能力要求不同。企业秘书要写好公文和应用文，应具有语法、修辞、逻辑知识，掌握大量的词汇和不同的句式，具有公文和应用文文体知识，掌握常用汉字和简化字，掌握标点符号用法，并通过长期实践，将这些知识综合起来转化为写作能力。应该认识到，写作能力并不仅仅是文字表达能力，还反映一个人的思维能力、观察能力和语言组织能力。这同样需要锻炼、培养才能提高。

二、独立办事能力

企业秘书是上司的助手，其工作具有从属的性质。但企业秘书还必须具有独立办事的能力。如果上司不在，或上司授权，企业秘书就可能成为某项任务的上司或组织者。常言道："上司不在家，秘书来当家。"所以，企业秘书必须具有独立办事能力。此外，企业秘书所从事的管理事务，诸如衣、食、住、行以及医疗、接待、值班、跟随外出的一切准备工作等，必须由企业秘书独立思考，独立完成。

三、口头表达能力

企业秘书不仅要会写文章，还要能说会道。企业秘书应能说一口标准而且流利的普通话，要口齿清晰，不紧不慢。对上司语言要简明扼要，对群众也切忌啰唆冗长，更不要拖音带腔。要使说话有条理，企业秘书要多思考，说话前要善于打腹稿，不要信口开河，滔滔不绝，也不能沉默寡言，问一句答一句。

四、沟通协调能力

企业秘书要善于发现机关与机关之间、部门与部门之间、机关与基层之间工作上的矛盾或不平衡；要善于发现文件与文件之间政策、提法上的抵触或不一致；要善于发现上司与上司、干部与干部之间的误解或不和，并及时加以沟通、协调。

五、理解听知能力

听知能力，指的是听话和理解口语的能力。作为企业秘书，需要有各种各样的听知能力，如听电话指示、汇报、情况介绍的简单听知能力；听取调查、座谈会的发言、意见，并加以择要撷取、综合组织的较复杂的听知能力；听取讨论、辩论、申诉以及对有争议的复杂问题迅速作出判断的判断性听知能力；根据上司指示，触类旁通，举一反三，具有创造性的听知能力；听取上司交代工作、接受指示时认真铭记以免遗漏的特殊听知能力，等等。秘书要具有较强的听知能力，必须在实际工作中时时注意磨炼，自觉进行科学训练。听知能力还意味着企业秘书应努力掌握方言、外语和民族语言。我国疆域辽阔、民族众多，改革开放后，横向联系和国际交流日益增多，企业秘书多懂一种方言、一种民族语言或一门外语，就多了一种交际工具，多了一条信息渠道。

六、阅读概括能力

企业秘书经常要处理大量文字材料，因此，秘书要善于阅读。所谓善于阅读，一是要会精读，如对重要文件逐字逐句进行研究，从字里行间领会其内涵；二是要会快读和泛读，善于在连篇累牍的浏览中，领会其精神实质，从中摘出主要的片言只语，或者提炼浓缩，写出提纲摘要。阅读概括能力是企业秘书必须具备的一种综合能力。

七、参与决策能力

企业秘书虽不参与上司决策，但企业秘书必须具备决策能力，否则就无法起到助手和参谋的作用。一般说来，决策可以分为程序化决策和非程序化决策两大类。程序化决策，在日常工作中量较大，其中可供选择的方案往往比较现成，决策起来比较容易；非程序化决策，往往无规律可循，这就要求上司依靠以往的经验和见识，发挥独创能力，而这时，秘书的主要任务就在于为上司提出更多的方案，供上司选择。方案的来源主要靠秘书平时的调研。

八、速记能力

速记是秘书职业的特殊要求，也是提高工作效率的基本能力。随着企业外事活动的不断增加，上司传播思想和发布指令的方法，也由传统的“规定动作”，转变为即兴的、即时的“自选动作”，这就需要秘书能在特定的环境下，快速完整详尽地记录上司的基本思想、工作思路。因此，秘书必须具备熟练自如的速记能力。一是要有学好速记的信心。就是要敢于和自己较真，相信自己是成功的、最优秀的，别人能学会的，自己肯定能学会，并且会学得更快更好，有了这样的信心，学好速记的目标就实现了一半。二是要有雷打不动的决心。就是无论工作多忙，都要坚持每天练、反复练，练习的次数多了，方法熟练了，技巧掌握了，经验丰富了，天长日久，记录速度自然也就提高了。三是要有坚持不懈的恒心。就是不为自己取得的点滴成效而满足、骄傲，而是一如既往地坚持下去，一旦速记能力得心应手、游刃有余时，你应用速记方法的价值也就凸现出来了。如果不下苦功勤学苦练、不尽快提高自己的速记能力，就很难适应高效快捷的工作节奏，上司的思想、理念、方法也就很难了解、掌握，你的工作业绩也就可想而知。

九、社交活动能力

现代社会中的企业秘书已不再是整天坐在办公室里整理文件或伏案写作，而是经常要参加各种社会活动，外出联系工作，调查情况，收集信息，协调关系，参加各种会议、会谈或宴会，甚至有参加外事活动的机会。因此，企业秘书必须具有一定的社会活动能力，懂得各种场合的礼仪、礼节，善于待人接物，善于处理复杂的人际关系。

十、执行力

执行力是指以适当的方式迅速处理业务的能力。虽然在进行工作时擅自作出决定可能会出现问题，但是有时若上司不指示就不行动问题更大。企业秘书应具备在必要的时候判断状况并迅速作出相应处理的能力。

3.2.3 企业秘书专业技能

在信息社会里，虽然企业秘书对上司的辅助越来越成为一种高智能的管理活动，但是大量具体事务的处理仍然需要熟练的工作能力。这些能力基本上可以归纳为以下几个方面：一是现代办公设备使用能力，如操作复印机、传真机、数码相机、一体机等；二是常用办公软件使用能力，如文字处理、表格处理、演示图片处理等；三是网络办公能力，如网络协同办公的处理，信息搜索、存储和利用的能力等；四是文案处理能力，如速记、编辑、校对、版式和档案处理的能力等。在全球经济一体化的发展过程中，应用多种语言进行人际沟通可以有效地克服文化、经济交往的障碍。下面分别具体论述这几个方面的能力。

一、现代办公设备使用能力

企业秘书的主要工作场所是办公室，办公室的设备是企业秘书经常使用的工具，因此企业秘书应学习和掌握打印机、复印机、速印机、传真机、扫描仪、数码相机、刻录机、移动办公设备和其他辅助办公设备的操作方法。

办公设备的一般操作不难掌握，但要跟上办公技术的不断发展却不容易。目前，办公室里的最大变化莫过于办公设备不断地更新换代。一方面，企业秘书为上司提供工作上的服务，往往能够得到最好的办公资源。另一方面，最好的办公设备可以使企业秘书大大提高办公效率，所以在现代信息化管理的背景下，只有使用先进的现代办公设备，企业秘书才能充分利用信息资源，提高办公质量，使办公水平从事务级进入管理级，直至辅助决策。因此，企业秘书必须较快地适应现代办公设备的不断改进以及现代办公方式革命性的变化，使现代办公活动提高到一个崭新的水平。

二、常用办公软件使用能力

计算机是办公室里最主要的设备，而计算机的运行必须要使用软件。目前，美国微软的办公软件在办公应用中成为主流，因此现代企业秘书必须学习计算机基础理论，掌握操作系统（Windows）的一般知识和能力，同时还要掌握微软办公软件的使用操作能力。首先是计算机中英文输入的能力，输入速度为每分钟60个符号即达标。其次是使用办公软件的能力，如Word、Excel、Powerpoint等软件的操作使用。Word软件主要掌握文字处理的基本规范和复杂文档的制作方法；Excel软件主要掌握一般表格处理和较复杂的表格数据分析与处理；Powerpoint主要掌握一般演示文稿的创建、编辑与修饰，以及较复杂的链接、动画和配色方案等。

三、网络办公能力

企业秘书网络办公是指企业秘书应用互联网技术和资源并基于网络处理各种办公事务。网络不仅具备了提供在线办公的技术基础，而且为在线办公提供了大量资源。首先是互联网的信息资源，不仅信息量浩大，而且通过浏览器就可以搜到许多相关的信息，但是要适时、适地、适人地提供信息就需要具备使用搜索引擎的能力。其次是网络即时通信能力，企业秘书可以不受时间、空间限制地沟通信息。再次是使用 OA 网络办公软件的能力，使用会议管理软件、文档管理软件和加密解密软件的能力，移动商务办公技术的知识和使用操作能力，硬件网络视频会议系统和软件网络视频会议软件的操作能力等，从安装到使用，主要的功能和特点，都需要学习和训练。

四、文案处理能力

作为企业秘书，经常要从事文字工作，书法、速记、编辑、校对、装订文件等便成了其必不可少的基本能力。

1. 书法能力

书法是中国特有的文化传统之一，它是以汉字为表现对象、以笔为表现工具的一种线条造型艺术，具有很高的实用价值。企业秘书可以通过学习书法，把汉字书写得清楚、正确、美观，从而提高运用汉字这一交际工具的准确性和效率。虽然计算机的普及使书写更多地在键盘上操作，但许多情况下仍要用笔书写，如会场布置、绘制板报、办公书写等，所以企业秘书不能忽视书法，须认真练习书法。企业秘书的一手好字就像商店的门面一样重要。

2. 速记能力

速记是指快速书写能力，是文字书写的辅助工具。但是如果从追求效率上来说，速记简捷、快速的特点，可以说是草书的继承与发展。毫无疑问地，速记在书写技术上可以人为地减少文字书写在起笔、收笔、提笔、移笔运动中的空间动作，使文字的笔画与笔画之间、单体文字之间自然过渡、连接，在保持文字的基本特征、结合遵循一定的省略规律前提下，起承转合，上下勾连，大大加快书写的速度。

3. 编辑能力

编辑能力是指编辑活动中对文字内容进行润色，按照语言文字的规范化要求修改错别字、纠正当前出版物中常见差错的能力，并对文字进行编辑、排版，使之在版面上既能突出重点，又整洁美观。在编辑的过程中，企业秘书应当使用标准的修改符号，不仅使修改的意图清楚准确，而且他人容易识别。

4. 校对能力

在文稿正式成文前，还有校对这一重要的环节。校对是保证文稿质量的重要一环，其目的是保证文稿的准确性。校对必须按照原稿逐字逐句地校对，把文字、标点符号等方面的错误基本消除，如错别字、多字、坏字、颠倒字和错体字等。但是，要保证校对的质量，需要有好的做法。目前通用的是单人校对法，就是把原稿放在桌上，把校样轻折一下，用两手手指夹住压在原稿上，逐字逐行对齐对准原稿校对。这种方法能一眼同时看清楚原稿与校样的字句，发现差错，及时在校样上改正。这种方法需校样和原稿上的文字相互紧靠，眼明手快，及时发现错误并迅速改正。还有看校法，这是校对工作的最后一道程序。即在认真进行一校、二校无误的情况下，离开原稿再认真默读细看一遍，这样比较容易发现错误。如遇疑问，再看原稿。经过全面检查，如确认无差错，则可在校样上签上姓名。

5. 装订能力

装订是将印刷好的单页纸张加工成文件成品的技术工序。按照一般的阅读习惯，横排的文件必须在左边装订，竖排的单面印刷的文件在上端装订、双面印刷的则要在右边装订。文件装订有涂胶装订、钉针装订、线装等多种。常用的有“一条龙”装订法，分拣纸、理齐、订钉三道工序。操作方法是将印好的各页横竖理齐后，由最末页开始，从右至左依页次进行排列，且上页要压住下页的1/3。排好后，由第一页开始，依次向右拣，直到最后一页，拣完后递给订钉人理齐后订钉。还有综合装订法，此法既适用于份数、页数少的文件，也适用于份数、页数多的文件。具体操作方法是将印好的各页横竖理齐后，由最末页开始，从右至左依页次进行排列，且上页要压住下页的 1/3。排好后，由第一页开始，依次向右拣，直到最后一页。一份文件配好，拿在左手，不要放下。直至把该份文件全部配好后，摞在一起，并在上面放一张白纸。操作时，左手手心向下压在文件的右上角，右手食指戴一指套，食指以外的 4 个手指握住订书机。装订时，先用右手食指捻文件的右上角，每捻一页，左手大拇指跟随着接住这一页，当捻完一份文件后即可装订，右手在订装时应注意：

（1）各种装订都要毛天齐地，毛左齐右，切忌多页、少页、倒页。

（2）文件印好后，要等油墨干后再装订，装订时手不要直接与印处接触，以免油墨弄脏文件。

（3）订钉位置既不能太靠上，也不能过于靠下，一般在文件正中距上边 1.5 厘米处。有条件的，最好在左边装订，便于阅读。

3.3 企业秘书职业道德

3.3.1 企业秘书职业道德要求

一、文明礼貌

文明礼貌是指人们的行为和精神面貌符合先进文化的要求。它不仅是塑造企业形象的需要，也是从业人员的基本素质。具体要求为：仪表端庄、语言规范、举止得体、待人热情。

二、爱岗敬业

爱岗就是热爱自己的工作岗位，热爱本职工作；敬业就是要用一种恭敬严肃的态度对待自己的工作。爱岗敬业是现代企业精神的体现。具体要求为：树立职业理想、强化职业责任、提高职业能力。

三、诚实守信

诚实守信是市场经济法则，是市场经济活动得以正常进行的重要道德保障之一，也是企业的无形资本。具体要求为：忠实所属企业、维护企业信誉和保守企业秘密。

四、办事公道

办事公道是指我们在做事情、处理问题时，要站在公正的立场上，对当事双方公平合理、不偏不倚，不论对谁都按照同一个标准办事。这是企业活动的根本要求。具体要求为：坚持真理、公私分明、公平公正、光明磊落。

五、勤劳节俭

勤劳节俭是中华民族的传统美德，有利于防止腐败。对于企业而言，勤劳节俭有利于增产增效，以提高生产效率和降低生产成本，也有利于可持续发展。

六、遵纪守法

遵纪守法是指每个从业人员都要遵守纪律和法律，尤其要遵守职业纪律和与职业活动相关的法律法规。这是对从业人员的基本要求，也是从业的必要保障。具体要求为：学法、知法、守法、用法，遵守企业纪律和规范。

七、团结互助

团结互助能营造人际和谐氛围，增强企业内部凝聚力，促进事业发展。具体要求为：平等尊重、顾全大局、相互学习、加强协作。

八、开拓创新

开拓创新是时代的需要，没有创新的企业是没有希望的企业。开拓创新，一方面要有创造意识和科学思维，另一方面要有坚定的信心和意志。

3.3.2 企业秘书职业道德修养

一、企业秘书进行职业道德修养的途径

职业道德修养是指从事各种职业活动的人员，按照职业道德的基本原则和规范，在职业活动中所进行的自我教育、自我锻炼、自我改造和自我完善，使自己形成良好的职业道德品质和达到一定的职业道德境界。企业秘书进行职业道德修养的主要途径有：

1. 确立正确的人生观

人生观是人们对人生目的、人生价值和意义的根本看法和态度。一个人只有确立正确的进步的人生观，才能有强烈的社会责任感，才会在职业活动中自觉进行职业道德修养，从而形成良好的职业道德品质。

2. 从培养自己良好的行为习惯入手

养成良好的行为习惯，是职业道德修养的基础，是一个人的社会立身之本。一个人只有养成良好的行为习惯，才能确立正确的人生观，才能自觉进行道德修养，形成良好的道德品质。培养良好的行为习惯应该从我做起，从小事做起，从现在做起。

3. 学习先进人物的优秀品质，不断激励自己

各行各业涌现的先进人物，普遍表现出高度的职业责任感和崇高的思想境界。如何学习先进人物的优秀品质？一是要像先进人物那样具有强烈的社会责任感；二是要经常用先进人物的思想、作风做参照，检查自己，敢于和善于发现自己的缺点和不足，及时改正；三是要像先进人物那样严于律己，宽以待人，关心他人，以集体、国家利益为重。

4. 不断同旧思想、旧意识以及社会的不良现象作斗争

社会转型期出现了大量的错误观念和不良现象。这些不良现象在社会上蔓延，腐蚀着人们的心灵，企业秘书受这方面的影响最大。首先，企业秘书要与旧观念、旧意识决裂，树立积极向上的人生观、价值观；其次，要以身作则，敢于惩恶扬善，敢于同社会的不良现象作斗争。

二、企业秘书进行职业道德修养的方法

企业秘书进行职业道德修养的方法有很多，主要有：

1. 学习职业道德规范、掌握职业道德知识

在市场经济条件下，不讲道德、损人利己的人终将被淘汰。因此，企业秘书要认真学习职业道德规范，掌握职业道德基本知识，明确职业道德修养所要达到

的目标，把握职业道德修养的标准，提高职业道德修养的自觉性。

2. 努力学习现代科学文化知识和专业能力，提高文化素养

努力学习现代科学文化知识和专业能力，是做好本职工作的基本条件。较好地掌握科学文化知识和专业能力，能帮助我们准确理解职业道德修养在一个人成长过程中的重要作用，有助于进行职业道德修养。

3. 经常进行自我反思，增强自律性

自我反思，就是依据一定的职业道德标准经常检查自己，同不符合职业道德规范要求的行为作斗争，并自觉地使自己的言行符合职业道德标准的要求。依照职业道德标准检查自己的言行，敢于正视自身的缺点。只有正确客观地认识自己、发现自身缺点，才能改正缺点、不断进步。

4. 提高精神境界，努力做到“慎独”

所谓“慎独”，就是指在无人监督的情况下，仍能坚持道德信念，自觉地按照道德规范的要求做事的一种道德品格和道德境界。它既是一种道德修养的方法，又是一种崇高的精神境界。作为一种道德修养的方法，“慎独”强调在道德修养中，确立坚定的道德信念；作为一种道德修养的境界，“慎独”强调道德修养必须达到在无人监督时，也能严格按照道德规范的要求做事。

3.4　企业秘书的心理品质

3.4.1　企业秘书职业性格特征

作上司的助手是企业秘书的主要职责，但是企业秘书还承担着代表公司形象的职责。企业秘书给人的印象通常是与上司或公司的形象紧密相连的，所以必须有意地培养这种性格。企业秘书的职业性格集中了人类性格所有最美好的方面。企业秘书应具备的性格有以下几个特征：

1. 谦逊、正直

谦逊表现为彬彬有礼、虚怀若谷、平等待人。企业秘书在上司身边工作，有机会受上司的委托向下级传达上司指示、检查工作、听取汇报。日常工作也常需同事及下属配合，故不能狐假虎威、盛气凌人。正直，意味着坚持原则，对善恶忠奸、是非曲直心中有明确的标准。正直还意味着忠诚于国家、人民，忠于自己所供职的企业。

2. 热情、坚毅

企业秘书需要处理好烦琐的事务及复杂的人际关系。企业秘书的基本角色是助手、配角，这就决定了他们常居幕后且责任重大、付出很多但不一定能获得认同并彰显荣耀。如果没有对企业秘书职业发自内心的热爱，没有百折不挠的勇气

和毅力，便无法克服职业活动中的不良因素，更不会自觉地锻炼、完善自己，使自己成为一名优秀的企业秘书。

3. 敏捷、稳健

企业秘书工作具有被动性特点，繁重而琐碎，是一种脑力与体力相结合的高度紧张的劳动。如果做事不敏捷，便无法提高效率，甚至无法完成工作。因此，企业秘书一定要思维敏捷，善于观察和分析各种复杂的事物；动作敏捷，做事干脆利落；笔头敏捷，运笔写作思路清晰、文思泉涌。敏捷与稳健是有机的统一体。企业秘书的思维、动作、笔头敏捷，并不是一味求快而忽视准确和稳健，而是既求快又求稳。稳，就是要遇事细心、办事稳当、应急稳妥、待人稳重、处世稳重。

4. 温和、自制

企业秘书处于单位工作网络的“节点”上，上下左右的工作和人际关系都要企业秘书去协调处理，使之达到平衡和统一。企业秘书的自制包括：在成功面前要自制、在挫折面前要自制、在屈辱面前要自制、在权力和欲望面前要自制等。在协调各种关系中，企业秘书的温和与自制有利于化解矛盾、平衡利益关系。企业秘书待人处事必须讲究分寸，善于控制自己的情感，约束自己的言论，节制自己的行为。性格温和、善于自制、处事有度的企业秘书，与人打交道时总会游刃有余、如鱼得水。

5. 缜密、果断

“秘书工作无小事”，有时工作中的一些细节处理不好可能会对事情的结果产生很大的影响。性格缜密指办事细致入微、无懈可击，这是企业秘书的职业本能。企业秘书如能在复杂、紧急的情况下控制事态并立即采取坚决的措施，或善于等待时机、抓住时机予以处置，就达到了从事企业秘书职业的最高境界。

3.4.2 企业秘书职业性格的养成

一、了解自己

一是了解自己的气质。常见的气质类型有胆汁质、多血质、黏液质、抑郁质四种。每一种气质均有其典型的心理特征。现实生活中只具有纯粹单一气质的人是极少见的，一般人往往有两种或两种以上的气质特点，只是其中某一种气质表现得较为突出而已。了解自己的气质特点，对于培养职业性格大有帮助，因为气质会影响性格的表现方式，如同样是勤劳的人，在工作中多血质气质的人往往表现为情绪饱满、精力充沛，而黏液质气质的人则常常表现为踏实肯干、办事精细。气质影响性格形成和发展的速度，性格制约气质的表现。气质部分地决定或构成人的性格，有的心理特征既可以说是气质特征，也可以说是性格特征，如性情中的易于激动、平淡恬静等。要了解自己的气质类型，可以用心理学的测试标准进行对照，把它作为分析气质的依据。

二是了解自己的性格。作为企业秘书或者有志于从事企业秘书职业的人，必须从多方面、多角度了解自己的性格特征，如自己对人或事是否关心？对待工作是否细致？处理紧急情况是否果断？是否善于控制自己的情绪？可以通过自我审视或换位思考了解自己，也可以请他人指出自己的性格特征。此外，还可借助性格测量法如国际上流行的自然实验法、问卷法、投射法等进行测试，其中问卷法较适用于企业秘书性格测试。问卷主要有明尼苏达多相个性问卷、加州心理问卷、卡特尔16种个性问卷、YG性格问卷等几种。华东师范大学孔克勤教授对YG性格问卷进行了修订，使之更符合中国国情，故可运用YG性格问卷进行性格测试。

二、找出差距

有计划、有针对性地进行训练，将自己的性格与成为优秀企业秘书必须具备的性格进行对照，根据对比的结果，制定出切实可行、有针对性和计划性的性格训练方法，在日常工作、生活中持之以恒地进行自我训练。找差距可用列表格的方法，把企业秘书职业应该具备的性格列为第一大项，把自己的原有性格列为第二大项，把两者差距列为第三大项。把差距依程度分为严重欠缺、一般欠缺、稍微欠缺三个档次，把训练方法及时间安排列为第四、第五项。

三、掌握训练方法，提高效率

1. 反相行事

就是针对自己气质性格中的弱项，有意识地去做与自己的性格气质相冲突的工作，有目的地改造自己。如胆汁质气质的企业秘书多数较粗心，可以多做些誊写文稿、立卷编目等平凡细致的工作；黏液质气质的企业秘书一般反应较迟缓，可以多做些实地调查、对外联络等锻炼思维敏捷性的工作。

2. 寻找榜样

在工作生活中多留意、多观察人与事，观察性格优秀的企业秘书或其他人员是如何工作、待人处事的。榜样的作用是巨大的，是具体感性的，能在潜移默化中影响人，有时能产生比理性认识更明显的效果。

3. 了解“人性”

多学习社会学、心理学及人际关系学知识，多了解与人打交道的基本理论与技巧，把从书籍中学到的知识与实践巧妙结合起来。此处所说的“人性”，既包括自己也包括他人作为一个“人”的特点。

4. 请人挑毛病、提建议

根据培养目标及自身的弱点，请上司、同事及亲朋好友监督自己的性格培养过程，随时提出改进的意见和建议。这种方法虽然很“残酷”，但卓有成效，在训练过程中应该学会自我调节，以免失去信心。

3.5 企业秘书的心理障碍及其调节

随着市场经济体制的逐步完善，生活节奏越来越快，来自社会各方面的压力巨大。企业秘书因其地位的特殊性，首先就需要承受更重的精神压力。他们每天从事的都是紧张、快节奏和高压力的工作，且由于地位的特殊、事务的繁重和角色的复杂，其心理更容易产生障碍。

3.5.1 企业秘书心理障碍的表现

企业秘书心理障碍的具体表现有如下几个方面：

1. 嫉妒

嫉妒心理是一种极欲破坏他人的心理状态，含有怨恨的情感体验。它包括焦虑、恐惧、猜疑、报复等不愉快的情绪，是一种消极的不健康的心理状态。企业秘书当看到身边的同事被提拔、重用或在某些方面超过自己时，难免产生嫉妒心理。而嫉妒往往使人变得偏激、心理紧张、说话办事带有攻击性，甚至做出违反道德规范的事情。

2. 焦虑

焦虑是个体对环境即将出现的变故或需要作出的努力在主观上引起的一种紧张和不愉快的期待情绪，包括自尊心的损伤、自信心的丧失、失败感、愧疚感以及相互交织的不安、忧虑甚至惊慌的情绪状态。由于企业秘书从事的多是琐碎单调的工作，往往由于工作压力过大或因自己的成就动机得不到及时满足而产生焦虑心理。其表现为经常忧虑，怨天尤人，无缘由地自忧自叹，微不足道的小事也足以引起他们的不安，遇到突发事件时便不知所措，丧失应变的能力。

3. 急躁

急躁是神经系统的一种兴奋和冲动，也是企业秘书常见的心理障碍，多发生在年轻秘书身上。他们工作无恒心，急于求成，缺乏计划，对问题不深思熟虑，往往因操之过急而导致失败。

4. 厌烦

厌烦是心理疲劳的一种情绪表现。由于企业秘书工作多为烦琐单调、重复性的事务工作，难免产生厌烦心理。心理学认为，一个人如果长期感到精神疲倦、兴味索然，最终将导致生命活力的丧失，严重者甚至会轻生。企业秘书若对工作产生了厌烦情绪，就会缺乏工作热情、注意力分散、工作效率降低。

5. 自傲和自卑

自傲和自卑虽然在形式上是完全相反的心理状态，但在实质上都是由于不能正确认识自己而造成的心理失调。有的企业秘书过高地估计自己，常常是“眼高手低”、“大事做不好，小事不愿做”，受到批评或遇到挫折后不能正确对待，甚至变得自视甚高。有的则相反，在遇到挫折或打击之后便丧失了信心，意志消沉、无所作为。企业秘书的自傲和自卑具有扩散性和传染性，一经形成，便影响企业秘书思想和行为的各个方面，成为一种消极的心理障碍。

3.5.2 企业秘书心理障碍的调节

一、培养健全、完善的心理品质

企业秘书消极心理的产生和难以解决往往是因为企业秘书的心理品质不够健全。企业秘书只有具备良好的心理品质，才能在失败时不气馁，在成功时不骄傲，既保持旺盛的干劲，又能甘于平淡，默默无闻、淡泊名利地全身心投入工作。因此，企业秘书必须保持积极、开朗的心态，培养健康的审美情趣和健全的理智，以乐观向上的态度积极参加各种活动，敢于面对现实、勇于创新。良好的意志品质能增强企业秘书克服困难、战胜挫折的信心，为企业秘书解决各种心理障碍提供有利保证，使工作得以顺利完成。

企业秘书还应注重性格品质的培养，要了解自己的气质、性格。企业秘书应认真剖析自己现有的心理品质，了解自己的不足与长处，找出差距，不断调整，加以完善。只有这样，才能使自己更好地适应企业秘书工作的要求，才能在遇到心理问题或矛盾时，具备强大的心理承受力和抵抗力。

二、不断积累知识，培养高尚的情趣

单一的知识技能越来越不能适应社会的发展和市场的竞争。企业秘书不仅要博学多才，还要能活学活用，努力学好专业知识，不断培养各种能力。企业秘书要想拥有真才实学，就得勤奋好学，通过学习充实自己，增长才干，开发潜能。这样既有利于敬业，又有利于适应各种环境。

情趣以需要和动机为基础，是人们积极探索某种事物或从事某项活动的意识倾向和情绪体验。在企业秘书活动中，情趣起着定向和激励等多方面的作用。情趣一旦形成，就会吸引企业秘书的注意力，使企业秘书围绕它建立一系列目标体系，并对工作产生积极影响。

三、建立良好的人际关系

企业秘书处于企业的中枢位置。他们面对着广泛而复杂的人际关系。企业秘书应多学习社会学、心理学及人际关系学知识，多了解与人打交道的基本理论和技巧，把从书籍中学到的知识和实践巧妙结合起来。企业秘书与领导、同事、群众虽有职位上下的高低，却无人格上的不平等。因此，企业秘书应给予别人同等的尊重，不媚上欺下。

此外，企业秘书应严于律己、宽以待人，要有宽阔的胸怀，要学会宽容。宽容并不是软弱，也不是毫无原则的退让和包容。在工作中人们不可避免地会产生摩擦，作为企业秘书对此应该表现出宽大的胸怀，不斤斤计较个人得失，这样才有利于工作的开展。企业秘书还要团结那些与自己意见不同甚至相反的人，以锻炼自己求同存异的能力，取人之长补己之短。

四、找到合理的渠道适度地发泄情绪和控制情绪

一个心理健康的企业秘书应该做到情绪稳定，性格开朗，身心处于积极向上、充满希望的乐观状态，能适度地表达和控制自己的情绪，合理地宣泄不良情绪。例如，可以找朋友倾诉，朋友是最好的倾听者，把自己不愉快的事情告诉朋友，从朋友那得到安慰；还可以通过运动和娱乐，把不愉快的情绪统统抛掉等。

最后，值得注意的是，企业秘书要保持心理健康，除了努力做到以大局为重，与大家合作共事、共同发展之外，还要注意在符合集体要求的前提下，较好地发挥自己的个性；在不违背社会规范的前提下，恰当地满足个人的基本要求。只有这样才能把心理调节到最佳状态。

总之，了解和掌握心理调节的方法，无论是对企业秘书工作还是对企业秘书个人的身心健康都有着积极的意义。健全的心理品质、完善的智能结构，以及良好的人际关系不仅能使企业秘书在工作中有的放矢、得心应手，还能使企业秘书有效地预防和消除消极心理，保持心理平衡，拥有健康心态。

【本章小结】

一个合格的秘书，不但要有丰富的知识，还要具有良好的能力。一般来说，企业秘书要有广博丰富而扎实的基础知识、丰富的秘书学专业知识，精通所在行业的专业知识，还要具有进一步提高业务水平、追求卓越所必需的相关知识。在能力方面，企业秘书需要具备观察分析力、应变力、记忆力等基础能力，写作能力、独立办事能力、口头表达能力、理解听知能力等专业能力，现代办公设备使用能力、网络办公能力、文案处理能力等专业技能。职业道德是企业文化的重要组成部分，是增强企业凝聚力的手段，可以提高企业的竞争力。企业秘书遵守的职业道德规范包括文明礼貌、爱岗敬业、诚实守信、办事公道、勤劳节俭、遵纪守法、团结互助、开拓创新等八个方面。本章还概括了企业秘书进行职业道德修养的途径和方法，阐述了企业秘书的职业性格特征以及如何养成良好的职业个性。对企业秘书在工作中出现的主要心理障碍和调节方法也作了简要论述。

【习题与训练】

1. 企业秘书应具有怎样的知识结构？
2. 企业秘书应具有哪些能力？
3. 企业秘书应具有哪些职业道德？如何培养？
4. 你认为企业秘书应具有哪些性格？
5. 假如你是一家纺织品外贸公司的秘书，你应该熟悉哪些知识？如果是物流公司的秘书呢？
6. 企业秘书的心理障碍主要表现在哪些方面？应如何调节？

【知识链接】

（一）浅析现代企业秘书应具备的基本素质

1. 现代企业秘书应具备的能力

1.1　经济工作能力

企业是以获取最大利润为目标的经济实体。经济工作是企业所有工作的基础，因此，经济工作能力是现代企业秘书应具备的最基本的能力。一是必须具有较高的政策水平。秘书应掌握党和国家的方针、政策、法律、法规，特别是与企业相关的法律法规。要面向企业、面向市场，及时了解和掌握宏观经济和社会发展的运行状态和趋势，学习市场经济的理论与规则，探索市场经济发展规律。二是思想要敏锐。秘书要有敏锐的思维和善于发现问题的能力，善于综合分析，在错综复杂的情况下抓住问题的本质，并帮助领导找出解决矛盾、问题的途径。三是要通晓本企业的情况。秘书要了解领导的决策和企业的根本方针，熟悉企业的经营活动以及领导层次、机构设置、职工结构的状况和分布等。犹如《庖丁解牛》中的庖丁，对牛的各部位了如指掌，在复杂的牛体经络中游刃有余。四是善于搜集经济信息。秘书应结合企业实际，做好经济信息的搜集工作，只有全面及时地搜集、处理各方面的经济信息，才能帮助企业领导把握市场脉搏，在市场竞争中获胜。五是善于公关工作。秘书是企业精神面貌、管理水平和企业精神等方面的缩影和外在体现，其高雅文明的谈吐、不卑不亢的态度、真诚和蔼的待人接物、清晰美观的信函处理，都体现了一个企业的良好形象。

1.2　善于协调的能力

企业中存在着各种纷繁复杂的关系，秘书良好的协调能力可以化解矛盾、促进团结、提高企业的凝聚力。一是上下关系的协调。秘书处于承上启下、联系内外、沟通左右的地位。企业领导机构的各种指导精神是通过秘书传达的，据此企业拟出贯彻执行的办法；下属单位情况需要秘书及时收集、了解和调查研究，整理后向领导反馈，便于领导作出科学的决策。因此，上下协调通气是秘书的职责所在。二是秘书与领导关系的协调。领导的职能是决策、宏观调控、指挥和管理，而秘书的职能是辅助决策、服务管理。因此，秘书首先要了解领导的性格、习惯和工作方法，自觉地站在领导的立场去思考和处理问题，按照领导的意图办事，以取得最佳效果。其次要与领导保持工作上的默契，取得领导的信任，这样所提出的建议、方案才能被领导采纳。三是领导成员之间的协调。企业总是由若干人组成领导班子，由于每位领导分工不同，有时由于工作繁忙或外出机会多，碰头见面、通气交流的机会少，各自的工作进展情况往往是通过秘书进行中间传递，因此，这种“媒介”作用的好坏直接关系到单位整体目标的实现。四是职能部门之间的协调。要使企业中工作职责不相同的各个部门、各个环节、各个层次的工作很好地衔接，就要求秘书熟悉各部门的工作职能、工作的进展情况以及出现的问题等，及时准确地向各部门传达领导的意见，协调好各职能部门的工作。尤其是遇到“推诿扯皮”的问题时，秘书要利用自己的特殊地位，采用各种方法和手段，及时理顺关系，协调矛盾。

2. 秘书应为企业提供高效、优质、快捷的服务

根据秘书工作“三服务”的原则，一名优秀的企业秘书要达到的服务质量目标应该是：让企业领导和上级部门满意，让同事和职能部门满意，让广大员工满意。秘书要提供高效、优质的服务，可以从以下几方面入手：

2.1　要主动了解被服务者心中的预期要求和接受服务后的满意程度

秘书可以通过调查、交谈等方式了解企业领导、同事、下属部门及员工心目中秘书应具有的服务质量，同时在提供服务的过程中积极听取意见和建议，多观察、多交流，明确服务要求，在工作中做到有的放矢，以达到被服务者心目中的要求，使之对秘书的服务质量产生满意的评价。

2.2　要有提供最佳服务的意识

秘书要有勤奋踏实、任劳任怨的老黄牛精神。秘书工作非常烦琐，如果没有老黄牛精神，往往会怨天尤人、缺乏耐心、无法搞好工作。因此，秘书必须明确自己的角色和作用，甘心做默默无闻的“老黄牛”，情愿做陪衬红花的绿叶。从日常性服务入手，踏踏实实地对待工作的每一项职责，努力提供最佳服务，服务态度要热情、诚恳、尊重每一位服务对象。

2.3　把自己看作服务对象，做领导的“正直挚友”

秘书应具备“换位思考”的能力，学会思考诸如“如果我是领导，我会怎样处理这件事？我需要秘书为我提供什么样的服务？”之类的问题。经常作这样的“换位思考”，秘书就能及时准确地领会被服务者的意图，设身处地地替被服务者着想，从而积极主动地为被服务者提供优质的服务。领导和秘书在工作中是上下级关系，但在人格上是平等的。秘书要做领导“正直的挚友”，敢于向领导提出意见和建议，但必须合理，必须以事实为基础，不提没有把握的建议；提建议时应站在秘书的角度，善意而有策略地进行。秘书是在领导身边工作的人，要有对企业、对领导高度负责的精神。只要真正为领导、为企业着想，领导就会接受“挚友”的意见。

3. 提高现代企业秘书素质的几种途径

在现代企业中，秘书部门作为连接决策者与执行者的关键环节，其地位和作用日益重要。客观上对秘书岗位提出了更新、更高的要求，需要懂得各种资本经营、市场营销、法律事务、金融证券等方面知识的复合型人才来充实秘书岗位。因此，在企业中从事文秘工作的人员，要不断提高自身素质，坚持与时俱进、发展创新，以适应市场经济条件下企业发展的要求。

3.1　要树立正确的苦乐观

艰苦的工作和生活环境是人们走向成熟、成功的动力，是磨炼意志、陶冶情操的良好机会。秘书要善于利用自身的特殊工作条件，锻炼自己、培养自己。一是要敢于吃苦耐劳、勤于苦中求进。要树立正确的世界观、人生观、价值观，做到比工作不比待遇、比贡献不比享受，强化宗旨观念和服务意识；在新的形势和任务面前，按照“忠诚坚定、敢于奉献、廉洁自律、业务精湛”的要求加强自我修养。二是要充满革命的乐观主义精神，善于苦中求乐。秘书工作虽然清苦，但有失必有得；别人没学到的东西秘书先学到，别人没有锻炼的机会秘书能得到，这也是一大幸事。因此，从事秘书工作的人员要正确对待苦与乐，在苦中实现人生价值，在苦中寻求最大欣慰。

3.2　要勤于学习、善于学习，不断汲取新的知识

学然后知不足，企业秘书自身要不断“充电”，加强素质修养，弥补缺憾，提高业务能力，跟上时代发展。一是要学习市场经济知识，特别是现代企业的运行规则、资本的运作、经济基础、法律法规等相关知识，以适应企业对秘书工作的新要求。二是要理论联系实际、学用结合。秘书不但要善于学习书本上的知识，还要注重在实践中学习，在学习中前进。真正做到学用结合、边学边用，为领导科学决策服务。三是要善于思考。“学而不思则罔，思而不学则殆”，思考过程是学习过程的继续和深化，秘书既要勤学，更要善思，把学到的东西变为自己的，增强敏锐性，使所学的知识上档次，工作能力上新台阶。

3.3　要苦练写作基本功

秘书负责起草文件和领导的讲话稿，这是直接为领导服务的高层次工作，秘书的助手作用也主要体现在这里。因此，秘书不仅业务要精，而且笔杆子要硬。首先，必须加强写作“品德”的“修炼”，要实事求是，敢讲真话；写实情，办实事，既报喜，又报忧；注意反映职工群众的呼声和愿望。其次必须加强写作“功力”的修炼。一是要博学精读、牢固根基、善于积累、建立“材料席”；二是要有良好的文风，文章要立意新、材料新、角度新，用词准、引文准、数据准、体现的政策性更准；三是要善于推敲和修改，力求达到领导满意、上级满意、群众满意；四是要持之以恒，勤学多练，善于总结教训，不断提高写作水平。

3.4　要严守纪律、不越权行事

秘书置身于领导和群众之间，与领导接触的机会多，容易给人一种领导代言人的形象。秘书应保持清醒的头脑，加强道德修养，谨守本分，不做越权、违规的事；要严守纪律，不仅要严格遵守组织纪律和工作纪律，保守秘密，还要加强自身廉政建设，廉洁自律、奉公守法，在各方面严格要求自己。

新的世纪，为秘书工作确立了新的目标，也为秘书成才、发展提供了新的机遇。一个优秀的企业秘书，只有脚踏实地、创造性地做好现实工作，不断提高自身的素质，才会具备挑

重担的能力和可能，才能在事业的发展中、在自己的岗位上、在企业的成长中实现自身的价值以及对社会的价值。

（资料来源：王明军．浅析现代秘书应具备的基本素质．甘肃科技纵横，2005，5）

（二）美国管理协会对高级秘书的素质要求

1993年11月，美国管理协会（AMA）召开了首届高级秘书与助理大会，对高级秘书的素质提出了多达二十几条要求：

（1）良好的文字处理能力；

（2）良好的口头表达能力；

（3）善于与人沟通；

（4）随机应变能力强；

（5）能严守秘密，谨慎处理保密文件；

（6）能准确领会上司意图；

（7）能沉着处理紧急事件；

（8）能代表经理出席员工大会并讲话，准确恰当地传达经理的意见；

（9）能及时将企业内外部信息传递给经理；

（10）经理外出时能主动主持办公室工作；

（11）具有良好的职业道德和强烈的进取心；

（12）精力充沛；

（13）具有良好的安排时间的能力（如出差计划与安排）；

（14）具有良好的记忆力，尤其对人名、地名、电话号码反应迅速；

（15）有组织观念和团队精神；

（16）与同事及上司能融洽相处，并能从中起协调作用；

（17）能参与企业具体项目的开展；

（18）积极主动而非被动地工作；

（19）懂办公室财务管理；

（20）发现错误能及时纠正；

（21）知道何时给上司建议和征求上司意见；

（22）能以最佳的方式管理文件；

（23）有一定的数学头脑；

（24）会多种语言，并且适应多元文化环境；

（25）求知欲强；

（26）能代替上司处理日常事务；

（27）独立工作能力强——温和善良、善解人意、办事利索、行事公正。

（资料来源：蔡超，杨锋．现代秘书实务．广州：暨南大学出版社，2006）

4 企业秘书工作环境

【本章要点】

●了解企业秘书工作的政治环境、经济环境和组织环境。

●理解和掌握企业及其类型、现代企业制度、现代企业文化与企业组织结构。

4.1 企业秘书社会环境

【案例分析】

案例 1

我国的永久、飞鸽牌自行车都是国内外久负盛名的优质产品，但在卢旺达却十分滞销。因为卢旺达是一个山地国家，骑自行车的人经常要扛车步行，而我国的永久、飞鸽车较重，令当地人感到十分不便。日本人瞅准这一机会，在作了详细的市场调查后，专门生产一种用铝合金材料作车身的轻型山地车，抢占了市场。我国的企业由于只知己不知彼，错过了一个很好的占领市场的机会。

20 世纪 80 年代初，我国向某阿拉伯国家出口塑料底鞋，由于忽视了研究当地人的宗教信仰和文字，设计的鞋底的花纹酷似当地文字中的“真主”，结果被当地政府出动大批军警查禁销毁，造成了很大的经济损失和政治损失。

外部环境主要包括：①社会环境。主要是指一个国家的人口数量、职业结构、生活习惯、道德风尚以及国家历史和文化传统。②政治环境。主要包括国家的政权性质和社会制度，以及国家的路线、方针、政策、法律和规定等。③经济环境。主要包括国家和地方的经济发展水平、速度，国民经济结构，生活消费结构和消费水平，市场供求状况以及社会基础设施等。④科学技术环境。主要包括国家的科学技术发展水平，新技术、新工艺的开发和利用，国家的科技政策、科技管理体制和科技人才等。⑤文化教育环境。主要包括人们的教育水平和文化水平，各大专院校、职业学校的发展规模和水平等。⑥自然地理环境。主要包括自然资源、地理条件和气候条件等。

案例 2

某国大使馆的秘书人员将一些应该销毁的信息扔入了使馆外的垃圾桶里，结果该信息被他国的谍报人员从垃圾桶中拾获。该国得到情报被他国获取的消息后不得不对国家的战略作出重大调整，给国家利益造成了巨大损失，该秘书人员也被调回国内，并受到严厉处罚。

秘书工作者，是与信息内容接触最为密切的人群，如果没有高度的保密意识，就有可能在无意识间泄露需要保密的信息，从而给机构、国家带来巨大的损失，因此秘书在政治环境中需要具有高度的保密意识。

【问题讨论】

1. 查阅相关资料，搜寻政治环境、经济环境与秘书的案例。

2. 结合以上案例，阐述企业秘书在特定的政治环境和经济环境中如何发挥自己的主观能动性?

4.1.1 政治环境与秘书工作

政治环境包括党的政策、国家的法律及WTO规则等。政治制度主要包括国家政权制度和政党制度两个方面；法律制度主要包括立法、执法、守法和监督四个方面的内容。对于政治、法律环境，首先秘书工作必须适应环境，秘书工作必须与党的方针政策保持一致。其次，政治环境影响和制约秘书工作。党的政治路线决定了秘书的工作方向，制约着秘书的行为，由于秘书工作经常涉及大量的理论问题和政策问题，因此要做好秘书工作，没有一定的理论水平和政策水平是难以胜任的。再次，由于秘书参与政务，秘书工作也会影响党风政风。

4.1.2 经济环境与秘书工作

经济环境主要包括经济体制、经济实力。秘书工作的内容和性质常随着经济环境的改变而改变。我国的社会主义市场经济体制影响了秘书工作：市场经济的开放性扩大了秘书的工作范围。加入世贸组织加速了中国与世界的一体化进程，企业将出现跨行业、跨地区、跨国界的政治、经济、文化、科技交流。地域的扩大，既开阔了秘书工作的空间，又拓宽了秘书的视野。在此背景下，秘书要具有强烈的立体型开放性思维，不仅关注本行业、本地区的发展，还要密切注视国内及世界政治与经济的动向。

经济实力是经济环境中最基本的因素，对秘书工作有着决定性的影响。企业具有较强的经济实力，能为秘书工作提供现代化的办公设备和人性化的办公环境，能为秘书的培训提供经费支持等。现代企业秘书不再是以往的传统技能型秘书，而是“智囊型”人物，是智能型的群体。现代企业秘书不仅要具备普通秘书应具备的基础知识，而且要协助管理，参与生产、贸易等经济活动，故必须学习和掌握以下知识：①对外贸易知识，包括租赁以及与之相关的国际汇兑、各国税利、保险、仲裁、索赔等知识；②涉外法规知识，包括国内的涉外法规和国际法规；③财会与商务知识。

4.2 企业秘书组织环境

【案例分析】

案例 1

三九企业集团是以生命健康产业为主业、以制药为重点、以中药（植物药）为核心、以资本为纽带的综合性跨地区、跨行业、跨所有制、跨国经营的大型企业集团。2001 年，集团实现营业总额 94.8 亿元，实现利税 10.68 亿元（含关税），“999”品牌升值为 81.16 亿元，在国内医药行业排名第一，资产总额达 186 亿元，进入全国最大工业企业 50 强之列。下面是该企业的部分资料。资料一：三九企业集团管理体制总原则。集团对子公司的“九管”：管依法经营、管经营方向、管国有资产、管投资、管企业设立、管经济效益、管企业形象、管党团建设、管经理；集团对子公司的“六放”：放生产经营权、放人事权、放财务权、放机构设置权、放干部任命权、放分配权。资料二：三九机制六项主要内容。一是企业法定代表人党委书记、总经理“党政一肩挑”，两个文明建设“两手一起抓”，负有确保国有资产保值增值和精神文明建设过硬等五项责任，拥有决策、财务、人事管理等六项权力的责任机制；二是企业自负盈亏、自我发展、自我完善的自主经营机制；三是“干部能上能下，机构能设能撤，人员能进能出，收入能高能低”的动态调节机制；四是兼顾效率与公平，档次拉开的 1∶18 分配机制；五是广泛接受上级领导、地方政府、内部员工、广大消费者和党纪国法监督的制约机制；六是以法人代表为总负责，以调查研究为基础，以企业外脑即战略决策指导委员会为依托的科学民主决策机制。

该企业采用的是在较大程度上分权的管理体制：①集团对子公司所管的内容较宽泛、表面；②集团对子公司下放的权力是体现分权与集权的重要标志，人事权、财务权、分配权等企业经营管理中最重要的权力掌握在子公司；③集团对子公司的控制主要通过管理、经济效益、投资等方面来进行，企业真正的经营决策权在子公司。

企业采用集权体制还是分权体制，主要根据企业的具体情况来选择。集权和分权体制各有其优缺点：①集权的优点：规模效益、总部战略保障、高级人才的放大使用、降低组织成本等；集权的缺点：官僚主义、效率降低、影响创造力、高层人员能力影响大、下级抵触等；②分权的优点：充分调动下级的积极性和创造性，产生 1+1 大于 2 的效果等；分权的缺点：产生“诸侯割据”的现象，效益差的愿意紧跟总部、效益好的希望独立，总部对下级不易控制等。

4.2.1 企业及其类型

一、企业的含义

企业是以盈利为目的，为满足社会需要，依法从事商品生产、流通和服务等经济活动，实行自主经营、自负盈亏、自我约束、自我发展的法人实体和市场竞争主体。

企业是人类经济活动发展到一定历史阶段的产物，是社会生产力发展到一定水平的产物。企业是社会经济的基本单位。企业的概念主要包括以下四个方面的含义：

1. 企业是经济实体

企业不同于政府部门、事业单位，它必须追求经济效益，获取盈利。盈利是企业创造附加价值的重要组成部分，也是社会对企业所生产的产品和服务能否满足社会需要的认可和报酬。

2. 企业必须自主经营和自负盈亏

企业根据市场的需要，独立自主地使用和支配其所拥有的人力、物力和财力，并对其经济结果独立地享有相应的权益和承担相应的责任。企业自主经营必须自负盈亏，用自负盈亏来制约自主经营。

3. 企业必须承担社会责任

企业要满足社会的需要，它不仅指满足者的需要，而且包括出资者、银行、职工、供货者、交易对象、政府、地区以及一切与之相关的社会团体的需要。同时，企业还应为社会提供就业机会，防止环境污染，维护生态平衡，节约资源等。

4. 企业必须具有法人资格

企业是依法成立、具有民事权力和民事行为能力、独立享有民事权利和承担民事义务的组织，它必须拥有自己能够独立支配和管理的财产，有专门的组织名称、固定的经营场所和一定的从业人员，有一定的组织机构和组织章程等。

二、企业的类型

从不同的角度，按照不同的标准可将企业划分成不同的类型。

（一）按企业资产的所有制性质分类

这是我国过去常用的一种分类方法。按照企业资产的所有制性质可将企业分成以下几种类型：

1. 国有企业

国有企业也称全民所有制企业。它的全部生产资料和劳动成果归全体劳动者所有，或归代表全体劳动者利益的国家所有。在计划经济体制下，我国的国有企业全部由国家直接经营。由国家直接经营的国有企业又称国营企业。

2. 集体所有制企业

集体所有制企业简称集体企业。在集体企业里，企业的全部生产资料和劳动成果归一定范围内的劳动者共同所有。

3. 私营企业

私营企业是指企业的全部资产属私人所有的企业。我国《私营企业暂行条例》规定："私营企业是指企业资产属于私人所有，雇工 8 人以上的营利性经济组织。"

4. 混合所有制企业

混合所有制企业是指具有两种或两种以上所有制经济成分的企业，如中外合资经营企业、中外合作经营企业、国内具有多种经济成分的股份制企业等。中外合资经营企业是由外国企业、个人或其他经济组织与我国企业共同投资开办、共同管理、共担风险、共负盈亏的企业。它在法律上表现为股权式企业，即合资各方的各种投资或提供的合作条件必须以货币形式进行估价，按股本多少分配企业收益和承担责任。它的法人必须是中国人。中外合作经营企业是由外国企业、个人或其他经济组织与我国企业或其他经济组织共同投资或提供合作条件在中国境内共同举办，以合同形式规定双方权利和义务关系的企业。它可以具备中国法人资格，也可不具备。合作各方依照合同的约定进行收益或产品的分配，承担风险和亏损，并可依合同规定收回投资。

（二）根据企业制度的形态构成分类

这是国际上对企业进行分类的一种常用方法。按此方法可将企业分成业主制企业、合伙制企业和公司制企业。

1. 业主制企业

它是由个人出资设立的企业，又称个人企业。出资者就是企业主，企业主对企业的财务、业务、人事等重大问题有决定性的控制权。企业主独享企业的利润，独自承担企业风险，对企业债务负无限责任。从法律上看，业主制企业不是法人，是一个自然人。

2. 合伙制企业

从法律上讲，合伙企业就是依照合伙企业法在中国境内设立的，由各合伙人订立合伙协议，共同出资、合伙经营、共享收益、共担风险，并对合伙企业债务承担无限连带责任的营利性组织。合伙企业的合伙人之间是契约关系，不具备法人的基本条件，不是法人。但在有些国家的法典中，明确允许合伙企业采取法人的形式。根据合伙人在合伙企业中享有的权利和承担的责任不同，可将其分为普通合伙人和有限合伙人。普通合伙人拥有参与管理和控制合伙企业的全部权力，对企业债务负无限连带责任，其收益是不固定的。有限合伙人无参与企业管理和控制合伙企业的权力，对企业债务和民事侵权行为仅以出资额为限负有限责任，根据合伙契约中的规定分享企业收益。由普通合伙人组成的合伙企业为普通合伙企业，由普通合伙人与有限合伙人共同组成的企业为有限合伙企业。

业主制企业和合伙制企业统称为古典企业。

3. 公司制企业

公司制企业又叫股份制企业，是指由两个以上投资人（自然人或法人）依法出资组建，有独立法人财产、自主经营、自负盈亏的法人企业。公司是企业法人，有独立的法人财产，享有法人财产权。公司以其全部财产对公司的债务承担责任。有限责任公司的股东以其认缴的出资额为限对公司承担责任；股份有限公司的股东以其认购的股份为限对公司承担责任。

我国2006年的《公司法》指出："本法所称公司是指依照本法在中国境内设立的有限责任公司和股份有限公司。"

（1）有限责任公司。有限责任公司是由一定数量（我国公司法规定为2～50个）的股东出资设立，各股东仅以出资额为限对公司债务负清偿责任的公司。有限责任公司不能对外发行股票，股东只有一份表示股份份额的股权证书，股份的转让受严格限制。有限责任公司的注册资本为在公司登记机关登记的全体股东认缴的出资额。公司全体股东的首次出资额不得低于注册资本的20%，也不得低于法定的注册资本最低限额，其余部分由股东自公司成立之日起两年内缴足；其中，投资公司可以在五年内缴足。有限责任公司注册资本的最低限额为人民币三万元，若法律、行政法规对有限责任公司注册资本的最低限额有较高规定的，按其规定。

有限责任公司的主要特点是：①有限责任公司股东人数少；②不发行股票，股票不能自由买卖；③公司高层管理人员多具有股东身份；④成立、解散比较简单，公司账目无须向公众公开。

（2）股份有限公司。股份有限公司是由一定数量（我国公司法规定为5个）以上的股东出资设立，全部资本分为均等股份，股东以其所持股份为限对公司债务承担责任的公司。股份有限公司的财务公开，股份在法律和公司章程规定的范围内可以自由转让。

股份有限公司的特点是：①股东人数较多；②发行等额股票，可自由转让；③公司必须向公众公开财务状况。

股份有限公司的优点有：①便于筹集资本；②实行严格的组织管理；③在严格的社会监控下从事经营活动。

（三）按企业生产经营业务的性质分类

这种分类方法是我国常用的企业分类方法。我国企业的上级主管部门也是按这一分类方法来设置管理机构的。按这种分类方法主要有：

（1）工业企业。它是从事工业品生产的企业，为社会提供工业产品和工业性服务。

（2）农业企业。它是从事农、林、牧、副、渔业生产的企业，为社会提供农副产品。

（3）商业企业。它是从事生活资料流通和流通服务的企业。

（4）物流企业。它是从事工业品生产资料流通或流通服务的企业。

（5）交通运输企业。它是为社会提供交通运输服务的企业。

（6）金融企业。它是专门经营货币或信用业务的企业。

除上述主要类型外，还有邮电、旅游企业等。

4.2.2 现代企业制度

一、现代企业制度的概念

现代企业制度是指以完善的企业法人制度为基础，以有限责任制度为保证，以公司企业为主要形式，以产权清晰、权责明确、政企分开、管理科学为条件的新型企业制度。其主要内容有：企业法人制度、企业自负盈亏制度、出资者有限责任制度、科学的领导体制与组织管理制度。

二、现代企业制度的主要内容

现代企业制度大体可包括以下内容：

（1）企业资产具有明确的实物边界和价值边界，具有确定的政府机构代表国家行使所有者职能，切实承担起相应的出资者责任。

（2）企业通常实行公司制度，即有限责任公司或股份有限公司制度，按照《公司法》的要求，形成由股东代表大会、董事会、监事会和高级经理人员组成的既相互依赖又相互制衡的公司治理结构，并使之有效运转。

（3）企业以生产经营为主要职能，有明确的盈利目标，各级管理人员和一般职工按经营业绩和劳动贡献获取收益，住房分配、养老、医疗及其他福利事业由市场、社会或政府机构承担。

（4）企业具有合理的组织结构，在生产、供销、财务、研究开发、质量控制、劳动人事等方面形成了行之有效的企业内部管理制度和机制。

（5）企业有着刚性的预算约束和合理的财务结构，可以通过收购、兼并、联合等方式谋求企业的扩展，如经营不善难以为继时，可通过破产、被兼并等方式寻求资产和其他生产要素的再配置。

【案例分析】

案例2

高金公司顾问蒋家福正积极为高金公司上市而奔波，“去年11月14号，省证管办已经承认我们进入上市辅导期了。券商申银万国公司已经对我们进行了两次辅导。”蒋顾问说着，他给记者展示了高金食品股份有限公司的管理框架：董事会—监事会—董事长—总经理。在“职能描述”一栏内，这样写着：“董事会是高金食品股份有限公司最高权力机构，决定公司一切重大事项。董事长是公司的法人代表。副董事长协助董事长工作。监事会对董事会和经营班子进行监督，对董事、经理的行为进行监督和必要的纠正，监事会主席是监事会的负责人。经营班子对董事会高度负责，总经理对董事长高度负责。”

现代企业制度的逐渐渗透，使该企业的活力倍增。随着现代企业制度这个概念逐渐清晰起来，不少企业开始从自身的情况出发，下大力气加快速度引进现代企业制度。不少鲜活的事例证明，谁最先建立这种制度，谁真正实行这种制度，谁就站在了第一起跑线上。

三、我国现代企业制度的基本特征

十四届三中全会把现代企业制度的基本特征概括为“产权清晰、权责明确、政企分开、管理科学”十六个字。1999年9月党的十五届四中全会再次强调要建立和完善现代企业制度，并重申了对现代企业制度基本特征“十六字”的总体要求。

1. 产权清晰

所谓“产权清晰”，主要有两层含义：

（1）有具体的部门和机构代表国家对某些国有资产行使占有、使用、处置和收益等权力。

（2）国有资产的边界要“清晰”，也就是通常所说的“摸清家底”。首先要搞清实物形态国有资产的边界，如机器设备、厂房等；其次要搞清国有资产的价值和权力边界，包括实物资产和金融资产的价值量、国有资产的权力形态（股权或债权，占有、使用、处置和收益权的分布等）、总资产减去债务后净资产数量等。

2. 权责明确

“权责明确”是指合理区分和确定企业所有者、经营者和劳动者各自的权利和责任。所有者、经营者、劳动者在企业中的地位和作用不同，因此他们的权利和责任也不同。

（1）权利。所有者按其出资额，享有资产受益、重大决策和选择管理者的权利，企业破产时则对企业债务承担相应的有限责任。企业在其存续期间，对由各个投资者投资形成的企业法人财产拥有占有、使用、处置和收益的权利，并以企业全部法人财产对其债务承担责任。经营者受所有者的委托在一定时期和范围内拥有经营企业资产及其他生产要素并获取相应收益的权利。劳动者按照与企业的合约拥有就业和获取相应收益的权利。

（2）责任。与权利相对应的是责任。严格意义上说，责任包含了通常所说的承担风险的内容。要做到"权责明确"，除了明确界定所有者、经营者、劳动者及其他企业利益相关者各自的权利和责任外，还必须使权利和责任相对应或相平衡。在所有者、经营者、劳动者及其他利益相关者之间，应当建立起相互依赖且相互制衡的机制，这是因为他们之间是不同的利益主体，既有共同利益的一面，也有不同乃至冲突的一面。相互制衡要求明确彼此的权利、责任和义务，要求相互监督。

3. 政企分开

"政企分开"的基本含义是政府行政管理职能、宏观和行业管理职能与企业经营职能分开。

（1）政企分开要求政府将原来与政府职能合一的企业经营职能分开后还给企业，改革以来进行的"放权让利"、"扩大企业自主权"等就是为了解决这个问题。

（2）政企分开还要求企业将原来承担的社会职能分离后交还给政府和社会，如住房、医疗、养老、社区服务等。应注意的是，政府作为国有资本所有者对其拥有股份的企业行使所有者职能是理所当然的，不能因为强调"政企分开"而改变这一点。当然，问题的关键在于政府如何才能正确地行使而不是滥用其拥有的所有权。

4. 管理科学

"管理科学"是一个含义宽泛的概念。从较宽的意义上说，它包括企业组织合理化的含义；从较窄的意义上说，"管理科学"要求企业管理的各个方面，如质量管理、生产管理、供应管理、销售管理、研究开发管理、人事管理等方面科学化。管理致力于调动人的积极性、创造性，其核心是激励、约束机制。要使"管理科学"，当然要学习、创造和引入先进的管理方式，包括国际上先进的管理方式。管理是否科学，虽然可以从企业所采取的具体管理方式的"先进性"上来判断，但最终要从管理的经济效率即管理成本和管理收益的比较上作出评判。

四、现代企业制度与以往企业制度的区别

现代企业制度与传统的国有企业制度不同，与改革以来形成的过渡性企业制度也不同。这种不同主要表现在以下几个方面：

(1) 通过建立和完善现代企业制度，国家依其出资额承担有限责任，企业依法支配其法人财产，从而改变了以往政企不分，政府直接经营管理企业，承担无限责任，而企业全面依赖于政府的状况。

(2) 企业内部建立起由股东大会、董事会、监事会、经理层构成的既相互依赖又相互制衡的治理结构，党在贯彻党的路线、方针、政策上发挥监督保证作用，从而改变了以往企业领导体制上权利不明、责任不清，要么"一元化"领导、缺少监督制约，要么相互扯皮、内耗过大的状况。

(3) 企业以生产经营为主要职责，有明确的盈利目标，改变了以往职工全面依赖企业、企业对职工承担无限责任的状况。

(4) 企业按照市场竞争的要求，形成适宜的企业组织形式和科学的内部管理制度，从而改变了以往企业作为政府行政体系附属物和内部管理落后的状况。

(5) 企业各种生产要素有足够的开放性和流动性，与外部的资本市场、经营者市场、劳动力市场及其他生产要素市场相配合，通过资产的收购、兼并、联合、破产，通过经营者的选择和再选择，通过劳动者的合理流动，使企业结构得以优化，竞争力得到有效提高，从而改变了以往生产要素条块分割、封闭呆滞，优不胜、劣不汰，行政性重复建设严重的状况。

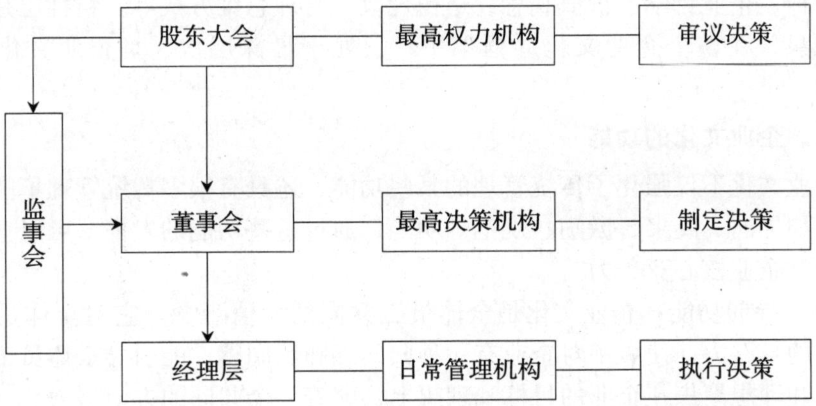

图 4－1 法人治理机构框架图

4.2.3 现代企业文化

企业文化不是一成不变，而是在不断发展变化的，不同的经济时代需要不同的企业文化。21 世纪是知识经济时代，知识经济对企业文化提出了更高的要求。知识经济条件下的企业文化应从人本文化、学习文化、创新文化、速度文化、共享文化等方面去建设。

一、企业文化的概念

企业文化有广义和狭义两种理解。广义的企业文化是指企业所创造的具有自身特点的物质文化和精神文化；狭义的企业文化是企业所形成的具有自身个性的经营宗旨、价值观和道德行为准则的综合。

二、企业文化的内容

现代企业文化由3个层次构成，即物质文化层、制度文化层、精神文化层。精神层文化决定了制度层文化和物质层文化；制度层文化是精神层文化和物质层文化的中介；物质层文化和制度层文化是精神层文化的体现。

（1）物质层文化是最直观、最表象的部分。物质层文化是企业文化的直接外在表现。例如，优质的产品和服务、英雄人物、企业内刊、花园式厂房、文体活动等。物质层文化包括：①企业标志。如厂牌、厂服、厂徽、厂旗、厂歌、商标、标志性建筑；②工作环境；③企业的产品和服务；④企业的广告等。

（2）制度层文化是指具有本企业文化特色的各种规章制度、道德规范和员工行为准则等的总和。它是企业文化的中介层。

（3）精神层文化是指企业成员长期形成并共同接受的思想意识活动，包括企业精神、企业哲学、价值观念、道德规范、管理思维方式等。精神层是企业文化的源泉，在整个企业文化的框架中，它处于最深层次，是企业文化的核心部分。

三、企业文化的功能

企业文化不仅强化了传统管理的某些功能，还具有很多传统管理不能替代的功能，如导向、凝聚、激励、规范等功能，通过这些功能的发挥，可以直接或间接地提升企业核心竞争力。

（1）导向功能：企业文化是全体员工共同的价值观念，它对全体员工有一种内在的号召力，使员工对企业有一种归属感和认同感，能引导全体员工把个人的目标和理想聚焦在企业的目标和理想上，朝着一个共同的方向努力。

（2）凝聚功能：企业文化是一种黏合剂，能减少企业内部的摩擦和内耗，形成和谐宽松的人际关系，增强凝聚力和向心力，使全体员工团结一心，把精力花在企业的生产经营发展上。对企业发展至关重要的团队精神就是企业文化凝聚功能一种很好的表现形式。

（3）激励功能：企业文化可以增强企业员工的荣誉感和责任感，自觉维护企业的声誉，努力工作。

（4）规范功能：企业文化中的价值观念、道德规范、约定俗成的行为准则，能约束企业职工的言谈举止，从而保证企业健康、稳定地向前发展。

【案例分析】

案例3：格兰仕28载的企业文化

企业文化看不见摸不着，似乎非常空洞，但是一种优秀的企业文化却无处不在，渗透到企业的每一个角落、每一根血脉。格兰仕在其发展壮大的28个春秋里创造了这样一种优秀的企业文化。

让质朴根植于企业文化

在格兰仕的顺德厂区，到处是密密匝匝的厂房。每年规模盛大的格兰仕微波炉中国市场年会的晚宴就是在这里的一个类似厂房的大餐厅里举行的，在长方形餐厅入口处的一端临时搭建了一个简易的舞台，晚宴的致辞、仪式和演出都是在这个舞台上进行。参加晚宴的格兰仕员工和各界来宾围坐在临时摆放的几十张圆桌前，这种场景很容易让人联想起农村的喜宴。

眼前的这一切，好像无法与一个年销售收入160亿元、在国内外微波炉和空调市场上占有优势份额的现代制造企业联系起来。然而，如果深入了解格兰仕，就会发现格兰仕根深蒂固的本质就是质朴甚至“土气”，但正是这种质朴造就了格兰仕28年的辉煌。

这种质朴的特质是格兰仕与生俱来的。自1978年9月28日，格兰仕的创业元老们在一片荒滩上开工建房时，这种质朴就已经深深地植根于格兰仕的企业文化中了，非但没有随着时间的推移而淡化、消逝，反而枝繁叶茂、发扬光大。

一种企业文化的形成，与其发展过程有着直接的关系。格兰仕从荒滩创业时便形成了致富之路靠苦干的坚定信念。

做企业其实就是做人

格兰仕的一幅标语表达了格兰仕企业文化的另一个核心：“人是格兰仕的第一资本。”

格兰仕的员工不无自豪地说：“我们一直比别人过得好。”这不仅反映在物质方面：格兰仕基层员工的工资一直高于同类企业平均水平，而且反映在精神方面：格兰仕给了全体员工一种归属感。

格兰仕的负责人说：“变山变水先变人。企业走到一定时期，总会遇到瓶颈——人的问题。人的素质代表企业的真正实力，员工的成长需要一个过程，对员工的培训也不可能一劳永逸。”在这种思想的指导下，格兰仕不断加强对员工的培训，使一批又一批新人融入这个大家庭。

格兰仕人明白，企业之间竞争的实质是全体员工素质的比拼。格兰仕有一个员工培训基地园，建造得像公园一般美丽，小桥依依，流水潺潺，鲜花芳香馥郁，楼前有雕塑，楼内装修丝毫不逊于星级酒店。在这里，员工接受的却是“苦行僧”文化，倡导的是“勤奋工作、付出才有回报”的企业哲学。

格兰仕在其发展史上经历了数次转产，但每次转产都没有解雇不能马上适应新工作的员工。格兰仕的负责人说：“我们的老员工为格兰仕工作了十几年，立下汗马功劳，怎么能卸磨杀驴呢？这不合情理，不利于企业发展，做人做事要以心换心。”正是这质朴的“以心换心”

赢得了员工的普遍支持和忠诚。对于员工来说，工资重要，稳定同样重要，而尊重更加重要。

但格兰仕的制度也是很严格的。如果某个员工违反了规定，其部门主管需找他了解情况，确认情况属实后再进行处罚，这在别人看来是降低了工作效率，但是格兰仕人更注重的是情感效率。

格兰仕的情感投资不仅仅局限于企业内部员工，还延伸到了经销商。格兰仕一直视经销商为企业直系成员，总是站在经销商的角度考虑问题，与经销商建立了良好的依存关系。1994 年，格兰仕遭遇洪灾后，实力受到影响，正是由于全国的经销商相助才闯过一劫，可谓患难见真情。多年来，格兰仕以大幅降价强力拉动市场，使经销商赚得盆满钵溢，格兰仕的市场份额猛增，形成了厂家与经销商双赢的利好局面。

28 年来，格兰仕人就是用这种有些“土气”的质朴和“做人”的理念，打造出了自己优秀的企业文化，并把这种企业文化贯穿到整个企业，让员工和经销商都能感受到企业的文化，感受到企业的真诚。

案例 4：企业文化示例

（一）美国 IBM 公司

经营理念：科学，进取，卓越。

企业精神：IBM 就是最佳服务。

基本信念：尊重个人，顾客至上，追求卓越。

身为员工，必须全力以赴，为公司贡献。公司对于员工的努力与忠心，提供优厚薪水和福利回报员工，照顾员工。

（二）日本松下公司

经营理念：自来水哲学，即产业人的使命就是通过生产，再生产，使那些很有价值的消费品变成像自来水那样丰富、廉价，而无穷无尽地提供给社会，从而消除贫困，使人间变成乐园。

企业精神：产业报国，光明正大，和睦团结，奋斗向上，礼貌谦让，顺应同化，感谢报恩。

员工信条：唯有本公司每一位成员和亲协力，至诚团结，才能促成进步与发展。

（三）沃尔玛

全心全意为顾客服务。

（四）迪斯尼

尽善尽美，神奇惊险；衣着整洁，充满热情。

上班就是上台，工作就是演出；员工就是演员，老板就是导演。

（五）惠普

（1）相信、尊重个人，尊重员工。

（2）追求最高的成就，追求最好。

（3）做事一定要正直，不可欺骗用户、不可欺骗员工；不能做不道德的事情。

（4）公司的成功是靠大家的力量完成，而不是靠某个人的力量完成。

(5) 相信不断的创新，做事要有一定的灵活性。

(六) 某物业管理公司

企业精神：以企业之“人”服务社会之“人”。

企业宗旨：通过物业与社会共同发展。

经营理念：人与物业共同增值，公司与业主共享利益。

价值观念：降低管理成本，延长物业寿命就是增加社会财富。

企业口号：让××物业联成社区大家庭。

企业文化模式概况：

(1) 以精英团队塑造企业文化；

(2) 以企业文化培养优秀员工；

(3) 以优秀员工创造管理名牌；

(4) 以管理精品推进规模发展；

(5) 以规模扩展追求企业效益；

(6) 以企业效益凝聚优秀人才。

(七) 海尔

海尔文化是海尔人的价值观，这个价值观的核心是创新。

海尔文化以观念创新为先导、以战略创新为基础、以组织创新为保障、以技术创新为手段、以市场创新为目标。

员工的普遍认同、主动参与是海尔文化的最大特色。

17 小时将海尔经理人的建议变成样机

美国海尔贸易公司总裁迈克曾接到许多消费者的反映，说普通冷柜太深了，取东西很不方便。在2001年“全球海尔经理人年会”上，迈克突发奇想，能否设计一种上层为普通卧式冷柜，下面为带抽屉的冷柜，二者合一不就解决这一难题了吗?

冷柜产品本部在得知迈克的设想后，四名科研人员采用同步工程，连夜奋战，仅用17个小时就完成了样机。不但如此，他们还超出用户的想象，做出了第二代产品。在当晚的答谢宴会上，当这些样机披着红绸出现在会场上时，引来一片惊叹声，接着爆发出一阵长时间的热烈的掌声。这正是不断追求创新的企业文化的胜利。

(八) 美的

“乐善好施、扶危济困”、“达则兼济天下”是中华民族文化的优良传统。它也深刻地渗透到美的企业文化之中。美的集团有一句广告词“原来生活可以更美的”，就是对这种理念和企业价值观的高度概括。要使企业员工认同企业文化，企业领导人必须率先垂范。从“为人低调却出手大方”到“为人类创造美好生活”，与何享健率领众人办小作坊的初衷是一脉相承的。何享健身体力行“企业在追求收益最大化和利润最大化的同时，必须为社会创造价值并满足需求”，是他和美的集团赢得社会尊重的重要原因。有“兼济天下”的精神与“敢为人先、创新有为”的精神同行，何享健和美的一定能够创造新的辉煌。

案例 5：两份不同的通知

虽然只是两份通知，但反映的是绝对不同的文化及文化上的差异。两个单位都组织过一个游玩深圳欢乐谷的活动，不但主题相同，活动原则也出奇地一致：一天时间，单位只提供门票和来回用车。但一样的活动，却有完全不一样的通知。

内地单位的那份通知如下：

通知

经研究决定，拟定于三八妇女节组织全体员工去深圳欢乐谷游玩，时间一天，全体员工务必带好身份证、边防证，于当日早上八点前赶到单位门前集合，否则，后果自负。另外，单位只负责门票和来回车费，游玩期间，伙食自理。无特殊情况，不得请假。

沿海公司是这样在告示牌上“通知”大家的：

邀请书

如果你想尖叫而办公室里又不允许；如果你想牵漂亮 MM 的手而又找不到借口和机会；如果你想忘记无处发泄的郁闷和不快……那么，请在下面签下你的大名，参加公司的“深圳欢乐谷之旅”吧！

大家在一大堆横写竖画的名字（包括几个老总的名字）中好不容易挤进了自己的名字。在起程前一天，两位年轻的同事笑吟吟地送来两样东西——一张门票和一张制作精美的卡片。卡片上写着：

谢 GG：恭喜你已成为我三八（正好 38 人哦）欢乐之旅的成员！请你做好行前准备：①带好边防证和身份证；保管好你的门票；②带好让你轻松、保暖的衣服；③约好你的朋友；④如果你嫌开私家车麻烦步行又太累，请早上八点前到单位门前乘车；⑤如果你不吃不喝，可以不带一分钱。祝三八和爱三八的人们玩得愉快！

两份通知，两种不一样玩的心情，同时也反映出两种不同的文化。

4.3 企业组织结构

【案例分析】

案例 1

某公司总经理自创业以来都亲自主管营销工作。随着公司规模的扩大，他所直接管理的营销队伍从五人增加到了八十多人。最近，总经理发现公司的营销人员有些散漫，对公司的一些做法有异议时也不像从前那样直接找总经理本人沟通，而是常常采取背后议论的方式。这种情况是以前所没有出现过的。对此，总经理感到比较困惑，但又找不到确切的原因。

从管理的角度看，当组织发展到一定规模时，完善的组织结构就成为有效管理的重要条件。

案例 2

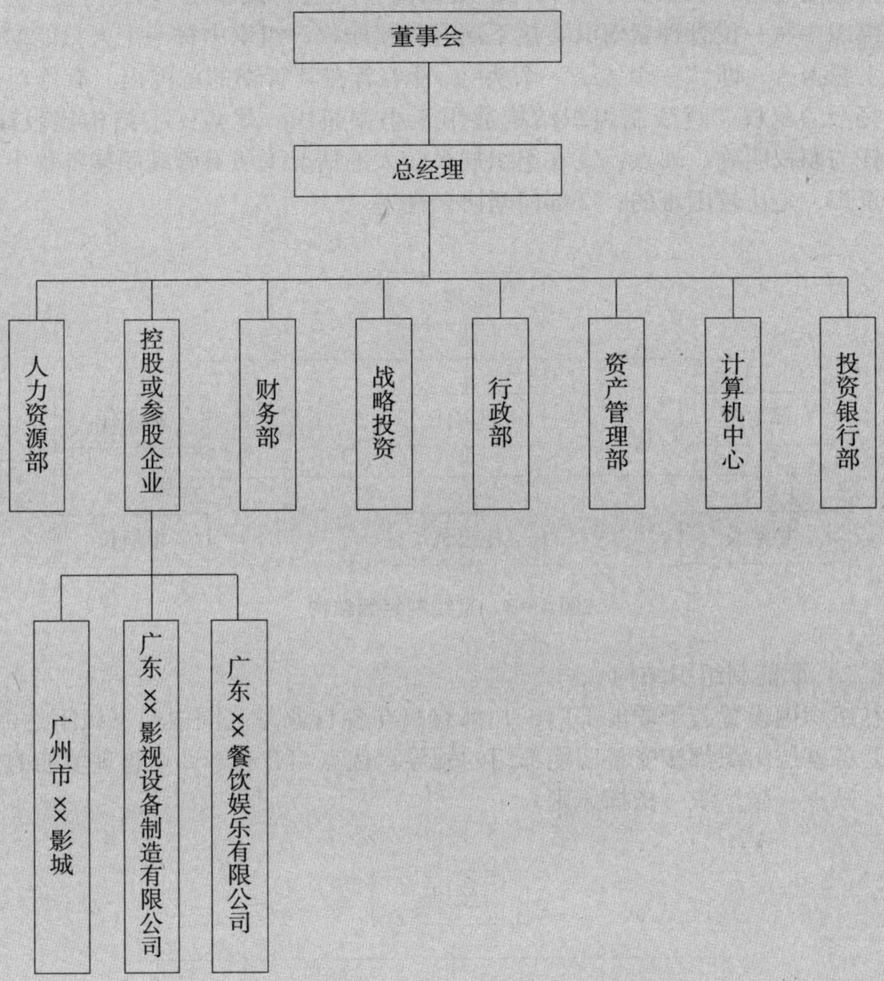

图 4－2　广州市××实业有限公司组织结构图

一、企业组织结构的概念

企业组织结构是指企业全体员工为实现企业目标而进行的分工协作，在职务范围、责任、权力方面所形成的结构体系。该结构体系包括职能结构、层次结构、部门结构和职权结构。

二、企业组织结构类型

企业组织结构一般可分为纵向组织结构和横向组织结构。

（一）直线制组织结构

直线制是指组织没有职能机构，从最高管理层到最基层，实行直线垂直领导。组织中每一位管理者对其直接下属有直接职权；组织中每一个人只能向一位直接上级报告，即“一个人，一个头”；管理者在其管辖的范围内，有绝对的职权或完全的职权。直线制组织结构适用于小型组织。优点：①结构比较简单；②责任与职权明确。缺点：①在组织规模较大的情况下所有管理职能都集中由一个人承担，是比较困难的；②部门间协调性差。

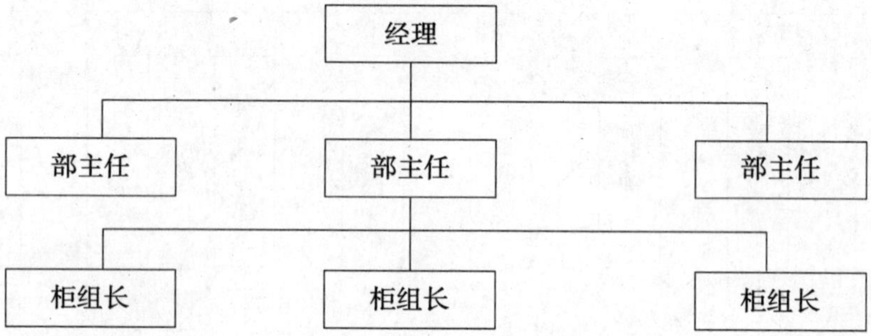

图4－3　直线制组织结构

（二）职能制组织结构

在组织内设置若干职能部门，并都有权在各自业务范围内向下级下达命令，也就是各基层组织都接受各职能部门的领导。优点：有利于专业管理职能的充分发挥。缺点：破坏统一指挥原则。

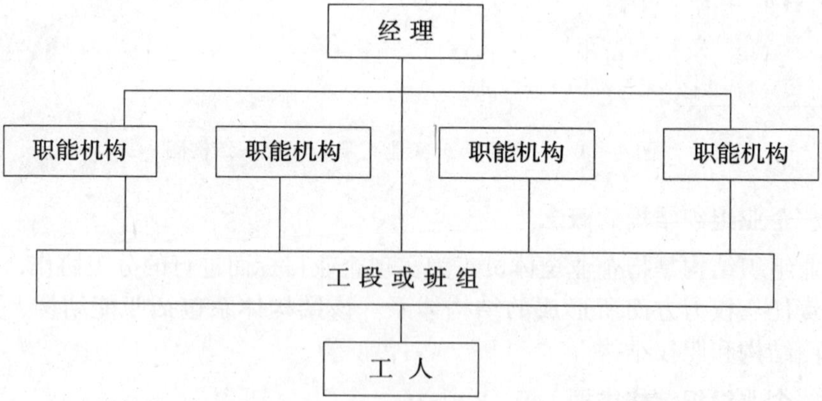

图4－4　职能制组织结构

（三）直线—职能制组织结构

直线—职能制是指在组织内部，既设置纵向的直线指挥系统，又设置横向的职能管理系统，以直线指挥系统为主体建立的两维的管理组织。直线—职能制结构是纵向组织结构和横向组织结构的结合。目前绝大多数组织均采用这种组织模式。优点：既保证组织的统一指挥，又加强了专业化管理。缺点：直线人员与参谋人员关系难以协调。

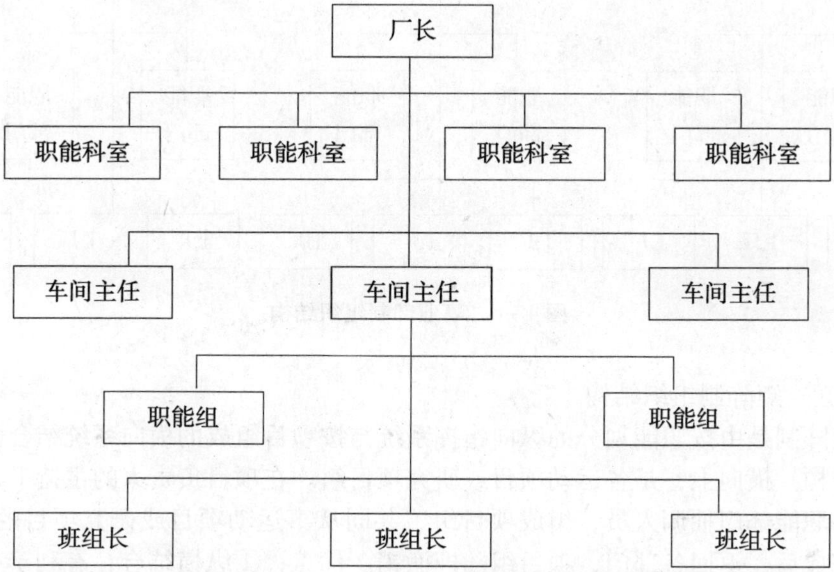

图 4－5　直线—职能制组织结构

（四）事业部制组织结构

一些大规模的综合性的组织和产业中的大型企业，有时采用事业部制或多维组织模式。事业部制又称部门化制，它按产品或地域成立专业化的生产经营部门，即事业部。事业部制的主要特点是“集中决策，分散经营”，即在集权领导下实行分权管理。这种组织形式就是在总公司的领导下，按产品或者地区分别设立若干事业部，每个事业部都是独立核算单位，在经营管理上拥有很大的自主权。总公司只保留预算、人事任免和重大问题的决策等权力，并运用利润等指标对事业部进行控制。

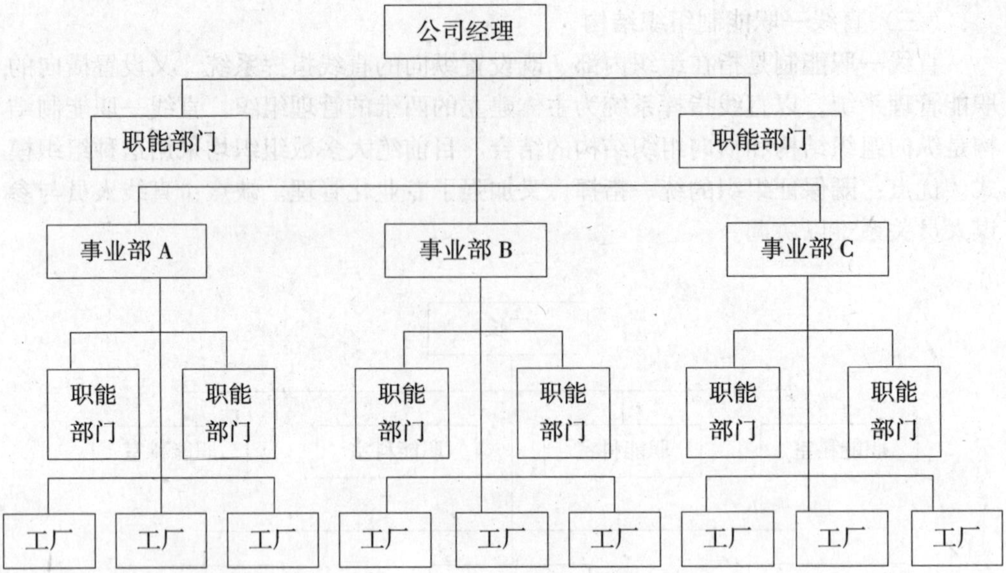

图 4－6　事业部制组织结构

（五）矩阵制组织结构

矩阵制是由按职能划分的纵向指挥系统与按项目组成的横向系统结合而成的组织结构。横向上，是各运动项目或研究项目组。在项目负责人的主持下，从纵向的各职能部门抽调人员，组成项目组，共同从事运动项目或研究项目的工作。项目完成后，返回各部门，项目组随即撤销。优点：①纵横结合，有利于相互配合；②人员组合富有弹性。缺点：破坏命令统一原则。

矩阵制组织结构主要适用于突击性、临时性任务，如运动项目集训、大型赛事组织、运动项目科研等。

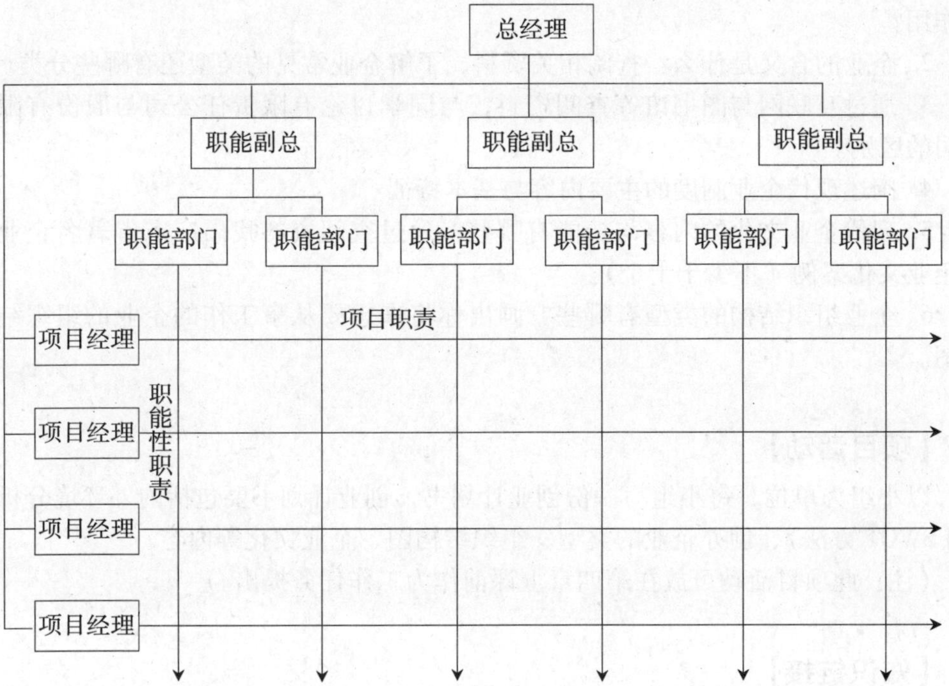

图 4－7　矩阵制组织结构

【本章小结】

秘书要适应政治和经济环境。秘书工作经常涉及大量的理论问题和政策问题，要做好秘书工作，没有一定的理论水平和政策水平是难以胜任的。秘书要有强烈的立体型开放性思维，不仅关注本行业、本地区的发展，还要密切注视国内及世界政治和经济环境的动向。

企业秘书要了解现代企业的特点，要了解本单位的企业类型，适应企业文化环境和组织环境，现代企业制度的基本特征是“产权清晰、权责明确、政企分开、管理科学”。企业组织结构是指企业全体员工为实现企业目标而进行的分工协作，在职务范围、责任、权力方面所形成的结构体系。该结构体系包括职能结构、层次结构、部门结构和职权结构。

【习题与训练】

1. 查阅相关资料，论述秘书如何在特定的政治环境和经济环境中发挥自己的作用？

2. 企业的含义是什么？查阅相关资料，了解企业常见的类型还有哪些分类。

3. 通过互联网与图书馆等查阅资料，与同学讨论有限责任公司与股份有限公司的区别。

4. 阐述现代企业制度的主要内容与基本特征。

5. 现代企业文化的内容与功能有哪些？通过查阅资料找出广东省著名企业的企业文化案例（不少于十个）。

6. 企业组织结构的类型有哪些？画出你将来想要从事工作的企业的组织结构图。

【项目活动】

以小组为单位，每小组写一份创业计划书，创业计划书要包括内外环境分析（用 SWOT 方法）、创办企业的类型、组织结构图、企业文化等内容。

（注：此项目活动可放在第四章上课前作为工作任务提出。）

【知识链接】

（一）国有企业改革

入世 5 年以来，国有企业最大的变化是在建立现代企业制度方面，通过产权制度改革，公司法人治理制度的完善，国有企业质量有了显著的提高。

入世 5 年，也是国有企业逐步建立起现代企业制度的 5 年，国有企业集团基本上完成了向股份制企业的转变。在国有企业的公司治理方面，国有企业也有了多方面的成就，董事会制度、问责制度、管理层激励制度等开始逐步建立。

股份制改造

在这 5 年里，大型国有企业的股份制改造和上市成了一道亮丽的风景线。石油石化、冶金、发电、汽车、煤炭、电信、民航、海运、银行等行业中的大型、特大型国有企业，先后实现了境内外上市。

十六届三中全会总结了改革开放以来特别是国有企业改革的经验，明确提出，要大力发展国有资本、集体资本和非公有资本等参股的混合所有制经济，实现投资主体多元化，使股份制成为公有制的主要实现形式。

股份制改革加快了国有大型企业的发展，提高了企业的市场竞争力。国内进入 2005 年《财富》杂志公布的世界 500 强的企业已达 15 家，全部是国有企业。

在金融类企业方面，2006 年 10 月 27 日，中国最大的国有商业银行——中国工商银行在上海证券交易所和香港联合交易所同时挂牌上市，这是国有独资商业银行实施股份制改造以来上市的第三家大型国有商业银行。此前中国建设银行和中国银行在完成股份制改造的计划后，相继实现挂牌上市。

当然，在160多户中央企业中，尤其是在一些垄断行业，不少国有企业仍然是独资企业，而且是按《企业法》注册的。国资委已经表示，对这类企业，要按照建立现代企业制度的要求，加快改革步伐，鼓励国有资本、集体资本和中外私人资本等参股，把它们改造成规范的股份制企业。

国资委成立

2003年3月，国务院国有资产监督管理委员会（简称国资委）成立，这意味着国有资产出资人代表的最终确立。随后，一些省市也相继成立本地的国有资产监督管理委员会。国资委被明确为经政府授权履行国有资产出资人职责、负责监督企业国有资产的政府特设机构。

国资委的建立，解决了国有企业出资人的问题。此前出现的很多问题在于，政府的公共管理职能与国有资产出资人职能没有分开；国有资产监管职能分散在政府多个部门，权利、义务和责任不统一，管资产和管人、管事相脱节，国有资产监管缺乏明确的责任主体。究其原因，关键是国有资产出资人没有层层到位。

国资委成立后，作为所有国有资产的"老板"，是要当好国有资产的"总老板"和监管人，而不再是某一国有企业的具体经营者。国资委的成立将有利于从"管企业"向"运营资本"转变，从而解决政企不分、产权责任不清的问题。

健全董事会制度

2005年10月17日，国务院国资委在上海召开宝钢集团有限公司董事会试点工作会议，向外聘的宝钢集团董事颁发聘用书。宝钢集团外聘董事5名，超过董事会人数（共9名）的半数，其中有两名还是海外知名企业家。这是继2004年底选择宝钢集团等11家企业作为建立和完善国有独资公司董事会试点工作的公司后，在执行层面展开的工作。

宝钢董事会是第一个享有《公司法》规定的各项职权的中央企业。在董事会的职权中，最重要的是两个方面：一是重大决策与战略性监控，包括推进改革与重组，包括把握好企业发展方向与速度，对企业的日常经营运作进行总体监控；二是对经理层进行管理。

中央企业董事会试点被国资委一把手李荣融称为"国资委成立以来最大的新闻"。李荣融认为，董事会在公司法人治理结构中处于十分重要的地位，发挥着重要作用。董事会应当是股东利益的忠实代表，是保护股东合法权益、体现股东意志的制度依托，是实现出资人职责到位的最终体现，是企业内部深化改革、加强管理、提高效率的重要保证，是企业市场竞争力的制度基础。

高管公开招聘

2006年11月，国资委发布招聘公示，武汉钢铁（集团）公司等10家央企面向海内外公开招聘高级经营管理者，武钢总经理助理贾宝军等10人入选。

国资委2003年首次向海内外公开招聘7名高级经营管理者。2004年扩大规模，公开招聘23名高级经营管理者。2005年进一步扩大规模，招聘包括2个正职职位的25名高级经营管理者，实现了中央企业市场化选聘高级经营管理者的重大突破。而2006年招聘人数更是增加到了26人，而且首次招聘总法律顾问。

国资委称，中央企业市场化选聘企业经营管理者的新机制尚未完全形成，视野主要集中于企业内部，通过市场机制选聘的比例还很低，这种状况影响和制约了中央企业的深化改革和加快发展。

国资委主任李荣融认为，包括中央企业在内的各类国有企业必须探索建立新的国有企业用人机制。尤其国有企业要想走出国门，在全球进行竞争，就必须引入国际化的管理方法。而这种国际化的管理首先是通过人来实现的。

股权激励办法出台

2006年10月，《国有控股上市公司（境内）实施股权激励试行办法》正式发布，意味着A股市场上符合条件的国有控股上市公司对管理层的股权激励制度确立。

国企高管股权激励办法自1999年在上海、深圳等地开始进行探索，经过7年的探讨，终于在2006年取得突破。此举对繁荣中国证券市场、改善上市公司治理结构都具有极为深远的意义。

（资料来源：上海国资，2006，12）

（二）企业组织结构的一种创新模型

组织结构是实现企业战略目标的重要保证，是为实现目标对资源的一种系统性安排。只有调整好企业的组织结构，理顺各部门之间、各部门内部的关系，明晰权责，才能为下一步的流程设计、绩效考核激励体系打下基础。组织结构不仅是保证企业高效运作的根本，也可最大限度地减少员工在事务性工作上消耗的精力。

一、现有企业组织机构模型的弊端

目前，企业普遍使用的是金字塔组织结构，这种组织结构是德国人韦伯在20世纪初提出来的。其优点是组织机构及其纵向关系一目了然，但该组织结构对于企业中存在的五大问题和四大矛盾束手无策。五大问题是：部门主义、官僚主义、目标紊乱、推诿扯皮和机构臃肿；四大矛盾是：分工与协作、集权与分权、活力与控制力、稳定性与适应性。因此，从实践的角度来审视金字塔结构时（如图4－8所示），不难发现其存在如下三大弊端：

1. 只见纵向关系，不见横向关系

在金字塔组织结构中，组织机构之间的纵向关系十分明确，横向关系却不清楚。

2. 只见业务部分，不见业务流程

从图4－8中，我们能够看到企业设置了“行政部”、“销售部”、“财务部”、“生产部”等业务部门，但是看不到这些部门之间的业务流程，看不到企业的人流、物流、资金流和信息流在这些部门之间是怎样流动的。

3. 只见组织机构，不见组织任务

从图4－8中，我们可以看到企业设置了“总经理”、“生产副总”、“财务副总”、“供应部”、“生产部”、“市场部”等组织机构。但是，企业组织的任务是什么？企业组织结构与组织任务之间是什么关系？这些内容我们看不到。

由于存在着上述三大弊端，金字塔组织结构就无法全面反映组织机构之间以及组织机构与组织任务之间的内在联系，不能反映组织的运行机制，即不能反映企业组织是怎样运转的，以及企业组织是通过怎样的运转来保证完成企业任务的，企业员工也就不可能全面认识企业。

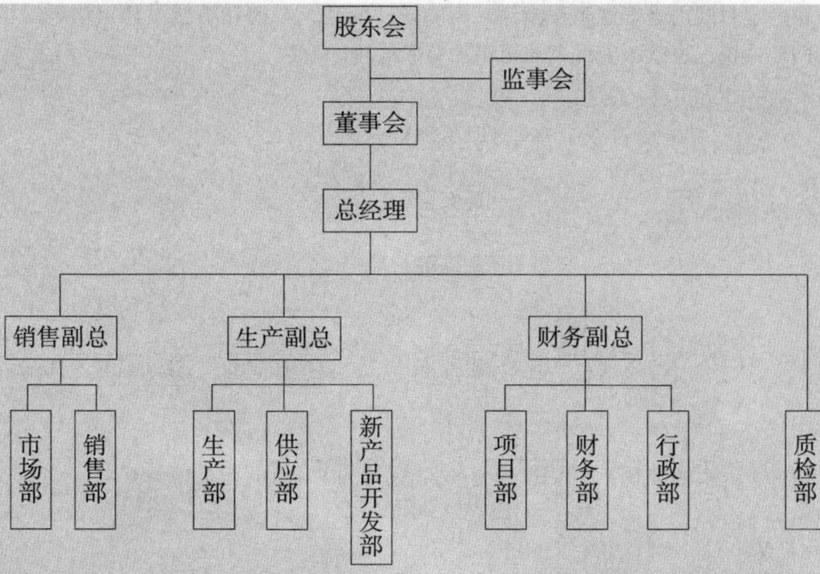

图 4 - 8　某制造企业金字塔组织结构模型图

二、脊椎组织结构模型及其特点

企业的基本任务是实现产品的市场销售，企业的基本任务流程是从供应市场到销售市场的产品流通过程。脊椎组织结构是以企业基本任务为目的、以基本任务流程为中心设计的组织结构（如图 4 - 9 所示）。企业只有保证基本任务流程的畅通，才能保证基本任务的完成，而企业组织的任务就是保证基本任务流程的畅通，并通过保证基本任务流程的畅通来保证企业基本任务的完成。

脊椎组织结构克服了金字塔组织结构存在的严重弊端，具有金字塔组织结构无法比拟的三大优势：能够既见纵向关系，又见横向关系；既见业务部门，又见业务流程；既见组织机构，又见组织任务。能够全面反映组织机构之间以及组织机构与组织任务之间的内在联系，能够反映组织的运行机制，从而使企业员工能够全面地认识企业。

脊椎组织结构除了比现有组织结构模型多了一条从“供应市场”到“销售市场”的“脊椎”以外，还具有整体性、稳定性和适应性三大特点。

1. 整体性

脊椎组织结构的整体性表现为它是一个有机的整体，整个组织结构以其基本任务流程为中心连接为一个有机的整体，能够清楚地看出组织的各个组成部分，以及每个部分在组织中应该发挥的功能。但是金字塔组织结构就看不出这种整体性。

2. 稳定性

脊椎组织的稳定性主要表现在两个方面：一是组织机构的数量不能随便增减；二是组织机构的位置不能随便移动。因为组织机构的数量和位置都是由基本任务流程通畅的功能需要决定的，在一定时期内受客观条件制约，不能随便变动，否则就不能设计出该组织机构的业务流程和循环系统，也就不能保证该组织的有效运行。

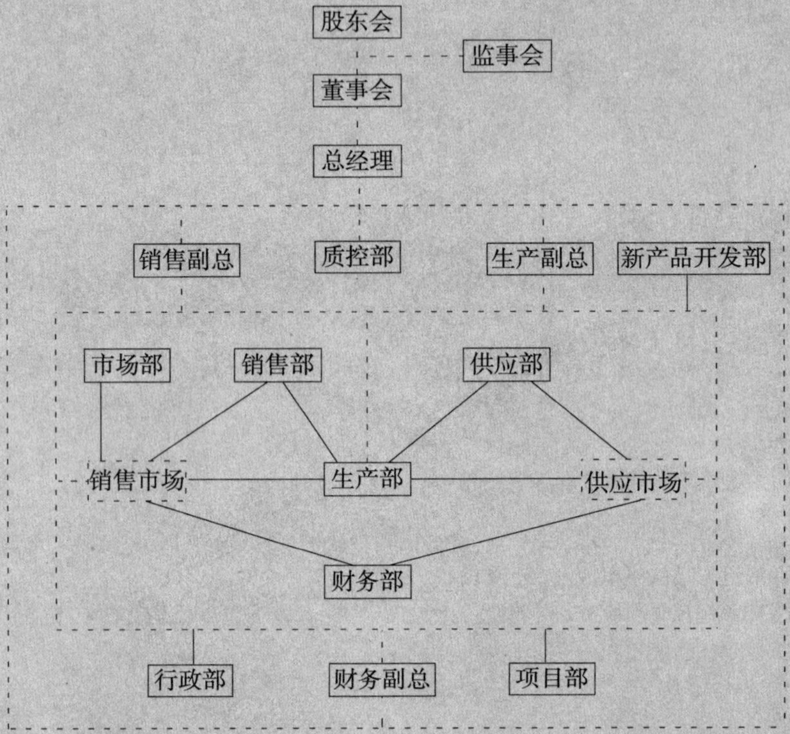

图 4－9　某制造企业脊椎组织结构模型图

3. 适应性

脊椎组织结构的适应性体现在它能够根据环境的变化进行自身机构的调整，因为“销售市场”和“供应市场”是脊椎组织结构的有机组成部分，企业所有的组织机构都直接或间接与两个市场相连接，而所有的组织机构本身就是根据市场的需要而设置的，也就要求企业的组织机构随着市场的变化而变化。

（资料来源：王国锋．企业组织结构的一种创新模型．中国管理传播网，2008－02－13）

5　企业秘书人际关系

【本章要点】

●理解和掌握人际交往理论，充分认识企业秘书正确处理人际关系的重要性。

●掌握企业秘书处理好人际交往和人际关系的原则、方法和技巧。

5.1　企业秘书人际交往

【案例分析】

案例1：求和不求气

离夏天还早着，可今天的天气很热。似乎是因为气温骤升，一些人的脾气也大了起来。

早晨一上班，研发部的鲁天明来找我。他怒气冲冲地对我说："我们部与美国吉姆公司合作项目的批文怎么还下不来？你们当秘书的办事怎么这样拖拖拉拉？这个项目要是黄了，你来负这个责?!"

"行，我帮你催催!"我和颜悦色地说。

其实这个报告早就送给孙总了，但这几天孙总天天开会，根本没时间看。

看着鲁天明怒气冲冲的背影，玛丽有些幸灾乐祸地说："什么项目黄了？就是怕夜长梦多，自己去不了美国！一天到晚都这么牛皮哄哄的，于姐，再晾他几天，让他着着急!"

"玛丽，你肚子里怎么那么多坏水?"

我笑着问玛丽。玛丽是比我晚一届的师妹，所以我们之间说话比较随便。"我们也得替鲁天明想想。到美国去的项目报告老是批不下来，让他一直悬着，别说护照签证这些事不好办，就是项目本身的许多前期准备工作，他也不知该不该做，他发火也能理解。"

由于要保证公司领导有足够的时间和精力来处理公司的战略问题或核心问题，秘书有一项重要的日常工作，就是要像块纱布，过滤一些来找公司领导的电话、客人或文件，因此秘书就变成了各科室与公司领导之间的一座桥梁。而正因为是桥梁，宽度有限，偶尔出现拥挤堵塞现象也在所难免。这样，那些暂时被堵塞的人不可能个个都能理解，于是，有人要找个地方撒气。在大多数情况下，他们必然会把怨气发泄到秘书身上。

也许是最近有关慈禧太后的电视剧太多了，许多人把李莲英当做老佛爷的秘书，所以在他们的印象中，秘书都有李莲英那样的本事，事情办不办得成，全在于秘书肯不肯帮自己的忙。不说外来的客人，即使是在公司内部，许多人也不一定了解秘书部门的工作，以为各种报告批不批，领导想见谁不想见谁，都是秘书部门说了算，所以像鲁天明这样，文件批不下来，就朝秘书部门发火。当然，也有人知道这并不是秘书部门的责任，但是他们又不好直接朝公司领导发火，所以就把秘书部门当做出气筒。当出气筒似乎也成了秘书工作的一大特色。

由于看问题的角度不同，秘书部门与科室发生一些矛盾、出现一些误会是正常的。比方研发部门觉得某项新产品必须尽快研发，不然就会被竞争对手超过，所以打报告给公司领导，要求尽快上马开始研发；而秘书部门从销售部门的报告中了解到，这种产品市场还没有成熟，用不着那么急，所以没有把研发部的报告优先送给领导。因此，秘书部门与各科室之间存在一些矛盾和分歧是正常的。只要加强沟通，是完全可以消除这些矛盾和分歧的。

但是，如果秘书一听到别人讲一两句气话就针锋相对，在桥梁本来就不畅通的情况下，凭个人意气办事，再设一个卡，摆出“一夫当关，万夫莫开”的架势，把人家堵在桥头，将正常的工作矛盾转化为个人恩怨或人事纠纷，就会使事情越来越复杂，最后有可能变成死疙瘩。

因为你是领导的秘书，在别人的眼里，不管你做什么，都是在替领导办事，有人甚至以为是领导有意让你这么做的，所以，只要你愿意，你就有很多机会和办法，像砂轮一样把对方磨得一点脾气也没有。但是，当你像砂轮强行把对方磨平的同时，它肯定也会给你带来隐患。人家口服心不服，今天斗不过你明天还会跟你斗；明里斗不过你暗里可以给你使绊；一有机会，人家又会把你当出气筒。所以秘书最忌采取“道高一尺，魔高一丈”的态度跟他人治气。因为，你把他人的路堵死了，实际上也就把自己的路给堵死了。

对于秘书来说，有被人求的时候，肯定就有求人的时候，而且求人的时候还很多，如领导要某个资料，这就需要有关科室提供材料；领导外出办事，需要各科室配合。秘书的工作比较烦琐，就像胡雪岩所说的八个壶七个盖，你要保证每个茶壶上都有盖，没有别人的帮忙很难做到。即使你万事不求人，你也会事倍功半……要做好秘书工作，不仅要得到领导的信赖，还要得到各科室的信赖，而且是长期的信赖，所以秘书必须知道自己的位置，为人应宽容和坦诚。

其实绝大部分矛盾是误会造成的，因此，一个称职的秘书，在承受这些抱怨的同时，应想方设法改进自己的工作，加强与对方的沟通，使自己这座桥梁更顺畅一些。

下午四点，孙总开完常务会，我去他办公室确认他明天上午的工作日程，顺便提起鲁天明去美国的报告：“孙总，研发部派人去美国的事，他们今天来找我，问报告的事，我找了一遍，不在我那里，是不是已送到您这里来了？”

孙总在一大堆文件里翻出研发部的报告，一目十行地看了一下，便签了字。他把文件交给我，让我送到人力资源部去，并让我通知鲁天明，五点半到他办公室来一趟，他要了解这个项目的一些具体情况。

我把文件送到人力资源部后，就给鲁天明打电话。

“鲁天明吗？我是秘书科的于雪，你的报告孙总已经批了，我已把它送到人力资源部去了，他们马上给你办手续。”

鲁天明连忙说谢谢。

“另外，今天下午五点半，你去一趟孙总的办公室，孙总想跟你谈谈，了解项目的一些具体情况，请你好好准备一下。”

放下电话，玛丽就对我说：“像他这种不知好歹的人，你说一句‘孙总找你’就得了，他已经占了那么大的便宜，还有必要跟他说那么多吗？”

“玛丽，别看鲁天明个头那么高，脾气那么大，可他实际工作时间不长，经验不足；如果在电话里我只对他说‘孙总找你’，他心里说不定多紧张，甚至会以为孙总不让他去美国了；如果真是这样，作为一名新员工，在毫无准备，心情又紧张的情况下去见孙总，他能把项目的情况说清楚吗？他如果说不清，让孙总不高兴，孙总真的有可能让研发部换人。因此，帮鲁天明消除紧张心理，让他提前做些准备，是我们秘书的责任；再说，我们也只是做个顺水人情。”

不管是什么原因，人家把怨气发到你身上，你就跟人家斗气，这对于秘书而言，是一件非常可怕的事。对自己看得不顺眼的人极少理睬，在工作上能办的也尽量拖着不办；而对另一些自己觉得满意的人则是极为热情。时间长了便会有人觉得你是在拉帮结派，那些不被你理睬的人便对你充满了敌意，不时以种种借口与你过不去，而原先与你要好的人因担心别人议论以致无形树敌，也会避免与你接触，造成你在公司有如孤家寡人。

作为秘书，要学会与各种人打交道。若是一味关照与自己关系好的人，而对自己不喜欢的人予以排斥，最后受损失的还是自己。所以待人应多些宽容，以工作大局为重，切不可根据自己的好恶去处理人际关系。

秘书应该具备良好的沟通协调能力。首先，秘书要理解领导的工作意图、思维方式和工作方法，只有这样，才能及时、准确、完整地将领导的指示传达给各个科室。其次，要与同事和各个部门之间沟通协调好，了解他们的工作意图，准确地向领导汇报。部门与部门之间，领导与部门之间，如果秘书能协助去除沟通屏障，各科室之间的协调会更和谐。在各科室的人眼里，秘书比较了解领导，所以希望能得到秘书的“关照”，了解领导的真正想法和意图。事实上，现在是信息爆炸的时代，每人每天都接收不同的信息与情报，思想也时时随着资讯冲击、知识的累积而改变，所以作为秘书，应随时了解领导的真正想法。

作为秘书，如果不善于沟通，而是今天跟这个斗气，明天跟那个斗气，工作还怎么做？就算在工作中你不需要求人，斗来斗去会有好心情吗？人有时只要稍微想想，就会明白一个很简单的道理：除去睡觉的时间，一个人在办公室里的时间远远超过在家的时间，如果在办公室像在家里一样互爱和谦让，哪怕只有一半的互爱和谦让，你就会觉得工作和生活会美好千百倍！

生意人做生意讲究求财不求气。对于秘书而言，则必须具备良好的沟通能力，做到求和不求气。

案例 2：秘书阿婉

经纬公司新招聘的秘书阿婉是个嫉妒心极强的人，她希望人人与自己交好，但是不希望另两个人的关系比和她更亲密。乍看起来，阿婉好像和每个人关系都很亲近，经常和这个悄悄说几句“知心话”，又和那个写一封“绝密”邮件。

不久，原本关系很好的阿云和阿岚突然互不理睬了，即使是工作上必要的接触，两个人也是“相敬如宾”。原来，阿婉告诉阿云：“阿岚背后说你是个爱占便宜的人，和你一起上街老是她买单。”阿婉又告诉阿岚：“阿云说你屁股太大，穿什么都看着像一只大肥鹅。”

阿慧风风火火，性格有点像男孩，和男同事小林倒是工作上的一对好搭档，最近却开始各干各的。这也是阿婉的原因。阿婉告诉阿慧：“小林说你的业绩有一大半都是抢他的。”阿婉又告诉小林：“阿慧说你想追求她那是癞蛤蟆想吃天鹅肉。”

……很多和谐的关系都发生了改变。

小林左思右想，总觉得这其中有很多不对劲的地方。终于，小林问阿慧：“最近怎么不和我合作了？”阿慧不语。小林说：“是不是阿婉和你说了些什么？”阿慧一惊，从前的默契突然重新找回来了。两人在公司把阿婉的把戏公布出来。阿婉在公司变成了过街老鼠，连试用期还没结束就被经纬公司解雇了。

【问题讨论】

1. 查阅相关资料，理解秘书人际交往的含义，分析哪些因素会影响秘书的人际交往。

2. 结合以上案例，综述称职的秘书如何处理好人际交往。

5.1.1 人际交往的意义

一、人际交往的含义

随着社会的不断发展和进步，人际交往活动变得越来越重要。一位哲学家说：一个没有交往能力的人，犹如陆地上的船，是永远不会漂泊到人生大海中去的。美国心理学家沙赫特曾做过这样的实验：他以每小时 15 美元的酬金先后聘请了 5 位志愿者进入一个与外界完全隔绝的小屋，屋里除了提供必要的物质生活条件外，没有任何社会信息进入，以观察人在与世隔绝时的反应。结果，其中 1 人在小屋只待了两个小时就出来了，3 个人待了 2 天，时间最长的一个人待了 8 天。这位待了 8 天的人出来后说：“如果让我再在里面待 1 分钟，我就要发疯了。”实验证明，没有一个人愿意与世隔绝，人们都害怕孤独。

由此可见，人际交往是指在社会活动中人与人之间传递信息、沟通思想、交流感情等个体间相互作用和相互知觉的联系过程。

在社会生活中，人们为了实现某种活动目标，满足某种需要，几乎每天都在与周围的人发生着直接或者间接的交往联系。按照马斯洛的需要层次理论，人际交往在人的需要系统中属于一个较高层次的需要。

人际交往活动实际上是信息双向交流的过程。交往活动能否顺利进行，与人们对信息的理解、信息的性质及人们对信息的接受方式有关。因此，当一个人掌握了信息的内涵，有了各种传播信息的能力和强烈的兴趣时，便会使得交往活动顺利进行下去。

人际交往的结构中，一般包括以下6个要素：

（1）两个或两个以上的人；

（2）特定的交际动机；

（3）相互认知；

（4）相互沟通；

（5）心理和行为上的互动；

（6）一定的交往情景。

二、影响人际交往的因素

1. 个体的差异

（1）个性差异。有些人生性木讷，不苟言笑；有的人主动外向，热情开朗。个性的不同，自然会产生不同的生活面。

（2）性别差异。男性和女性在心理上存在着较大的差异，如女性较男性敏感，男性的情感相对内隐等。因此在交往中要注意这些差异。

（3）年龄差异。在人际交往中，年龄差异对人的影响形成了“代沟”问题，这是年轻人与老年人的心理需要、生活经历不同所致。

2. 文化的差异

（1）习俗差异。各个种族和族群在自己的发展过程中形成了富有自身特色的交往习俗和礼仪，不同种族和族群之间的这种交往习俗或礼仪有些是相同的，有些则大相径庭。

（2）观念差异。不同年龄、不同阅历、不同社会背景的人，会有不同的观念。如青年人认为老年人保守僵化，老年人认为年青人幼稚浮躁等。

三、秘书人际交往的意义

秘书在日常工作中要接触到许多人，应付许多交往活动，待人接物是秘书工作的重要组成部分。因此人际交往活动开展得如何，对秘书工作有着十分重要的意义。

1. 有利于提高工作效率

秘书在日常交往活动中，应该注意与周围的人保持良好的人际关系，这样不仅可以使秘书与其他人协调一致，而且可以不断得到他人的支持和帮助，从而极大地减少工作中的扯皮现象。特别是当工作中出现困难时，能够借助周围人的关心和帮助而顺利解决，这对于提高工作效率有着很大的帮助。同时，秘书与周围人的良好交往，有利于形成比较融洽的团体气氛，增进团体之间的团结合作，便于发挥出团体的整体功能，对于提高整个单位的工作效率将起到更大的作用。

2. 有利于扩大工作视野

人际交往活动是一种信息转换传递的活动，一个人的交往活动情况反映了一个人的信息量的多少。人际交往的范围越广，接触的人越多，那么了解到的情况也就越多；人际交往的频率越高，信息的传递就越快，人们对信息的利用也就越及时。因此，秘书不断扩大交往的范围，大量地获得新的信息材料，对于不断扩大工作视野很有帮助。

3. 有利于促进身心健康

交往作为人的一种需要，是一个人获取理解、信任、友谊和爱情的重要手段，也是一个人实现自我评价的基本方式。秘书只有在交往中才能确立在社会中的地位，才能形成一种积极的健康心理。同时，通过人际交往的促进作用，个体还可以不断发展和提高，为适应各种复杂的社会生活奠定基础。

5.1.2 人际交往的原则

1. 平等原则

平等是人与人建立感情的基础，是建立良好人际关系的前提。人际交往的关键是人格平等，即尊重他人的人身权利、自尊心、感情，不侵犯他人的隐私权。

心理学研究表明，人都有受人尊敬的需求，每一个人都渴望成为家庭、组织、社会中的真正一员。平等地与他人进行沟通，只有在交往中以平等的姿态出现，不盛气凌人，不高人一等，给人以充分的尊敬，才能形成人与人之间的心理相容，产生愉悦感和满足感，建立和谐的人际关系。

2. 真诚原则

真诚是人际交往中最基本的要求，所有人际交往的手段、技巧都应建立在真诚交往的基础上。在秘书工作中，诚信有着重要的价值，它实际上是公司或个人的无形资产。秘书在人际交往中“诚而有信”，就能发挥自身能力，得到他人的支持、鼓励，从而更好地实现自身价值。

3. 宽容原则

宽容指心胸宽广，忍耐力强，不计较个人的利益得失。“海纳百川，有容乃大。”人际交往中要求秘书严于律己，宽以待人，关心人、理解人、大事清楚、小事糊涂，原则要坚持，方法要灵活，得理要让人。在现实社会里，金无足赤，人无完人。交往时，只有对别人的不当和过失宽以待之，才能获得更近的交往距离。

4. 互利原则

在人际交往活动中，大多数的交往都是互利互惠的。相互报偿、相互满足是人际交往活动的基本动机，因此在交往中要积极寻找双方的利益共同点，平等相待，真诚合作。互利原则主要表现在三个方面：一是物质层面的互利，二是精神层面的互利，三是物质和精神相结合的互利。单纯的物质互利和精神互利都比较少，更多的是既运用物质互利的手段，又运用精神互利的手段。要实现交往活动的互利，必须采取相互合作的态度。

5. 适度原则

适度原则要求秘书在人际交往中出言行事要有分寸。有言道："知其可以言而不言，为失人；知其不可言而与之言，为失言。"人际交往中交往对象的素质各异，需求不同，因此在人际交往中要善于观察和了解对方，做到有针对性和个性化的适度交往，即"说该说的话，做该做的事"。

5.1.3 人际交往风度的培养

良好的交往风度是成功交往的基本条件。风度是美好姿态的展示，也是气质的显现，是人们在社会生活中逐渐形成的。它包括美的人体形态、言谈、举止及服饰打扮等方面的综合内容。高雅的风度与一个人的文明程度、受教育程度及修养程度有着密切的关系。

风度是由人的内心世界决定的，由于人的文化修养、审美观念和精神世界一经形成便具有相对的稳定性和连续性，反映在人的行为上，也必然具有一定的稳定性和连续性，因此，风度是需要培养的。

1. 要有饱满的精神状态

与人交往时神采奕奕，精力充沛，显得富有自信，能激发对方的交往动机，活跃交往气氛。若萎靡不振，无精打采，会使人觉得你在敷衍对方，即使你有交往诚意，对方也会感到兴味索然。

2. 要有诚恳的待人态度

不管对待什么层面的交往对象，都应以平等的态度，诚恳而坦率。不俯仰讨好位尊者，也不藐视冷落位卑者。交往时不卑不亢，端庄而不过于矜持，谦逊而不矫饰作伪，充分显示诚挚内心。

3. 要有洒脱的仪表礼节

根据人际吸引的原则，一个人风姿秀逸、俊逸潇洒，就能产生使人乐于交往的魅力。仪表魅力不仅取决于长相和衣着，更在于人的气质和仪态，这是人内在品质的自然流露。徒有其表而缺乏修养的人会给人以"绣花枕头"的印象，得体的礼仪则能增加人的交往风度。举止体现了一个人的修养和风度。要学会自我约束、自我节制，但不能过于谨小慎微。

4. 要有适当的行为神态

人的神态和表情是沟通人际思想感情的非言语交往手段，是交往风度的具体表现形式。面部肌肉放松，微带笑意，是一种轻松友好的表示。若面若冰霜，则他人不敢亲近。朴素大方、温文尔雅的行为习惯能正确地表达你的良好愿望，粗俗不雅的动作使人生厌。分寸得当的交往距离能使彼此心理上都感到舒适坦然，过度亲热或冷淡则容易引起对方误会。在与异性交往时注意掌握分寸尤为重要。

5. 要有高雅的言谈举止

从谈吐中往往能直接反映出一个人是博学多识还是孤陋寡闻，是有良好教养还是浅薄无知。谈吐之美，在于用词恰当，言之有物，以一种自然的吸引力使人着迷。

【课堂练习】

1. 假设你是一位刚刚走上秘书岗位的职场新人，你将如何处理与周围人的人际交往？

2. 对照秘书人际交往的一般原则，谈谈自己的人际交往处理得如何？

3. 结合自身的实际情况，谈谈如何培养自己人际交往的风度。

【知识链接：秘书经验谈】

（一）职场人际交往28招实用技巧

（1）长相不令人讨厌，如果长得不好，就让自己有才气；如果才气也没有，那就总是微笑。

（2）气质是关键。如果时尚学不好，宁愿纯朴。

（3）与人握手时，可多握一会儿。

（4）不要什么都用“我”做主语。

（5）不要向朋友借钱。

（6）不要“逼”客人看你的家庭相册。

（7）与人打“的”时，请抢先坐在司机旁。

（8）坚持在背后说别人好话，别担心这好话传不到当事人耳朵里。

（9）有人在你面前说某人坏话时，你只微笑。

（10）自己开车时，不要特地停下来和一个骑自行车的同事打招呼。人家会以为你在炫耀。

（11）同事生病时，去探望他时很自然地坐在他病床上，回家再认真洗手。

（12）不要把过去的事全让人知道。

（13）尊重不喜欢你的人。

(14) 对事不对人；或对事无情，对人要有情；或做人第一，做事其次。

(15) 自我批评总能让人相信，自我表扬则不然。

(16) 没有什么东西比围观者更能提高你的保龄球水平了。所以，平常不要吝惜你的喝彩声。

(17) 不要把别人的好，视为理所当然。要知道感恩。

(18) 榕树上的“八哥”在讲，只讲不听，结果乱成一团。要学会聆听。

(19) 尊重传达室里的师傅及搞卫生的阿姨。

(20) 说话的时候记得常用“我们”开头。

(21) 为每一位上台唱歌的人鼓掌。

(22) 有时要明知故问：你的钻戒很贵吧！有时，即使想问也不能问，如你多大了？

(23) 言多必失，人多的场合少说话。

(24) 把未出口的“不”改成：“这需要时间”、“我尽力”、“我不确定”、“等我决定后，会给你打电话”……

(25) 不要期望所有人都喜欢你，那是不可能的，让大多数人喜欢就是成功的表现。

(26) 当然，自己要喜欢自己。

(27) 你在表演或者是讲演的时候，即使只有一个人在听也要用心地继续下去，即使没有人喝彩也要演，因为这是你成功的道路，是你成功的摇篮，不是要看的人成功，而是要你成功。

(28) 如果你觉得一个帖子还值得一看的话，那么你一定要回复，因为你的回复会给人继续前进的勇气，会给人很大的激励，同时也会让人感激你。

(二) 职场三类称呼

新雄：人在职场，同事和上司是职场环境的重要组成部分。而不同的职场称呼可以反映出职场关系的亲疏、职场环境的优劣，甚至可以从中大致了解一家公司的企业文化和人际关系现状。今天，我们就谈谈职场称呼这个话题。

王国华：该如何称呼同事和上司，很多职场中人都琢磨过。称呼得妥帖，不仅可以处理好与同事、上司之间的关系，而且可以为自己赢得不少印象分，为职场发展营造一个好的环境。

周和毅：的确如此。

新雄：看来两位对此已初步达成共识，那么我们先对职场称呼作一个简单的梳理吧。

周和毅：最喜闻乐见的称呼莫过于昵称了。比如一个女孩叫“刘艳丽”，以艳丽、丽丽、小丽等昵称称呼她就比直呼姓名显得亲切。此外，称呼年长者为老兄，年幼者为老弟，也可算是昵称的一种。可以说，昵称是一种润滑剂，可以润滑职场中紧张的人际关系。

王国华：还有一类以行政职务相称的称呼，如“主管”、“经理”、“老总”、“科长”、“处长”等，这些称呼里面有较多敬重对方的成分。

新雄：我在采访中发现，有些公司里同事之间私下里习惯反着叫：年长者称年轻人为“老张”、“老王”什么的，而年轻人则称年长者为“小张”、“小王”什么的。据说“反着叫”

能让部分年长者找到一点年轻的感觉，让年轻者产生成熟稳重感。

王国华：新雄说的这类称呼带有幽默、调侃的味道，恐怕应当慎用，因为并不是每个人都乐意被“反着叫”、“错着叫”的。

新雄：正如王老师所言，职场中人称呼同事和上司恰当了，可以为自己赢得不少印象分。反之，则可能产生不快，为人际关系设障。

周和毅：我想，在对待称呼问题上，首先要认清大环境。一个企业以什么类型的称呼为主，与企业管理者的风格、管理者的个性，以及企业文化都有紧密关系。比如，在由学者创办的企业里面，大家可能会根据创业者的习惯，彼此以“老师”称呼，我所在的企业就是这样的。在一些注重团队合作的企业、学习型企业及亲情色彩浓厚的中小型家族企业里面，等级观念比较淡化，大家以行政职务相称的情况可能比一般企业要少。如果在这样的企业里面，死板地以行政职务称呼上司或者同事，可能并不合时宜。

新雄：王老师，你既有企业工作经验，也有政府工作经验，如今又是高校老师，职场经验丰富。在称呼问题上，你一定有自己的心得。

王国华：心得谈不上，但说出来可以借鉴一下。职场中人可以灵活一点，适时变个法子“高呼”同事或上司。如称普通职员为经理，称经理为老总，通过称呼暗示他在你心目中的地位，让他从你这里感受到难得的尊重。而过去以行政职务称呼同事或上司，在场合适当的时候，也可以直呼其名甚至降低级别称其为“老弟”，以拉近彼此的心理距离，从而起到意想不到的效果。当然了，活用称呼的同时，一定要注意场合和语气，否则容易弄巧成拙。

5.2 企业秘书的人际关系

【案例分析】

江岸的询问

从前天开始，公司已连续开了几天事务会了。今天会议的主要议题是讨论在美国硅谷设立分公司的问题。成立分公司没有歧义，但派谁去负责，分歧就比较大。因为这件事责任重大，成败与否关系到公司下一步的战略发展。一些人主张派市场部的副总经理江岸去，理由是他在这两年工作干得有声有色，而且年轻有为。另一些人，包括孙总在内，主张派研发部的副总经理伍进去，理由是伍进搞技术出身，工作踏实有经验。主张派江岸去的人认为，伍进去年抓的TQ仪项目不尽如人意，既造成了资金上的浪费，又耽误了时间，让美国的同类产品在中国市场上占尽了先机；主张派伍进去的人认为，TQ仪项目的不成功，伍进虽然负有一定的责任，但把责任全部推给他是不合适的，公司领导层也有一定的责任……由于这两种意见几乎达到了针锋相对的地步，于是姜总建议把这个议题先放一放，下个星期再议。

连续几天的会议记录让我的手有些发酸。

中午吃过饭，江岸打电话给我，说有点事找我帮忙。我与江岸虽然很熟，但并没有多少私交。我来到他的办公室，他说他的计算机有点毛病，开机后老进入不了系统，请我给看看。

研发部有那么多高手却要找我，看来是醉翁之意不在酒。我试了几次，原来是关机后没有取出软盘。

我帮他重新启动计算机后，果然他叫我坐坐，说中午没有什么事，聊聊天。东拉西扯一阵后，江岸问我："小于啊，今天上午怎么没看见伍进来上班，是不是昨天晚上和你们喝酒喝多了？"

看似闲聊，其实用心良苦。我终于弄清楚江岸叫我过来的目的了。虽然他没有提孙总的名字，但其实就是想拐着弯了解孙总与伍进之间的私人关系，特别是昨天晚上他们俩是否在一起。昨天晚上孙总请客，宴请从上海到北京列席公司事务会的上海公司经理。是我帮孙总订的酒店，但我没有参加，伍进也没有参加。

江岸问我伍进昨晚是不是与孙总他们一起喝酒时喝多了，实际上是给我下了个"套"：不论我怎么回答，说伍进出席或者没有出席昨晚的宴会，说伍进醉了或者没醉，他都能推测出孙总与伍进之间的私人关系。总之，无论我是肯定或者否定的回答，都能给他一个明确的信息。

"江经理，我不知道昨晚伍进是不是和孙总他们一起喝酒了。"我说，"昨天我只帮孙总订了个包间，有哪些人出席我不太清楚，昨晚上我有课，没有去。"

江岸是个聪明人，看出了我的意思，于是很快在不经意中岔开了话题，问起我现在自学的是什么课程，课程难不难，需不需要他帮忙，等等。

在一个公司内部，人事关系是最为复杂又最为敏感的关系。作为秘书，如果掺和进去，即使你保持不偏不倚，凭良心发表自己的看法或办事，也有可能被人曲解，肯定会有人说你是在替某某说话，认为你跟某某是一帮的……事情会更加复杂。事实上，确实有一些秘书就是利用这种错综复杂的人际关系拉帮结派，私仇公报，浑水摸鱼，所以，一般的上司都讨厌自己的秘书卷入公司内部的人事纠纷，免得给自己帮倒忙，添乱子。

【问题讨论】

1. 根据案例，分析秘书小于在处理江岸的询问时的成功之处。
2. 秘书在处理人际关系时，有什么方法和技巧？

5.2.1 企业秘书人际关系的特征

一、人际关系和人际交往

美国人际关系学者阿尔伯特·爱德华·威根，在他的研究报告《探索你的心理世界》中指出：在一年内失去工作的4 000名职工中，只有400人即总数的10%是因为不能胜任工作而被开除的，其余90%则是因为不能很好地处理人际关系而被解雇的。这在一定程度上印证了美国人际关系专家戴尔·卡耐基的话："一个人事业的成功，15%靠自身的努力，而85%取决于良好的人际关系。"台湾资深秘书石咏琦所在的秘书协会曾对境内外工作两年以上的秘书作过一项问卷调查，得出的结论是："无论办公室大小、人员多少，秘书所做的工作如何烦琐、技能如何熟练，到头来决胜因素的取舍，往往视之人际关系是否良好。"石咏琦也反复表达过这样的理念："秘书的成败往往不在效率第一，而在人缘第一。"

人际关系指人们通过沟通和相互作用实现相互知觉和了解，建立一定的情感和心理关系。人际关系和人际交往有着密切的关系。首先，人际关系是在人际交往的过程中形成和发展起来的；其次，人际关系的状况是由人际交往的状况决定的。如果人们在思想情感上存在着广泛而持久的交往联系，就标志着他们已经建立起了较为密切的人际关系，如果两个人在感情上对立，行为上疏远，平时缺乏交往，则表明彼此间的关系紧张。人际关系一旦建立，又会影响和制约人际交往的频率和交往态度。但是，人际交往频率的高低与人际关系的亲密和疏远之间并不成正比。如在地缘关系中有人每天都打招呼但不一定关系就密切；在血缘关系中也许人们几年不见一面但关系密切。

心理学家 W. C. 舒茨认为，每个人对人际关系的需求有三个向度：一是包容的需求——希望和别人交往，建立和谐的关系；二是控制的需求——希望在权力上与别人建立并维持良好关系；三是感情上的需求——希望在感情上和别人建立良好的关系。

如果一个人的包容需求强烈而又行为主动的话，就喜欢与别人交往，愿意积极参与各种社会活动。如果一个人不仅包容要求强烈，而且感情需求也很强烈的话，就会处处关心别人、爱护别人，在人际关系上能左右逢源，重视情谊，受人爱戴。如果一个人只有控制需求，而无包容和感情需求，就必然争权夺利，脱离大众，惹人憎恨、厌恶，使人际关系处于紧张状态。

二、企业秘书人际关系的特征

在社会生活中，每个人都归属于一定的社会群体，都扮演着一些特定的角色，社会群体的性质不同，社会角色所发挥的作用也不同，决定了人际关系所呈现的特征也各有所异。秘书作为一定的社会群体成员，在社会组织中所形成的人际关系具有以下几个鲜明的特征：

1. 业缘性特征

秘书的人际关系不是依靠血缘或地缘建立的，而是依靠业缘而形成的。秘书在工作中由于要与上下左右的人打交道，在共同的或有关联的社会活动中与各方面的人结成了一定的人际关系。可以说，秘书工作的涉及面有多广，秘书人际关系的交往面就有多宽，秘书所建立的人际关系也就有多少。当然，在秘书依靠业缘而建立起来的人际关系，其性质是有区别的。有些人际关系带有长期性、稳定性的特点，如上下级秘书部门之间的关系、秘书与上司的关系等，这些因为工作联系的需要而具有长期性、稳定性的特点；有些人际关系则属于临时的、不确定的关系，如秘书处理信访事宜时与信访者的关系等，这些有许多是临时性的关系，甚至有许多是一面之交。

2. 首属性特征

由于人们之间利益关系的不同、需要程度不同，相互间的吸引程度也不同，因而造成人际交往的频率与人际关系的状况存在着较大的差异。一般来说，凡是交往频率高、关系密切的称为首属关系；凡是交往频率低、关系较疏远的称为次属关系。秘书活动的内容和方式，要求秘书必须建立首属的人际关系，这种首属人际关系主要是指秘书与上司的关系。因为秘书是上司的助手，是直接为上司服务的，没有领导也就没有秘书，因此秘书与上司的关系是一种建立在公务活动基础之上的角色间固有的关系。秘书只有处理好与上司的关系，才能为发挥自己的聪明才智创造良好的条件。

3. 广泛性特征

因为秘书的工作内容丰富多样，所以其接触面非常广泛。秘书只有妥善地处理好与各方人士的广泛而密切的合作关系，才能为做好各项工作打好基础。

4. 强制性特征

从本质上来说，秘书与上司的关系是一种强制性的公务关系。也就是说，秘书与上司在工作中所建立起来的关系，不管秘书的满意度如何，作为秘书都必须自觉地为实现和完善这种关系而不断调节自己的交往行为。当秘书与上司的关系出现障碍时，秘书仍要被迫进行交往活动，它是不以个人的意志为转移的。

5.2.2 企业秘书处理人际关系的方法

处理人际关系的方法有许多种类，秘书可根据具体的交往情境进行选择。

1. 感情投资法

感情投资法，是指对人要倾注真挚的感情，舍得在密切感情方面花本钱、下工夫，以争取对方的欢心，从而建立良好的人际关系的方法。首先，秘书要注重分清交往双方关系的基本属性以及双方关系的密切程度。凡是双方交往接触非常频繁的人际关系，秘书尤其要重视进行感情投资，以不断深化双方感情上的联系。例如，秘书在处理与上司的关系时，除了重视工作活动中角色交往关系外，还应重视日常生活中的情感交流，以便与上司建立更加密切的人际关系。秘书在处理次属的人际关系时，因为交往活动的性质不同，进行感情投资的比重可能发生变化。一般而言，人们在交往活动中的感情投入随人际关系重要性程度的提高而增加，随人际关系重要性程度的降低而减少。其次，秘书要注意充分利用各种有利的时机进行感情联络。例如，利用交往对方的乔迁、晋升、结婚等时机表示祝贺，利用节假日进行看望问候表示关心，在对方遇到困难时及时伸出援助之手等，这些都是感情投资的有效方法。实践表明，运用感情投资法与交往对象进行沟通，对于改善双方的人际关系状况，促进双方人际关系向深层次化方向发展，是十分有效的。秘书在处理人际关系时，一定要学习并有效地运用这种方法。

2. 心理吸引法

心理吸引法，是指通过提高自己的素质修养使自己创造出心理“磁场”，使人们在接近这种心理“磁场”后容易被其所吸引的方法。秘书处在公司枢纽位置上，如果自身具有较高的修养水平，很容易形成人际交往活动的联络站及中心。秘书只有具备了这种心理“磁场力”，大家才会乐于和他接近，愿意与他交往。反之，他虽然处在交往活动的中心，却难以建立起与各方面良好的人际关系。要使秘书自身产生这种心理“磁场”，除了要求秘书充分利用人际吸引的有效方法外，还应注意两个方面的问题：一是要不断加强自己的品德修养。因为在人们交往活动中的社会认知是以社会特性的评价为主的，而品德特性又是社会特性的核心特征。一个人如果在品德方面有一些不受人们欢迎的特点，即使他身上具有较多的其他优秀品质，也难以得到人们的欢迎与尊重。二是要多些乐观和幽默。秘书在交往活动中如果始终严肃认真，不仅不能制造出轻松愉快的交往环境，也很难产生出真正的心理吸引力，容易使人们感到他缺少幽默与机智，使交往活动变得枯燥乏味。因此，秘书要学会调节交往活动的气氛，该认真的时候认真，该活泼的时候活泼，这样才能增加人际交往的吸引力，使人们愿意与之交往，并从这种交往中获得心理上的愉悦与享受。

3. 求同存异法

在处理人际关系时，对双方的差异应作客观的分析，不应过分强求一致。人们结交朋友，只要在政治原则、人生观、世界观方面有基本相同的倾向便可以了，至于个性特点方面的差异、兴趣爱好的不同、生活情趣的区别，都不应成为妨碍双方建立良好人际关系的障碍，应该做到求大同、存小异，大事讲原则，小事讲风格。在枝节问题上不苛求于人，才可以建立起良好的人际关系，相互成为知己。求同存异应该成为秘书化解人际矛盾的基本方法。

4. 角色互换法

每个人在与某一具体对象交往时总是以特写的角色出现的，而由于我们习惯于从自己的角度出发来看待自己和他人的行为，就可能带有片面性。由于看问题的角度不同，交往中难免出现冲突和矛盾。因此秘书应学会运用角色互换法，一方面要做到设身处地地替对方着想，通情达理地谅解对方的行为和态度，做到将心比心，对他人宽容相待。另一方面还要做到以要求他人待己的方式去对待他人，做到“己所不欲，勿施于人”、“己之所欲，施之于人”。如自己不希望他人背后议论自己，反过来自己也不要在背后议论他人。实现角色互换，可以使自己在待人接物中想他人之所想，急他人之所急，能够体验到他人在此情此景中的内心感受，从而学会以正确的方式友好地与他人交往，达到改善人际关系的目的。

5.2.3 企业秘书处理人际关系的技巧

秘书在处理人际关系时，要学会使用各种技巧。一是要审时度势，根据具体的情景选择合适的方法；二是要因人有别，根据具体的交往对象采取不同的对应方法；三是要情理并用，做到“动之以情，晓之以理”。

美国著名人际关系学家戴尔·卡耐基在《人性的弱点》一书中曾提出了“怎样使你受到人们欢迎”的六条原则，这六条原则对秘书来说也是难得的金玉之言。他指出：要使自己到处受到别人的欢迎，首先必须对别人真诚地感兴趣，必须先欢迎别人，而不是事事以我为中心。时刻牵挂着自己利益的人很难受到人们的欢迎，这是第一条原则。

第二条原则是给人留下良好印象的简洁方法是微笑。法国大作家雨果曾说过：“笑是阳光，它能消除人们脸上的冬色。”当然，这种微笑必须是真诚的，是发自内心的，这是一种极有价值的笑。不真诚的笑不仅不会给人留下好的印象，反而会使人感到讨厌。笑可以使人们赢得更多的朋友和友好的环境。

第三条原则是要想获得他人的好感，请记住他人的名字。因为你与那些不经常打交道的人交往时能直接叫出他的名字，这说明你对他有着特殊的好感和关心。事实表明，每个人对自己的名字都很重视，人们甚至不惜任何代价要使自己的名字永垂不朽。例如，人们在各种捐赠物上、收藏品上，甚至在游览过的风景名胜处，都想留下自己的名字，如果自己的名字留在了他人心中，他自然会感到格外高兴。

第四条原则是在交谈中尽量做一个好的听众。专心地听别人讲话无疑是一种暗示性的赞美，而我们每个人都需要这种赞美，做一个好的听众更容易被对方所喜欢。如果一个人碰到苦恼的事，他需要一个具有同情心的听众。

第五个原则是谈论对方感到有兴趣的事，这样容易引起对方对你的兴趣。每个人都有自己感兴趣的事，如集邮、篆刻等。要想实现交往中的顺利沟通，就需寻找共同的话题，特别是谈论对方希望他人了解的事，对方会非常高兴，从而对你产生兴趣。

第六个原则就是要使他人喜欢你，你必须以一种真诚的态度去赞美他人，去谈论他人。我们每个人都希望获得他人的赞赏，而将这条法则运用于他人，则是“己之所欲，施之于人”。赞赏他人意味着尊重他人，而一些礼貌性的问语，无论是抱歉性的，还是感谢性的，都会获得人们的好感，因为这里面包含着自谦，而自谦是对他人的尊重。戴尔·卡耐基以许多生动的事例论证了上述各原则的巨大效用，因此可以说是秘书交往时应该遵循的准则。

【课堂练习】

1. 请分析人际交往和人际关系的联系。
2. 人际关系对秘书工作有何重要的影响?
3. 结合自身的实际情况，谈谈自己在处理人际关系的时候还有哪些技巧?

【知识链接：人际关系测试题】

测测你的“人际关系”如何

下面每道题都有3个答案，请根据自己的实际情况，客观地回答。

（1）在对朋友的生活、工作方面，总是（　　）

A. 不但赞扬他（她）们的优点，还批评他（她）们的不足

B. 仅仅赞扬他（她）们的优点

C. 仅仅批评他（她）们的缺点

（2）你对在精神、物质等方面帮过你的朋友，总是（　　）

A. 事过之后，抛在脑后

B. 你认为朋友间相互帮助是应该的，不用太客气

C. 你会感激在心，并时常提及此事

（3）你在生活中遇到困难或不幸时，你会（　　）

A. 只有你非常知己的朋友前来安慰、帮助你

B. 知道你情况的朋友，几乎都来安慰、帮助你

C. 你的朋友几乎没有登门安慰、帮助你

（4）你对朋友的隐私总是（　　）

A. 有时会感兴趣，并进行传播

B. 一点也不感兴趣，也从未进行过传播

C. 非常感兴趣，并热心进行传播

（5）你通常交朋友的途径都是（　　）

A. 通过接触进行结交

B. 经过长时间的相处了解之后进行结交

C. 通过别人的介绍

（6）与那些气质、性格不同的人相处时，你总是（　　）

A. 你几乎很难或者不适应

B. 你能快速地适应

C. 你适应得比较慢

(7) 对异性朋友或同事，你总是（　　）

A. 你与他们几乎没有任何交往

B. 你能与他们进行正常的交往

C. 你只在必要的情况下才去接近他们

(8) 你和朋友进行交往时，持续时间一般为（　　）

A. 根据情况变化决定，可能不断更新

B. 不固定，有长有短

C. 很久很久，并且时有来往

(9) 你在编织人际关系网时希望把（　　）编进去

A. 诚实、心地善良的人

B. 上司、拥有权势者

C. 与你地位相同或者地位低于你的人

(10) 你在情绪不好或工作非常忙时，朋友求你帮助，你总是（　　）

A. 尽力而为

B. 十分不耐烦，断然拒绝

C. 找借口推辞

(11) 每当到了一个新的场合，你对于那里原本不认识的人总是（　　）

A. 不想与他们成为朋友，因此对他们的姓名也不太注意

B. 很快记住他们的姓名，并与之成为朋友

C. 尽管想很快记住他们的姓名并与之成为朋友，却很少能做到

(12) 当你在生活、工作中遇到困难时，你总是（　　）

A. 很少向人求助，只有在关键时刻，才请朋友帮忙

B. 凡事都喜欢向你的朋友求助

C. 从不求助别人，即使无能为力时也如此

(13) 你对朋友、同事们的劝告或批评，总是（　　）

A. 非常乐意接受

B. 难以接受

C. 接受一小部分

(14) 如果你的朋友做了一件让你不高兴的事，你会（　　）

A. 从此对你的朋友敬而远之

B. 宽容、原谅你的朋友

C. 对你的朋友以牙还牙地进行回敬

(15) 你结识朋友的动机是（　　）

A. 朋友们都非常喜欢你

B. 朋友能让你生活愉快

C. 朋友可以帮你解决困难

序号	A	B	C	序号	A	B	C
1	1	3	5	2	1	3	5
3	1	3	5	4	1	3	5
5	1	3	5	6	3	5	1
7	3	5	1	8	3	5	1
9	3	5	1	10	3	5	1
11	5	1	3	12	5	1	3
13	5	1	3	14	5	1	3
15	5	1	3				

得分在 15 ~ 29 分，表示人际关系很好；30 ~ 57 分，表示人际关系中等；58 ~ 75 分，表示人际关系比较差。

5.3 企业秘书与上司的关系

【案例分析】

案例 1：老总的隐私

上午先去经贸部送了份材料，刚回到办公室，姜总的电话就像长了眼睛似的跟了过来。姜总让我马上到他的办公室去一趟。听姜总的口气，事情似乎挺急。孟姐是姜总的专职秘书，我想问一下孟姐，到底是什么事，但还是忍住了，心里有些紧张。

来到姜总的办公室，姜总倒还是像平时一样随和，问我刚才到哪儿去了。聊了几句后，姜总问我："小于，近来公司似乎有人在议论王总的事，你常去他的办公室，知不知道一些这方面的情况？"

王总是公司负责市场销售的副总经理，四十岁出头，他的工作能力是无可挑剔的，但可能是由于他老婆孩子都在美国的原因，公司不时流传一些他的风流韵事。

上个星期四下午，王总突然让我去他的办公室，说："小于，我马上要去一趟香港，麻烦你明天帮我办一件事，你去王府井某某大厦的首饰柜台，我刚才已给对方打过电话，你只要提我的名字人家就会给你一包东西。取到东西后，你再帮我送一下。"说着，递给我一张写着地址和乘车路线的纸条。第二天下班后，我取了东西正准备离开，柜台里像是值班经理的人对我说："你是打出租车吗？这包东西很贵重，在路上请注意点。"我当然明白，在首饰柜台前说的贵重东西，不是几百元甚至几千元能买得起的。根据王总的纸条，我找到了亚运村一座高层公寓 16 层的三座。来给我开门的是一位看上去不到 30 岁的漂亮小姐。她还穿着睡衣，接过东西，她高兴得几乎跳了起来："啊！王哥连我的生日都还记得，真是太好了，谢谢王哥！谢谢王哥送给我的生日礼物！”

姜总问的肯定是这件事。

作为秘书，我必须要了解自己的领导在工作和私人方面的交际范围。如果不了解领导的交际范围，分不清他朋友亲戚的亲疏，不仅在工作日程上不好安排，就是许多电话也不好处理。“我找某某！”对方电话打进来，不仅不报姓名，而且对领导直呼其名，如果你听不出这是领导的太太或老爸的声音，只是公事公办地反问“请问您是……”，则有可能让你吃不了兜着走。因为要了解领导的一些私人生活，或者是在给领导家送材料的时候，或者是在转接电话的过程中，不可避免地要了解领导的一些隐私。由于领导的私生活一般与工作无关，因此，秘书要遵守职业操守，对于领导的隐私，看到了的要当做没看见，听到了的要等于没听见。只有这样，领导才能真正放心让你协助他的工作。

我该不该说呀？我稍微迟疑了一下之后，一五一十地把事情的经过对姜总说了：“上星期四下午，王总到香港去出差之前，他让我第二天到王府井某某大厦取了一包东西，送给住在亚运村的一位女士。那位女士收到东西后说：‘谢谢王哥送我的生日礼物。’”

“哦，知道了。”姜总平静地说。

从姜总的办公室出来，我的心情如释重负。我知道，王总是因为信任我，才让我去办这件事的。当姜总刚问我的时候，我也问了自己：如果把事情的经过对姜总说了，是否对得起王总给我的那份信任？但很快我否定了这种想法。的确，我国历来有“士为知己者死”的传统美德，对于王总这份信任，我理应像金庸笔下的刀侠剑客一样，替王总隐瞒过去，为王总两肋插刀，在所不惜。但是，我们不是生活在艺术家笔下那种虚无缥缈的江湖之中。如果说金庸笔下的江湖充满了险恶，那么，现代职场的险恶可能是有过之而无不及，自己必须小心谨慎。如果说当年的刀侠剑客能为后人所景仰，是因为他们视当时的江湖规矩如生命，义薄云天，那么，在现代的职场上，我们必须遵守现代职场的江湖规矩，即国家法律和公司的规章制度，否则，我们就像塞万提斯笔下的唐·吉诃德，举着大长矛去刺风车一样，过时且可笑。作为现代企业的职业秘书，必须遵守国家法律和公司的规章制度，以公司利益为最高利益，就像军人必须服从上级命令一样，也是一种天职；也可以说，这是一种现代版的江湖规矩。

在现代企业中，职业经理与职业秘书的关系，既不是封建庄园里的主人与奴仆的关系，也不是江湖武林中那种师徒关系，更不是三国演义中刘备、关羽、张飞那种桃园结义的关系。秘书与领导之间的关系，就像一个交响乐团中的乐手与指挥的关系一样，乐手不是为指挥而演奏，而是按指挥的手势与指挥一起共同为观众演奏。秘书不是为领导而工作，而是与领导一起共同为企业而工作，只不过秘书是根据领导的指令而工作。因此，尽管秘书与领导之间可能存在着一些私人情谊，或者其他的恩恩怨怨，但秘书与领导之间的关系，本质上是一种工作关系，不存在任何人身依附关系。既然是一种工作关系，那就必须优先考虑公司利益，而不是个人之间的关系。

姜总作为公司的总经理，主动问起这件事，就不能说送生日礼物这件事与工作无关。姜总掌管着我们公司几十亿的资产，每天的工作千头万绪，繁纷复杂，现在抽出专门的时间来过问王总给人送生日礼物这件事，这不仅说明这事与工作有关，而且关系很大；至于这件事与工作是一种什么关系，姜总会怎样处理这件事，那就不是我这个秘书该过问的事情了。

从另外一方面来说，这件事是姜总主动问起来的，也就说明姜总不是在捕风捉影，肯定是有备而来。在这种情况下，即使我想像金庸笔下的侠客一样为王总两肋插刀，自己承担风险，把事情瞒住，也是瞒不住的。这不仅对王总没有任何意义，还会把自己搭进去。

回到自己的座位后，我反复想了想，心情还是有些沉重。现在我把事情的经过对姜总说了，王总知道后，会不会给我小鞋穿？即使王总不打击报复，将来别的领导又会怎么看我呢？

回到家里，我对事不对人地把这件事情的大概对老爸说了，他想了想后说担心也没用。听他一劝，心情渐渐舒畅一些，觉得自己实在没有必要担心。即使王总知道了事情的经过，也应该能谅解我。王总是位职业经理人，作为职业经理人，他们有自己的职业操守；作为职业秘书，我们也有我们的职业操守。既不添油加醋，也不掐头去尾，如实向领导汇报，这是我们做秘书的天职，也是自己做人的良心。前些天，在美国ITM公司当秘书的师姐说，他们的美国老板就有意利用公司领导人的私生活来测试秘书对公司是否忠诚。如果要是这样，那我就更应该如实地向姜总把情况说清楚了。

案例2：“她是我妹妹！”

秘书小张早上一上班就神秘兮兮地对大家说：“你们知道我昨天在王府井看到王经理和谁了吗？”别人都说不知道，小张得意地说：“我看到王经理和一个女孩一起在王府井买东西，那女孩可年轻了，长的还真不错，你们说，她是王经理的什么人呀？”

“她是我妹妹！”小张的身后有人回答。

小张回头一看，傻眼了，王经理正站在那儿。

案例3：“不做小蜜”

前一段时间，有地方出台了“不得为男性领导干部配备女性身边工作人员”的规定，这在社会上引起了轩然大波。对于这样的规定不知道他人会有什么想法，反正对于我，一个做了三年秘书的人来说，这绝不是一场讨论，更不是一场闹剧，而是对秘书这个职业的挑衅。

十几年前，秘书是一个很高尚的职业，且基本上由男性组成。秘书的职责是掌管文书并协助负责处理日常工作，与其他工作人员没什么区别。不知道从什么时候起，社会上出现了各种货色的老板，老板的身边出现了清一色由年轻漂亮女性构成的“秘书”。不久，小秘演变成了“小蜜”，而且这个角色已经渗透到社会各个角落，在人们的观念里，还记得秘书究竟是什么吗？

大学时我念的是秘书专业，当时父母非常反对我学这样的专业。确实，在大多数人眼中，秘书这个行业似乎不可能有太大的发展，做到头，也还是秘书，或许加个头衔，高级秘书、商务秘书……会接电话、会打字、会发传真，谁都可以做！上课第一天，老师告诉我们：秘书是一门职业，既然是职业，就有其严格的职业道德和专业精神，它是神圣而庄重的。直到今天，这句话仍时常在我耳边响起。

毕业后在这家外企给总经理做秘书已经三年了，经理是走马观花般地换，而我却一直在这个核心地带与每任上司紧密合作着。工作的内容无外乎是这些：内部通知、文书归档、按指示做合同、上报销售统计、到财务处核查客户的汇款、经理出行订机票订酒店……每天似乎有做不完的工作，涉及公司各部门。我学会了微笑地面对每一个客户、同事，学会了接到每一个抱怨电话都柔声细语，学会了宽容对待上司的每一次刁难。虽然我会觉得很累，但是，我得到了公司高层的肯定，如果哪天我突然离开几天，公司一定会乱成一团麻。我并非将帅之才，没有指挥千军万马、运筹帷幄的本领，但是我就像枢纽，联系着四面八方，协助上司统帅各个部门正常运营。看到每天大家都有条不紊地工作着，我感觉到自己存在的价值。或许有人要说，你运气好，没有碰到那种上司，也或许是我不够漂亮。现在很多公司为了门面，秘书这个职位多由一些漂亮年轻的女孩担任，这本无可厚非，但秘书与老板的关系发展到纯粹的钱色交易就难敌社会道德的指责，就脱离了这个职业本身的轨迹，趋于变质了。

不管是男性老板的“性骚扰”，还是女秘书的贪图富贵或确实是日久生情，似乎舆论都将矛头直接指向秘书，难道长得漂亮是种错误吗？封杀女秘书的风波，这对于女性，对于秘书这个职业，无疑是种冲击，是不公平的。现在是一个观念更新的时代，一个上升和沉浮同在的时代，一个恪守信念与物欲横流并存的时代，在这个时代中，是是非非都难以说清楚，但有一点是永不会过时的，那就是自尊、自爱、自重。一个自尊、自爱、自重的人，其称呼不会被谁随意篡改，也不会惹谁仇视，小秘也就不会成为“小蜜”！

我们羡慕国外那些具备良好职业素质、恪守职业道德的专业人士，换个角度想，也许秘书这个职业在中国还未真正形成一种职业风范，在以后的日子里，我想包括同行业的姐妹们（当然也包括一些男性秘书）应该从自己做起，从客观上改变社会对秘书的看法和态度。对于图谋不轨的老板，除了唾弃更要勇敢抵制。

5.3.1 秘书与上司关系的实质

秘书要处理好与上司的关系，必须弄清彼此之间关系的实质。

（1）角色地位上的从属关系。组织结构中的层次性差异以及专业分工中的职能差异，决定了秘书和上司在角色地位上的从属关系。上司处于主导和支配的地位，秘书处于从属和被支配的地位，这是秘书与上司关系的基本点。

（2）工作上的主辅关系。上司和秘书的主辅关系主要表现为秘书为上司提供全面的信息和事务性的服务，为上司做好上传下达工作，督促各职能部门执行领导决策，并向上司反馈执行信息。而上司主要是决策，并通过计划、指挥、组织、协调和控制等手段将决策付诸实施，从而推动公司的发展。

（3）人格上的平等关系。秘书和上司作为社会人来说，在法律面前是平等的，没有贵贱之分。因此，秘书与上司都有维护自己人格的权利。秘书与上司之间要相互尊重，相互理解。

（4）影响上的共生关系。秘书和上司之间存在着相互影响、相互作用、相互匹配、相互促进、统一发展的共生关系。上司的个性对包括秘书在内的下属的行为方式都会产生重要的影响。假如上司是个完美主义者，秘书在其影响下也会对所有的细节都非常关注。秘书是上司的“形象代言人”，上司不在时是上司的“发言人”，秘书任何一个不恰当的举动、错误的做法都会给他所代表的上司造成损害。

5.3.2 处理与上司关系的基础

秘书处理与上司的关系是建立在共同的事业和目标这个基础上。基于此，秘书在处理与上司关系时要着眼于较高的视野，求同存异，为上司做好服务。

5.3.3 处理与上司关系的注意事项

秘书在处理和上司关系时，要注意以下几点：

（1）要尊重上司。秘书是上司的副手，要协助上司处理好各项工作。秘书要顺利地开展各项工作，必须获得上司的信任。要获得上司的信任，首先要尊重上司。秘书尊重上司最主要体现在维护上司的威信，在任何情况下都不能破坏上司的威信，不散布有损上司威信的言论。

（2）要加强沟通。秘书要积极主动地与上司进行沟通，在沟通中了解上司的思维模式、行为习惯、工作方法，以及对具体问题的思路和期望等。秘书在和上司沟通时，要注意以下几点：一要适人。即秘书要根据上司的性格、兴趣、为人处世、生活习惯、工作方式等，采取不同的沟通方式。二要合时。时机的选择对沟通的效果有重要的影响，秘书应当善于根据不同性质的问题选择不同的沟通时机。如严肃的工作问题适宜在工作时间与上司交流，一些轻松的个人思想交流可以选择在非工作时间进行。三要择地。秘书要根据交谈内容选择合适的交谈场合，如正式、严肃的内容可选择在办公室进行。四要善言。秘书要做到善言，必须语言得体，言之有理，掌握策略，正确地运用辅助手段。

（3）要做上司的“三心”秘书。首先要摆正位置，让上司放心。秘书要充分认识到秘书与上司在工作上的主辅关系，做到参谋而不决策、参与而不干预、分忧而不分权。其次要主动工作，让上司省心。秘书要有良好的主动意识，变“要我做”为“我要做”。再次要忠诚守信，与上司贴心。

5.3.4 女秘书与男上司的关系

女秘书是欧美工商业社会的产物，所以一般而论，企业秘书以女性居多，尽管在政治组织中倾向于选用男秘书，但总体上女性秘书占主导地位。在我国，由于种种传统因素的影响，向来以男秘书居多。尽管如此，随着中国社会的日益开放，中国女性的日趋独立，以及大量私营企业的兴起和外资企业的涌入，我国秘书职业呈现出女性化趋势。对于这一现象的评价褒贬不一，部分人仍然保守偏见，对女秘书不屑一顾，甚至嗤之以鼻；也有不少企业家、管理者看重女秘书的价值而委以重任；越来越多的女性将秘书工作视为最适合自己的职业。不可否认，当前各种组织的管理层中以男性领导为主，将女秘书置于这样一个敏感地带，难免会引起误解、遭到非议。实际工作中，确实有一些女秘书没有摆正与男上司的关系，从而产生负面影响，但也存在一大批干练的女性为女秘书树立了专业形象。对于女秘书来说，在处理与男上司关系时，不仅要掌握秘书的一般性原则，而且应注重细节、自尊自爱、张弛有度、把握分寸。

一、充分发挥女性的优势

面对来自社会的种种压力，女秘书首先要树立自信，认清自身优势，抵制消极情绪，以积极心态做好秘书工作。一个自信不足、缩手缩脚、不敢落落大方地与男上司相处的女秘书，必然无法胜任辅佐领导的工作。只有明确女性在秘书职业中的特殊优势，并善于充分发挥，扬长避短，才能恰到好处地与领导相处，才能成为领导的得力助手，才能用实际功绩证明女秘书不可或缺的作用。

（一）女秘书在知觉速度、心理敏感度、耐心等方面具有天生的优势

女性这种与生俱来的特性使女秘书更适合于具体、烦琐、条理性强的秘书事务工作。实际工作中，女秘书具有敏锐的女性直觉，观察细致，善于捕捉细小的信息，并作出更精密的判断。这对秘书活动中的接待、电话、会务等工作大有益处。相对而言，男上司在细致度、敏感度上一般不如女性，而女秘书的特质恰恰有利于弥补男上司的不足。此外，女秘书耐心、踏实的个性特征也使其对于枯燥、成就感低的秘书工作不太会产生厌倦、懈怠的情绪，也不太会因为个人欲望而做出喧宾夺主的行为，避免与男上司“暗中较劲”，从而有利于秘书活动和领导活动的正常开展。

（二）女秘书的机械记忆和形象记忆相对较强

一般情况下，女性更倾向于选择要求大量背诵记忆的文科，而非需要较强逻辑思维和创新意识的理工科，这是女性天生比男性具有更强记忆力的例证。女秘书当然也具有此方面的优势。秘书工作作为一项脑力型服务，常常需要记忆大量数据、材料。男上司一般既没有精力也不习惯于记住细枝末节，这就需要女秘书在某些情况下凭借记忆力为男上司提供所需信息。

（三）女秘书更具有语言优势

一般而论，女性往往声音甜美、口齿伶俐、反应敏捷、语言生动活泼、表达能力强，能够起到以柔克刚的作用。这种语言特质使女秘书更善于处理接待等工作，不仅能够以彬彬有礼、和蔼可亲的姿态安抚来访者，还能以这种柔和形象给外界留下美好印象，有利于为领导、为组织树立良好的形象。

（四）女秘书的社交能力更强

研究表明，女性天生比男性更擅长社交活动，在人际关系处理上更胜于男性。对于秘书工作来说，较强的社交能力，或者说公关能力、协调能力是秘书的必备素质之一，而女秘书恰恰具有这方面的特质。实践证明，无论是组织内部的沟通，还是对外的交流活动，女秘书以其独有的亲和力、柔和且婉转的行为方式而表现得游刃有余。譬如，女秘书比男秘书笑得更多，可以传递友好、善意和真诚，在不知不觉中缩短交往双方的距离，创造良好的心理氛围。女秘书优于男性的社交能力有利于提高办事效率，增强组织内部和谐度，优化组织外部形象。

（五）女秘书更易于适应环境变化

女性对环境的适应能力往往强于男性，女性的心理弹性也优于男性。无论是工作地点、职位层次的变动，还是服务对象的变动，女秘书往往能够主动调整自我状态，更快适应新环境。正如上文所言，一个专业的秘书必然有能力适应各种不同类型的领导，这种适应力与能力弹性正是秘书素质中不可多得的有利条件。

（六）女秘书的完美主义倾向

理想主义与完美主义是女人的天性，这种特质表现在秘书工作中就是力求完美。对领导交办的工作，女秘书常常力求做得尽善尽美，即使是再细微的小事，女秘书也不会草草了事。具体来说，女秘书能胜任会议记录、电话记录、来访记录以及文档整理等文书类工作，对领导的日程安排和管理、会务安排、公务出差等事务也会安排得妥妥帖帖。女秘书细致谨慎、善解人意的天性在无形中为领导活动提供了便利。

（七）女秘书与男上司的协作与互补

女性与男性天生就有异性特质，如男性重物，女性重人；男性偏理性，女性偏感性；男性好竞争，女生好和谐；男性较果敢，女性较优柔；男性看结果，女性看过程。如果男女在同一组织中携手合作，那么这种两性差别就会在工作中实现互补，从而减轻领导的负担，增进组织团结，营造和谐气氛，在分工协作中推进组织目标的实现。

二、保持自尊和稳重

女秘书要改变社会上对女性秘书的各种认识偏差，不能仅仅依赖于社会文明程度、道德规范以及企业家素质的提高，更需要女秘书主动、积极地应对，通过树立自尊自爱、稳重踏实的职业形象来证明自身的社会价值。

保持自尊和稳重，女秘书应时刻谨记秘书与领导在人格上的平等关系，保持独立人格，洁身自好，坚持人格神圣不可侵犯。大千世界充满各种诱惑，对于一直活跃在领导左右、直接接触权力中心的女秘书来说，金钱、权力、名誉的诱惑更是巨大。我们也确实看到不少负面现象：一些女秘书在物质诱惑面前难以自持，不惜牺牲自己的尊严和名誉而成为金钱和权力的奴隶；一些女秘书挂秘书之名，实则是男上司的“屋中娇”；还有个别女秘书陷入与男上司的情感纠葛之中，既伤害了自己又伤害了他人。这种歪曲女秘书职业形象的丑闻，既是个别女性自身的过错，也是个别男上司的过错。无论男上司是何种类型的人，女秘书始终要保持意志坚定、目标明确、人格高尚，只有如此才不至于在金钱、权力、感情的旋涡中迷失方向。

女秘书应当将尊严、名誉视为最珍贵的东西，以此作为捍卫做人原则的盾牌。在日常工作中，女秘书要尽量避免流言和误会的产生，与男上司相处时做到言行稳重，大方而不失态，守礼而不忸怩。如果自己的人格尊严已经遭到侵犯，则要懂得适时反击。之所以说“适时”，是要求女秘书在处理流言、误会、绯闻等问题时，必须保持稳重作风，谨慎处理。面对一般性的飞短流长，女秘书要保持良好的心理素质，以坦荡的胸襟、稳定的情绪，尽量漠视流言，以冷处理的方式应对，或是当耳边风，或是充耳不闻，切勿自乱阵脚，急于争辩，以至于越描越黑。正所谓“身正不怕影子斜”，若能泰然处之，谣言终会不攻自破。许多聪慧的女秘书遇到此种状况时，往往以不变应万变，踏踏实实做好本职工作，以自身实力攻破谣言和诬蔑。但是，一旦流言飞语已严重侵犯人格尊严，演变成为人身攻击，女秘书则必须鼓起勇气予以反击，可以通过法律的手段保护自己的合法权益，惩治造谣者。如果确实因男上司的暧昧态度或无礼而备受困扰，女秘书也应当以维护自我人格尊严为重，尽量避免在工作之外与上司的个人交往，及时表明立场，必要时应当机立断，用辞职来保护自己。有一些女秘书充分表现出现代女性独立的人格魅力，大胆、果敢地“炒上司鱿鱼”，证明了女秘书享有平等的选择权。

三、注意保持适当的距离

避嫌的最佳手段就是女秘书注意与男上司之间保持适当的距离。尽管我们一再强调秘书应当尽力了解领导、沟通思想、交流感情，但是组织中复杂的人际关系和权力网决定了秘书必须遵循距离原则。领导总归是领导，秘书就是秘书，双方虽然可以是亲密的工作伙伴，可以亦师亦友，但毕竟身份、地位不同，尤其是女秘书与男上司，性别不同更是在“上下有别”的基础上有“男女之别”，因此女秘书更应当注意与男上司在时间、空间、心理上保持适当距离。

（一）保持适当的时空距离

女秘书应尽量避免在非工作时间、非工作地点与男上司单独接触，如果这种情况无法避免，也应当尽可能缩短单独逗留的时间和频率，以免落人话柄。我国内地的政府机关、企事业单位中，还不曾有过在合同书中注明有关工作时间、工作空间的限定性协定，相关法律法规也无此类规定，关于女秘书与男上司在时间、空间上应避嫌的问题还只是实践中的潜规则。但是，在香港某些企业中，女秘书在就业时通常都与上司订立有关工作时间、场合的协议，如明确规定不随上司去外地出差，不陪上司跳舞、饮酒等，以避免引起双方亲属的误会和周围人的非议。

（二）保持适当的心理距离

从心理补偿来说，女秘书的性别特质使其更有能力安抚领导的情绪，舒缓领导的压力。但是女秘书作为一个倾听者或交流对象，与男上司沟通思想、交流感情时应注意把握分寸，切勿卷入男上司的感情纠纷或家庭矛盾之中，切勿窥视上司的个人隐私，切勿过分透露自己的私人问题。保持适当的心理距离有利于规避领导与秘书双方的角色混乱，使双方都保持清醒头脑，防止非正当情感，避免绯闻、谣言，有利于维护领导权威，保证秘书活动和领导活动的正常进行。

【课堂练习】

1. 请阐述秘书与上司关系的实质是什么？
2. 秘书处理与上司的关系时有哪些应注意的事项？
3. 请结合案例，谈谈女秘书应该如何发挥自身的优势，处理与男上司的关系？

【知识链接：秘书经验谈】

秘书要了解老板的心理

秘书要学会应付各种性格的老板，确保自己的尊严不受侵犯，同时要赢得他对自己的好印象，这就需要学会一些技巧。在工作中，作为秘书的你要观察你的上司，看他有什么样的心理。

有些经理整天怀疑自己的员工偷懒不干活，时常窥视员工的一举一动。对付这类经理最好的办法是经常向他汇报，多和他交流，明确告诉他你干了些什么、结果如何，以使他放心；有些老板精力过剩，热衷事业，但对员工很苛刻，碰到这种工作狂，最佳对策是甘拜下风，不断向他请教，使他感到你在他英明领导下努力工作，这样反而可以得到他的赏识。

有的经理自己的能力不行，总是担心下属会超过他，抢了他的位置。这时你就要收敛起自己的锋芒，做到谦虚和谨慎以消除上司的戒心，这样自然会博得上司的信任和赏识，如在业务会上，对自己的远见卓识要有意识地打埋伏，留下空间给上司作总结。当然，在平时要经常向上司请示汇报，不擅自做主，特别是决策性的工作，要等上司表态。不要老把眼光盯在上司不足的方面，应该尝试寻找上司的闪光点，因为职场比拼的是综合素质，而不是专能。

有的老板非常严谨，当他总是批评你、提醒你的过失时，其实也是对你的留意和关心。

这时你要听得进去，在人才济济的大单位，能被上司留意不容易，如果你不能用斐然的成绩吸引上司的青睐，那就尽量减少失误。首先要培养自己的耐心，面对上司的批评，你应该有心理上的厚度和韧性，并积极地解决问题，争取好印象。当你的上司是一个非常冷静的人时，他不会大笑大闹，而是始终保持常态，你和他打交道时就应该尽量保持与他相同的风格。对于你的一切工作计划，不要自作主张，等到计划决定后，你只管执行就行了。在执行的过程中，应该有详细的记载，不能有疏忽。事成之后向他报告，应避免使用夸张的语气，尽量使用平静的口气，与他的风格保持一致。

当你的老板是一个权威型的人物时，这时你不要自卑，要拿出最慎重和一丝不苟的态度和良好的专业知识，在短时间内精心做好准备。在整个谈判的过程中，你要展示你的才华和智慧，使出浑身解数，为老总赢得主动、赢得利益、赢得所有人的称赞。工作结束后，如果上司问你："你在工作上还有什么理想?"你千万别直接说："我想升职。"但可以不失时机地给上司一个暗示："如果有更多的挑战，我会有更多的创造。"这样等待你的肯定是另有重用。

当你的老板是一个非常豪爽大方的人时，那是一件值得庆幸的事，这时你不用想什么特别的方法来讨好他，只要你运用自己的能力，做出过人的成绩，就绝对不用担心你没有发展机会。唯英雄能识英雄，你要是英雄，不怕他不赏识你，你要是英雄，也不用怕他不提拔你。

知道了上司的心理对于你的职业发展非常有好处。了解他，就能"管理"他，你能用一些手段赢得上司的青睐，让上司对你信任有加，言听计从。当你有好的建议向上司贡献的时候，不会遇到被上司断然拒绝的苦恼。你就能够让上司作出更有利于你的决策，也会增加上司对你的好感，这对你的职业生涯是非常有益的。

【本章小结】

人际交往是人际关系形成的前提条件。现代社会正在不断冲破地域界限和人们原有的交往范围，改变人们传统的交往方式，使交往活动变得更加广泛而频繁。秘书要在充分认识人际交往的意义和人际关系特征的基础上，培养交往的风度，掌握人际关系处理的方法和技巧。

秘书在职场上要和各种类型的人处理好人际关系，但由于工作的内容和特点，使得秘书必须重点处理好与上司的关系。在绝大多数企业中，女秘书占90%以上，呈现出女性化的趋势。女秘书在处理与男上司关系时，除了要掌握秘书的一般性原则，还要扬长避短、自尊自爱、把握分寸，树立女秘书的专业形象。

【习题与训练】

1. 假设你是一位刚刚走上秘书岗位的职场新人，你将如何处理与周围人的人际交往？

2. 对照秘书人际交往的一般原则，谈谈自己的人际交往处理得如何。

3. 结合自身的实际情况，谈谈如何培养自己人际交往的风度。

4. 根据案例，分析秘书小于在处理江岸的询问时的成功之处。

5. 秘书在处理人际关系时，有什么方法和技巧？

6. 请分析人际交往和人际关系的联系。

7. 人际关系对秘书工作有何重要的影响？

8. 结合自身的实际情况，谈谈自己在处理人际关系时还有哪些技巧？

9. 请阐述秘书与上司关系的实质是什么。

10. 秘书在处理与上司的关系时，有哪些应注意的事项？

11. 请结合案例，谈谈女秘书应该如何发挥自身的优势，处理好与男上司的关系？

【知识链接】

负面人际交往的心理分析

人际交往属于社会心理学研究的重要范畴，是社会心理学的基本概念之一。人际交往通常是指人们在社会生活中交流信息、沟通感情、相互作用和相互知觉的过程。人际交往具有两个最基本的特征，即沟通和相互作用。人们通过沟通和相互作用实现了相互知觉和了解，建立了一定的情感和心理关系，即人际关系。从主观上讲，人们都希望借助人际交往建立良好的人际关系，因此在交往中应尽量采用积极的交往方式和做出令人愉快的交往行为，如赞美对方，附和对方的观点、为对方提供帮助等。这种主观和客观上都能增进交往双方的感情，令交往对象感到愉快的交往方式，我们称之为正面人际交往。然而，出于实践活动的需要，或是由于种种迫不得已的原因，我们也必须进行一些客观上会令对方感到不快的人际交往，如批评、争辩、拒绝等，这便是负面人际交往。负面人际交往的这种“先天不足”使其成为产生人际冲突的一大诱因。只有深入认识和了解这种交往的心理规律，才能采用恰当的应对策略，将这种交往所带来的负面效应减少到最小。

一、负面交往与尊重需要

人际交往是否顺利，与交往中双方情绪是否愉快直接相关。愉快的交往过程使双方建立起和谐的人际关系。而人的情绪是否愉快取决于其需要是否得到了满足。当需要得到满足时人则感到愉悦，需求受挫人则感到不快。人际交往中尊重需要的满足与否，对交往结果影响最大。美国人本主义心理学家马斯洛提出了需要层次理论，他将人的需要分为基本需要和成长需要两大类，并按各种需要出现的强弱和先后次序排列为七层。基本需要是指人类个体不可缺少的普遍的生理和社会需求，包括生理、安全、归属和爱的需要等，尊重需要也是其中之一。尊重需要是个人对自己尊严和价值的追求，表现为希望得到他人的尊重，受到重视，希望自己的表现、能力、才华等得到他人的认可和赞赏。这种需要若得到满足，会让人产生自信，自尊心得到满足，情绪也更愉快。而交往是满足尊重需要的主要途径，人们通过交往了解他人对自己的态度和看法，并根据这些信息带来的需要的满足程度引发相应的情绪体验。交往中对尊重、喜欢和欣赏自己的人，因为他们的态度满足了自己的尊重需要，因而也会对其报以友善的态度、产生情感上的共鸣；而交往中对自己出言不逊、触犯了自己自尊的人，人们往往会对其充满敌意。

负面人际交往之所以容易导致人际矛盾，其原因就在于这种交往无论从形式到行为都明显与人的尊重需要冲突，无论是批评、争辩还是拒绝，都不可避免地要触及对方的自尊：批评是给予对方一个负面评价；争辩实际上就是企图否定对方的意见；拒绝是直接地表明自己不能满足对方的要求。所有这些都不可避免地导致对方因需要的满足受挫而情绪不快。因此进行负面交往必须面对因此带来的消极情绪，并且要有受到对方敌视的心理准备。但是，这并不等于说负面交往必然导致人际冲突。根据以上分析可以看出，负面交往导致人际冲突的最根本原因是交往对象的尊重需要得不到满足，甚至是自尊受到伤害，才会导致心理失衡而产生对立情绪和言行，导致人际矛盾的产生。这个因素其实正是避免负面交往消极影响的契机。人们提出了若干用于负面交往的技巧，其核心实质上就是一句：尽量不要伤及对方自尊。只要对方感受到你由衷的尊重和善意，负面交往所带来的不快顶多只是遗憾，而不会有仇恨。

二、负面交往与印象管理

人人都希望能在人际交往中给他人留下良好的印象，并会因此调整自己的言行举止。这种试图控制别人对自己形成某种印象的过程，就是印象管理。人们总是希望他人相信自己是某种人，即使自己并非这种人，这就是印象管理的目的。适当的印象管理是人际交往的润滑剂，可以使交往过程更为顺利。由于负面交往易产生人际矛盾，容易与人的心理需要相冲突，所以人们在负面交往时的印象管理行为表现得更复杂。

最为常见的一种情况是：看重人际关系、唯恐与人发生人际冲突的人，会尽量回避负面交往情境；实在回避不了的，就通过印象管理树立一个“与世无争”的自我形象，以避免人际冲突。如与人争执，即使是意见上的分歧，也应尽量作出让步和妥协；对别人的要求尽量做到有求必应，即使有难处，拒绝的话也说不出口；如果实在必须担当批评者的角色，那就尽量淡化其中的对立色彩，先说许多肯定的话作为铺垫，再以委婉的语气指出不足。在交往对象已表现出对自己的不满时，会竭力解释和化解。

这种负面交往中的印象管理的确能在一定程度上避免人际冲突，但其所作所为会给人一个“老好人”的印象，这种印象中的消极成分往往是当事人始料不及的：经常的妥协和过分的谦让会被人看作是缺乏个性和不敢坚持原则的表现。这种行为当时是避免了一些冲突，事后却容易丧失他人对其应有的尊重。

还有一种情况，就是在虚荣心的驱使下，利用负面交往的机会进行表演，刻意显示自己的某种优势，把印象管理作为实现自我提升的手段。所显示的优势可能确有其事，也可能纯属子虚乌有。如在各种场合都喜欢与人“抬杠”，无论他人表达什么观点，他都会提出相反的看法，挑起争辩并以驳倒对方为荣，以向周围的人显示自己的见识过人。还有就是面对他人的请求时大包大揽，夸下海口，不管是否有兑现诺言的能力，只求给人一个神通广大、能耐无穷的印象，并在他人的感恩和恭维中得到自尊需要的虚假满足。这种印象管理行为所带来的效果往往适得其反。在争辩中贬低他人以实现自我提升，以打击他人的自尊来满足自己的虚荣，处处好斗以及逞口舌之利，这些行为都令人极其反感，非但不能博得他人的尊重和钦佩，还因为置他人的自尊于不顾而容易导致人际矛盾。而以对他人的虚假承诺来树立形象的人，最终会面临无法兑现诺言的尴尬，从而失信于人。

其实，在负面人际交往中的印象管理中，最主要的是要给对方自尊上的安全感，表现出自己的真诚，让交往对象感受到善意和尊重，这是负面人际交往中消除敌意、避免冲突最好的印象管理手段。

三、负面交往与心理健康

人际交往与心理健康之间的关系是相互的。人际交往顺利、人际关系和谐是心理健康的标志之一；而心理健康是顺利展开人际交往、建立良好人际关系的前提。负面交往的特殊性决定了其难度更高，要避免负面交往所带来的消极影响，使其不影响人际关系的和谐，对交往者心理健康水平的要求就更高。

首先，负面交往需要有积极的自我评价。自我评价指个体对自己的社会价值所作的判断，是个体自我意识的核心部分，它集中体现着自我意识的发展水平。个体的自我评价有三种情况：一是自我评价适中，表现为自信；二是自我评价过高，过分夸大自己的优点，而无视自己的不足，表现为自大；三是自我评价过低，表现为自卑。面对负面交往中产生的消极情绪和挫折感，要做到能正确理解和归因，需要有足够的自信。而自我意识消极的人，会因不良的自我评价导致对交往情境的错误判断和归因。如被拒绝之后产生的挫折感，有积极自我评价、足够自信的人会理解为期望落空后的失望，将被拒绝的结果客观地归因为对方能力有限或有难处；低自尊的人会因为自己的自卑心态，而将这种挫折感解释为受到贬低的羞愤，将被拒绝的结果归因为自己在对方心目中缺乏价值，由此产生更为消极的情绪。在争辩当中，低自尊者常常表现得格外激动，这是因为他们把争辩的结果与个人的社会价值联系起来，认为落了下风会降低自己在他人心目中的地位。这种缺乏安全感的心态使他们不能心平气和地就事论事。自我评价消极的人会人为地夸大负面交往中产生的受挫感，并可能不理智地将其迁怒于交往对象，从而导致人际冲突。有足够自信的人则不会因为在这类交往情境中自己所受到的待遇而怀疑自己的自我价值，不会产生自尊受到威胁的不安全感，并保持对交往情境和交往对象客观冷静的认识和判断，因而减轻了挫折感和消极情绪的负面影响，较少误会交往对象的动机，所以不易在负面交往中与人产生人际冲突。

其次，负面交往需要更好的同感能力。人际交往过程中不仅需要对他人情绪和情感进行知觉和理解，还需要感受和体验。个体感受他人的情绪，并以适当方式表达出来的过程，就是同感，也叫共情。人际交往中个体若善于在他人产生积极或消极情绪时做到知人之所感，而且感人之所感，就能有利于沟通和交流，促进人际关系的良好发展。负面交往中，双方容易形成立场和情感上的对立，若有良好的同感能力，不仅能真诚地替对方着想，站在对方的立场看待和思考问题，进行换位思考，还能准确地、及时地感人之所感，并把这种同感进行适度的表达，就有助于平复交往对象因负面交往所产生的消极情绪，也更容易达成谅解，最终化干戈为玉帛。

除此以外，负面人际交往还需要个体具有较好的情绪控制能力，才不会因情绪失控而导致言行失去理智，处理负面人际交往情境还需要有良好的角色意识，才能在交往情境中摆正位置，表现出与角色相符的行为，以减少不必要的误会和冲突。总之，负面人际交往情境的复杂和难度，使得个体需要有良好的心理健康才能承受其中的压力、消除其负面影响。

负面交往的成功与否，对个体心理健康的影响也是很大的。负面交往处理得当，会增强个体的自信，提升其自我评价，使个体形成更积极的自我意识。若是处理欠妥，由此引起的人际矛盾会让个体产生焦虑感，影响正常心境，甚至导致个体对自我价值产生怀疑，导致心理障碍。

尽管负面人际交往容易导致一些消极影响，但因其是生活和工作中必不可少的交往方式，是不可回避的。探讨其心理规律，能帮助个体更好地面对这个交往难题。认识负面交往与尊重需要的关系，可以为个体选择正确的交往策略提供心理学依据；认识负面交往与印象管理的关系，可以帮助个体在交往中采取合理的交往行为；认识负面交往与心理健康的关系，可以帮助个体克服负面交往造成的心理压力，保持心理健康。总之，通过对负面人际交往进行心理分析，能为个体的交往行为提供指导，提高交往的成功率，促进人际关系的健康发展。

（资料来源：苟萍，赵雪．负面人际交往的心理分析．四川理工学院学报（社会科学版），2007（2））

6　企业秘书职业规划

【本章要点】

●掌握企业秘书发展前景和路线。

●掌握现代企业秘书职业生涯的管理。

●掌握现代企业秘书职业生涯规划的内容和程序。

●掌握面试的技巧和撰写求职简历的方法。

6.1　企业秘书职业生涯规划

6.1.1　企业秘书的职业分析及发展路线

【案例分析】

案例1：如何从普通小秘书发展为总监助理

丽是个秘书，她的老板是一家外贸公司的营业总监。刚进公司的时候，她对如何做好一个营业总监的秘书感到一片茫然。但她是个聪明人，从进公司的第一天起，就没有把自己定位在一个普通小秘书上，她的理想职位是仅次于总监的总监助理。她一边跟同公司的秘书小姐学习事务性工作，一边注意着总监助理的一举一动，暗暗努力要把助理的那一套学到手。

一般的秘书小姐，面对老板时毕恭毕敬、端茶倒水、一丝不苟，老板一出去开会，就放松下来，偷偷做些自己的私事。而丽一空下来，马上就回想最近几天老板交代的事情，自己有哪几件还办得不够好？自己还有哪方面的不足，需要继续充电？然后利用空闲，与其他公司的秘书交换信息，还打听哪里有新饭店开张，哪家五星级宾馆请了新的法国厨师来献技，这些情报在老板应酬客户的时候都是关键，老板宴请是否得体，常常关系到经营上的战略部署。当然，丽还要在各行各业建立一些自己的关系，以备不时之需。

有一天快下班的时候，老板突然把助理叫到跟前说：今晚有朋友来，我请他们到宾馆吃饭，你去把这事办好。但老天故意捉弄人，偏偏这一天宾馆爆满，订不到位子，急得助理不知如何是好，只有向老板如实告知。丽在一旁得知后说：让我来试试。结果，靠着一点小小神通办妥了一切，并得到老板的赞许。这点功夫若不是平时积累，在燃眉之际是拿不出来的。

一次丽跟老板去见合作伙伴，这天老板要和这位合作伙伴签一个重要的合作合同。丽跟着老板下车的时候，天空飘起了小雨，她故意放慢脚步，悄悄问司机车上有没有伞，司机说没有，于是丽摸出500元对司机说：请你帮忙立刻到附近买一把名牌伞来，尺寸要大些。等老板签完和约从楼里出来的时候，大雨滂沱，丽紧走几步，从司机手里拿过伞递给老板，老板风度极佳地为合作伙伴打起伞，送对方上车，一切漂亮完满，毫不拖泥带水。终于有一天，老板把丽叫到面前，对她说：从下周起，提升你为我的助理，同时担任秘书工作，你一身两职没问题吧？

案例2：闲不住的秘书

芹，36岁，15年前是南京某国营企业的厂长秘书，几经风雨，如今，她已“坐”到了法国某公司驻华首席代表的“交椅”上。此时的她身着黑色套裙，精心打理过的短发让他人看不出她的真实年龄。她坐在宽大的老板桌后面，脸上带着自信的微笑，目光中充溢着机敏和睿智。

芹毕业于南京大学中文系。在大学期间她就颇有远见地选修了管理专业课程，毕业时已拿下了一半的学分。然后她迈进了南京某国营企业的大门，被分配到厂长办公室做秘书。准备材料、写总结、翻译资料……麻利干练的芹不时得到领导的夸奖。繁忙之余，她还积极参加厂工会组织的活动，南京一些艺术团的文艺演出舞台上也少不了她的身影。两年后，芹的外向型性格引起了厂销售部门的注意，于是她开始忙于策划和筹备电视广告、国际展览等大型活动，而这项类似于公关性质的工作使她如鱼得水。

后来，芹的丈夫调到北京，经过一番努力，南京公司把她调到北京分公司任业务经理。芹除了定期向总公司作出市场分析及预测报告外，还谈成了大量的出口贸易合同。期间，他们有了自己的宝贝儿子。至1993年底，芹的丈夫所在单位为芹解决了进京户口，但同时她也失去了原来的工作。

无奈之下，她准备了多份简历到人才市场求职。经过一次不太成功的求职经历后，芹在简历的求职意向上明确标明“执行秘书”。一来希望能与西方专业管理人员共事，在工作中充实自我，积蓄力量；二来为了避免出差以照顾年幼的儿子。很快，在答应接纳她的几家公司中，她选择了欧洲一家著名的贸易公司，出任首席执行秘书（首席代表的秘书）。

说是秘书，其实更像是助理的角色。她如影子一样，站在老板的身后，不被人注意却又永远不可缺少。她尽心尽力地工作，如饥似渴地学习。在这样的环境中，她得到了真正的锻炼。这份工作使她了解了国际化公司的整个运作方式和管理模式。芹这块璞玉开始在雕琢中闪光。现在每当回忆起这段难忘的“充电”经历时，芹会笑说那是她的MBA培训生涯。

但是，到1998年3月，公司的业务量急剧萎缩。此时恰逢美国一家公司盛情邀请其加盟，芹又跳槽进入该公司的销售部做项目经理，从事机械销售工作。这是一个全新的领域，从专业背景到工作经历，都是芹从未涉足过的。但悟性极高又肯钻研的芹凭着自己不懈的努力，在不到一年的时间里就崭露锋芒。她不仅洽谈成数十万美元的业务，还促成了公司与亚洲及美国多家生产厂商的合作项目。

1998年5月，一年一度的国际交易会在广州召开。芹被临时派往与公司有合作关系的法国某公司帮忙。正是这最平常的帮忙，再次改写了芹的职业生涯。

展台上，芹很职业化地忙碌着，和技术专家一道与客户进行技术交流，了解潜在的用户市场，每晚还要整理好当天的参展情况报告。而一同参加展览会的法国公司总裁几天来一直暗暗地观察着，不时与芹就中国市场状况、行业发展趋势交流看法。展览会的最后一个下午，总裁先生让芹坐下来，开门见山地说道："你愿不愿意加盟我们公司，出任在华办事处的首席代表?"望着芹疑惑的表情，他接下去说："我们一直在寻找合适的人选，看到你以后，我们决定停止寻找，因为是你最合适的。你经验丰富，善于与客户沟通，对工作一丝不苟，希望我们能共同工作。"

两个月后，这家法国公司北京代表处正式成立，芹走马上任。现在，办事处已"挂牌"半年时间，从办事处的选址、注册到今天的顺利运作，无不得益于她过去的经验和积累。芹说："经历本身是一笔财富，只有不断学习和充实，这笔财富才能无限增值。"

【问题讨论】

在企业秘书发展路线上，企业秘书应该如何把握机会提升自己？

6.1.1.1　现代企业秘书职业分析

企业秘书是一个使人受益终身的职业，这个职业越来越多地被企业所重视，"有企业的地方就有秘书"，这句话说得一点都不过分，企业秘书是一个引人注目的职业。事实证明，大多数的企业已将秘书岗位作为人才培训的摇篮，而有过秘书工作经历者的升职机会要比企业其他岗位人员的升职机会大得多。

一、秘书职业前景

从一次民营企业对秘书人员的需求调查中得知，在数量上，被调查的民企100%表示需要秘书。在回答今后三年平均每年需要多少文秘专业毕业生时，90%以上的单位选1~2人，另有近10%的单位选了3~5人或更多。这说明民企对秘书的需求有一定的空间。在需求层次上，80%以上的单位选择了中高职毕业生，只有不到20%的单位表示需要本科及本科以上的毕业生。这显示，民企对秘书的需求比较注重实际，一般认为受过文秘中高职层次教育已够用。

从社会对秘书的需求量来看，秘书职业在社会工作中逐步被社会认识和重用。部分企业已经认识到秘书职位的重要性，目前我国从事秘书这一职业的人员虽已超过3 000万，但仍然不能满足市场的需求，可见秘书行业的发展潜力巨大。相信在接受过秘书专业培训后，从事该职业的人员将在市场上供不应求，秘书职业也将得到长久发展，前程必将灿烂辉煌！

二、秘书薪资

根据2005年的抽样调查，当时秘书薪资最高的城市是深圳，平均年薪约4

万元。薪资处于高位的城市为：上海3.9万元，广州3.6万元，北京3.6万元，杭州3.3万元，南京3万元。北部沿海城市为：大连、青岛均为2.5万元。内陆城市为：成都2.3万元，武汉2.3万元，重庆2.1万元，西安2.1万元，长沙2万元。

6.1.1.2　现代企业秘书发展路线

在秘书职业中获得成功是职场成功的一种最基本，也是最稳妥的方法。秘书可以由低级干到高级，秘书的职业路线就是这样一条循序渐进的道路。

一、企业秘书发展路线

企业秘书的发展路线为前台文员——部门文员——经理秘书——总经理秘书——总经理助理——行政总监。

先由文员干起，先在小单位、企业从事一些简单的工作，如接听电话、整理文件、分析客户单据、前台接待、电话接待、部门事务助理等。对于新人来说，这是一个很好的锻炼机会，可以借此熟悉公司的业务，熟悉秘书职业的基本要求，锻炼自己待人接物的技巧。还可以不断留意身边的机会，准备跳槽到更好的单位。

接着就可以考虑在本公司、本单位获得晋级的机会，或者跳槽到别的更大一些的企业或单位。与此同时，通过考试等方式获得中级秘书资格证书，成为中级秘书。

中级秘书包括部门经理秘书、经理助理等处于中层管理者左右的秘书、中小公司的经理秘书。他们的权力和责任相对大一些，所以相对来说也要求更高。中级秘书要求具有很好的处理各种事件的能力，外语水平和计算机应用的能力要更高一些，并要有很好的协调能力和公关能力。中级秘书甚至有可能成为办公室主任，管理一批文员。这时候的薪水自然也高一些。年龄也开始增长，一般在25～35岁，此时最好不要轻易跳槽，而要关心在本单位的发展机会。

随着经验的增长，中级秘书可逐渐向高级秘书发展，如总经理秘书、总裁秘书等。经过前面的训练，各种能力获得了很大的发展。协调、沟通、公关、策划、参谋能力都堪称一流，成为公司离不开的人。

这是在秘书职业内部的升迁，事实上有更多的秘书由于在这一职业里积累了丰富的经验，掌握了丰厚的人际资源，他们可能离开秘书职业，最终成为领导人物，如企业的经理、董事，甚至一些更高的职务。

二、秘书的产业路线

随着我国经济的发展，对秘书无论从数量还是从质量方面都会有很高的要求，对秘书制度化的要求也开始得到重视。

如原劳动和社会保障部决定从1998年开始，在全国开展秘书职业资格鉴定的试点工作。培训鉴定的内容与标准和秘书职业资格鉴定的内容与标准是《中华人民共和国秘书职业技能标准》和《中华人民共和国秘书职业技能鉴定规范》所规定的五、四、三、二级等四个等级的内容与标准。

秘书的产业路线主要有以下两条：

1. 秘书培训之路

可以独立或者与他人合作开办秘书培训班。对各级各类秘书进行系统培训，以提高他们的业务能力。也可以组织出版各类秘书书籍，制作各种读写载体，创办网站，或者与他人联合进行远程网络秘书教育。

2. 秘书服务之路

秘书服务之路指可以创建一个事务所，帮助秘书解决就业方面的事务，或者为秘书提供法律、金融、会计等方面的咨询或者服务。

总之，秘书这一职业是大有前途的，图6－1是秘书的成功路线图。

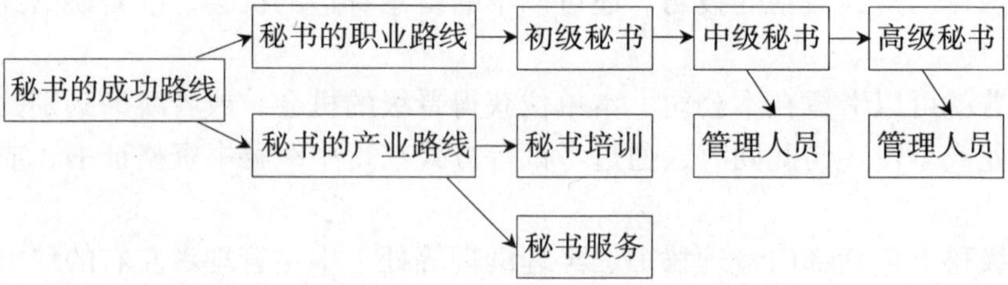

图6－1　秘书的成功路线图

【知识链接：小测验】

秘书自我分析二十条

（1）是不是认为，不一定要当元帅的士兵才是好士兵。

（2）小时候，妈妈如果让你去打酱油、买菜，再到邮局帮她寄信，回来的时候还要帮爸爸取放在朋友处的材料，你是不是习惯很好地计划一下，再有条不紊地完成呢？

（3）当你工作的时候，你是不是说“上帝保佑，又过了一星期”。

（4）当你考虑一个问题没有答案的时候，能不能换个角度，甚至从逆向角度加以考虑？

（5）小时候，你能不能看一天的蚂蚁搬家？

（6）你是不是更喜欢别人拿主意，你照着完成即可呢？

（7）你无意中知道了别人的一个秘密，你总是能很好地保密。

（8）你从小就很喜欢和人打交道，并且深得叔叔阿姨和朋友的喜欢。

（9）你是否在做好一件事情之前，就开始很好地考虑后面的事情？

（10）上学时，你是否尝试过骑自行车长途旅行？
（11）小时候你的朋友如果比你出色很多，你并不嫉妒，相反，你会帮助他做得更好。
（12）当你成功完成一件事情后，功劳却记到了别人头上，你从不会在意。
（13）你从小就是个热心肠的人，喜欢到处张罗。
（14）说真的，你觉得自己虽然不是个作家，但是文笔还真的不错。
（15）你从小就很细致，做事情一丝不苟。
（16）你喜欢和比你强的人在一起，并不觉得有压力。
（17）你有一项了不起的本事，那就是很善于弥补别人或者事情的不足。
（18）你从小就能揣摩爸爸妈妈的心思，因此他们总夸你是个很懂事的孩子。
（19）你的口才不错。
（20）你是不是总在看有些什么事情需要做，不等人说，就主动完成。
如果在上面的问题中你有10道的答案为“是”或“能”，那你就具备了当秘书的潜质。

6.1.2 企业秘书职业生涯的管理

6.1.2.1 企业秘书职业生涯的发展

职业生涯最重要的项目，就是知道什么时候做什么事情。

一个人一生中最重要的关键时期，是28岁到32岁和32岁到42岁这两个阶段。

按照这个说法，我们可以把职业时间规划一下：一个秘书如果从22岁开始，到27岁仍担任秘书工作，那从28岁开始担任执行经理或是某个高层主管的秘书，之后秘书可以升任行政经理，然后可能是行政处长或副总，最后可能成为行政总监或者是特别助理，这样秘书在45岁就可以退休了。

一、秘书工作的最佳转职时间

秘书工作的转职时间大体分为四个时间段：① 工作满6个月；② 1年半到1年零8个月；③ 2年半到3年；④ 5年。5年之后还再做秘书工作的人并不多，大部分人做了5年之后，自然就会转职了，或者是公司给秘书一个很好的机会，去做更高一层的工作；至于工作不满6个月就开始转职，在职业生涯规划里是很可惜的，因为才做了半年，对很多事情还不了解；工作1年半到1年零8个月，会对工作有一点点了解和粗浅的认知；当然，工作2年到3年或者3年到5年的，经历丰富了，对做下一个工作可能会比较好。

所以，秘书工作做了1年半、2年半、5年的时候，比较适合去做其他职业，如果不在这个时间点，最好不要任意转职或者转行。

二、秘书转业或转职的原因

第一个原因是能够自己做老板，自己能够做主人。尤其现在很多年轻人希望成立自己的公司，成就自己的一番事业。第二个原因就是想跳槽，鲤鱼跃龙门，有机会到更好的公司发展。第三个原因是不满现状，一个秘书最不满意的三件事情是：①做很多的档案管理工作；②跟主管沟通困难；③得不到比较高的待遇。其中，不满待遇低是跳槽的主要原因。

在我们转向不同职业的过程中，秘书要综合分析自己的发展路线。主要应考虑以下几个方面：如果要深造就得想读书回来后要干什么？转职的时候，到底要转到哪里？自己到底看重的是什么？为什么要转职？所以每当做一件事情，都要认真地想：我的动机是什么？到底要怎么做？做了之后的结果是不是跟现在的期待有很大的落差？如果有，是什么原因造成的？在检讨的过程中，要怎样纠正，才能使自己有更好的未来呢？

6.1.2.2　企业秘书职业生涯发展应有的过程

秘书发展过程，其实是从一个平台走向另一个平台。没有学习，就绝对不会成长。没有成长，就不会走向新的平台。

历史经验告诉我们，一个变动超过 3 年以上就不是变动了，而是一个平台，所以，要找一个变动的可能性，最好在一年半就开始准备，因为等到 3 年后准备已经来不及了。超过 35 岁的人要明确树立人生的目标，把人生和工作融合在一起。人生的压力分为两部分，一部分是工作，一部分是生活。把人生和生活、工作和生活结合起来的人，才是最快乐的人。

一、秘书的成长途径

秘书的成长途径要注意以下两方面的问题：

第一，记得无论有多忙，都要有停留的时间。

第二，缺什么补什么。今天缺财务知识，就去学财务；将来想要做公关，就去学公关知识。学营销也不错，这也是一个很好的职业；参加社团活动也不错，可以多认识一些人；上网也不错，可以学到很多新知识，有一个更广阔的交流空间。最重要的是每隔一段时间，总结一下，你自己究竟做了多少，还缺多少。

简单地说，职业生涯规划就是走阶梯。每走一个阶梯，都必须要学习，没有人可以走回头路，但是每走一个阶梯的时候，都必须认真停下来想想看，到底为了什么？还要学习些什么？成长到哪一个阶段，是自己认为最有兴趣的，将来哪个阶段可以做得更好？把自己的位置摆好了，才是自己人生的定位，定位不是别人帮你定的，不是别人喜欢什么你就去做什么。

秘书的工作不是永恒不变的，学习就是为了改变自己，改变自己之后才会有更美好的未来。

二、秘书突破点的最佳时期

第一是工作遇到重大的瓶颈不能突破的时候；第二是遇到新的对手，如有更年轻的助理来到你面前的时候；第三是碰到一个很苛刻的老板，指责多于赞美的时候；第四是一个公司改朝换代了，老板换了，新来的老板对秘书工作带来压力的时候；第五是在秘书岗位做了3年，薪水却没有调整，或做了5年秘书，职务还没有升迁；第六是遇到了贵人，一语惊醒梦中人。这些都能让秘书感觉要改变自己。

每一个人都会有不一样的境遇，不断地在变更，不断地在调整。为什么？或许秘书会不断地问自己，工作到底是为了什么？为什么要这么辛苦、这样委屈地做事呢？这时候，秘书可能会作一种更深层次的思考——今天我所做的一切，是不是符合明天的需要？还要再做多少年，我就不用做了？我觉得做这件事情腻了，厌倦了，我是否会做得更好？

6.1.3 企业秘书职业生涯规划的内容

【案例分析】

案例3：迷茫中的张小姐

张小姐2003年毕业于西安外国语学院，毕业后来到珠海某IT公司做办公室文员，凭借她流利的外语和细致的性格，工作总是处理得井井有条。但是，几年下来，她渐渐厌倦了这种整天打字、整理文档、收发传真的工作，年龄和心理等方面的原因，迫使她想改变一下自己的工作，但她却找不到自己的职业发展方向。

案例4：一辈子做秘书吗？

林今年27岁，现担任珠三角某知名进出口贸易公司文秘，工作已经5年了，照理说一切已得心应手的了，但是林近日心情颇不平静，那些刚毕业的学生接二连三地进入公司工作，他们有着朝气蓬勃的脸庞，带着初生牛犊不怕虎的冲劲，有的显然是“皇亲国戚”，这等有利条件对她们而言简直就是如虎添翼，事业更是蒸蒸日上。而自己仍然从事辅助工作，心里很不是滋味，回想当初自己单枪匹马地进这家公司拼搏，闯五关斩六将，那种感觉就如同大海中的一叶扁舟，无论是惊涛骇浪还是狂风暴雨，一路上磕磕碰碰都挺了过来。如今，年龄上的优越感慢慢地离自己远去，一种不平衡感油然而生。展望自己将进入而立之年，还是从事着这份职业，内心交织着与日俱增的惧怕和自卑感，对工作的激情也在这种心理中渐渐磨灭了。

每天早上一睁开眼睛，林就觉得一天的日子非常难熬，仔细一想，她觉得做秘书的日子到了头。事实上，林的收入水平在她的好友看来已经相当高了，不过争强好胜的她认为凭着自己良好的业绩以及资深的经验，完全可以不受他人的压制，为了摆脱现状，映入脑海的只有一个念头——跳槽。那么往哪里跳？到底怎么跳？如何越跳越好？未卜的前途令林又一次陷入了迷茫。她坦言道，自己除了秘书行业，对于别的行业真的是一无所知，另起炉灶的话，也不知道自己适合哪一行。可是，假如不跳，难道面对着后辈们虎虎生威的架势，一辈子甘愿当秘书吗？

案例5：她得了"跳槽"惯性病

28岁的李是个既聪明又漂亮的女孩，却得了个怪病："跳槽"惯性病。从24岁大学本科毕业后，她换过的公司不下10家了。她大学的专业是中文秘书，刚一毕业便被一外企录用，做了市场部经理秘书。刚开始，她觉得工作很愉快，做事很勤奋，深得经理重用。但是，过了几个月，她慢慢发现自己开始厌倦自己的公司，厌倦自己的工作，觉得自己不应该委屈在这样的小公司。于是，她毅然辞职，去了另外一家大公司做总经理秘书。刚开始还可以应付，但是由于她的经验不是很丰富，渐渐地，她觉得自己不能胜任此工作，还算她有自知之明，又递交了辞呈。随后，她又换到一家小公司做总经理秘书……如此反复，这才4年的时间，她都记不得自己换了多少单位了。这不，她刚从一个单位辞职。回想自己这几年的经历，看着周围的同学有的已经晋升为经理，而自己仍然只是一个小秘书。她开始茫然了：这是为什么？下面的路，她该怎么走？

【问题讨论】

1. 案例中张和林的迷茫是因为什么呢？
2. 如何帮助她们解决目前的问题，走出职业的困惑？
3. 案例5中的李工作了4年，为什么还只是一个小秘书？

职场如同一盘迷幻的棋局，每一步都面对很多分岔口，留下？跳槽？转行？转型？每一次选择都是一次理性和感性交织起来的判断，有时更像是一种赌博。选择的时候没有人告诉自己是对还是错，事实上也经常有人哀怨地感叹："假如当初选择了另外一条职业路，状况可能就……"有些人甚至因为一步走差导致满盘皆输。当然，也有人最终找到了发展的职业"高速公路"。要想在职场迷局中突围成功，把握正确的发展规律是关键。

上面案例中张和林的问题，就是典型的"职业迷茫"问题。而造成"职业迷茫"的直接原因就是缺少职业规划，一个科学的职业规划是职场成功的关键因素之一。

科学的职业规划应该包括适合自己的职业目标和职业发展路径两个部分。

一、职业目标

职业目标是职业规划的重点，其正确与否直接关系到事业的成败。寻找适合自己的职业目标，应该从以下四点考虑：自身性格与职业的匹配度；兴趣爱好与职业的匹配度；自身特长与职业的匹配度；所选职业的发展趋势。

从职业目标上来看，上面案例中的林就是缺少清晰明确的职业目标，没有目标也就失去了发展方向，造成她不知道该做什么工作。所以她要摆脱目前的状态，必须先确定自己的职业目标。

二、职业发展路径

确定了目标之后，就是职业发展路径的问题了。职业目标的不同决定了发展路径的不同，以林为例，如果把行政管理作为职业目标，目前的文员工作是比较符合这个目标的发展路径的，可以算是行政管理工作的第一步。文员（初级秘书）——行政助理（中级秘书）——行政主管（高级秘书）——行政经理——行政总监，可以算是一条很清晰的发展轨迹。

6.1.4 企业秘书职业生涯规划的基本原则

个人职业生涯规划设计应该遵守以下准则：

（1）择己所爱。从事一项你所喜欢的工作，工作本身就能带给你一种满足感，你的职业生涯也会从此变得充满乐趣。兴趣是最好的老师，是成功之母。调查表明：兴趣与成功几率有着明显的正相关性。在设计自己的职业生涯时，务必注意：考虑自己的特点，珍惜自己的兴趣，择己所爱，选择自己所喜欢的职业。

（2）择己所长。任何职业都要求从业者掌握一定的技能，具备一定的能力条件。而一个人的一生不能将所有技能都掌握，所以在进行职业选择时必须择己所长，从而有利于发挥自己的优势。运用比较优势原理充分分析他人与自己，尽量选择冲突较少的优势行业。

（3）择世所需。社会的需求不断变化着，旧的需求不断消失，新的需求不断产生，新的职业也不断产生。所以在设计你的职业生涯时，一定要分析社会需求，择世所需。最重要的是，目光要长远，准确预测未来行业或者职业发展方向，再作出选择。

（4）择己所利。职业是个人谋生的手段，其目的在于追求个人幸福。所以在择业时，首先考虑的是自己的预期收益——个人幸福最大化。明智的选择是在由收入、社会地位、成就感和工作付出等变量组成的函数中找到一个最大值。这就是选择职业生涯中的收益最大化原则。

6.1.5 企业秘书职业生涯规划的程序

6.1.5.1 职业生涯规划前的准备工作

要做好职业生涯规划，首先要全面分析自我、了解自我。下面是两种了解自我的办法。

一、W 分析法

（1）How do you think about you？首先问自己，你是什么样的人？这是自我分析过程。分析的内容包括个人的兴趣爱好、性格倾向、身体状况、教育背景、专长、过往经历和思维能力。这样可对自己有个全面的了解。

（2）What do you want？你想要什么？这是目标展望过程。包括职业目标、收入目标、学习目标、名望期望和成就感。特别要注意的是学习目标，只有不断确立学习目标，才能不被激烈的竞争淘汰，才能不断超越自我，登上更高的职业高峰。

（3）What can you do？你能做什么？自己的专业技能何在？最好能学以致用，发挥自己的专长，在学习过程中积累自己的专业相关知识技能。同时个人工作经历也是一个重要的经验积累。要学会判断你能够做什么。

（4）What can support you to your job？什么是你的职业支撑点？你具有哪些职业竞争能力？你的各种资源和社会关系，包括个人、家庭、学校、社会的种种关系，也许都能够影响你的职业选择。

（5）What fits you the most？什么是最适合你的？行业和职位众多，哪个才是适合你的呢？待遇、名望、成就感和工作压力及劳累程度都不一样，关键看个人如何选择。选择最好的并不一定是合适的，选择合适的才是最好的。回答这个问题要根据前四个问题的答案。

（6）What can you choose at last？最后你能够选择什么？通过前面的过程，你能够作出一个简单的职业生涯规划。机会偏爱有准备的人，做好了你的职业生涯规划，为未来的职业做好了准备，当然要比没有做准备的人机会更多。

二、SWOR 分析法

SWOR 是“优势、劣势、机遇、威胁”四个英文词语的第一个字母的组合。优势：学了哪些、做过哪些、最成功的是哪些、忍耐力怎么样；劣势：性格弱点、经验或经历中欠缺哪些、最失败的是哪些；机遇：现在的就业方式、各种职业发展空间、社会最急需的职业；威胁（挑战）：专业过时、同行竞争、薪酬过低。

通过以上的简单步骤，仔细分析就业方式与自己能力的匹配情况，个体就可以设计职业生涯规划了。根据不同的情况，个体可以制订一个整体生涯规划，作为纲领性长期规划；或者制订一个3～5年的生涯规划，作为一种发展的中期规划；或者制订一个1年的生涯规划，作为一个可操作性强、变化较小的短期规划。有了规划，生活就有了目标，就不会迷失前进的方向。尤其要注意的是，职业生涯规划是人生规划的主体部分，是与个人、家庭和社会生活结合在一起的，是和个人追求幸福生活密不可分的。所以制订职业生涯规划，要与个人人生目标结合起来，要把职业生涯与家庭、社会生活结合起来。

6.1.5.2 职业生涯规划的步骤

第一步：设定目标

1. 目标不是唯一的
2. 目标要分层次、分阶段
3. 近期目标要明确、可行

第二步：可行性研究

1. 社会环境分析和职业分析
2. 行业分析和企业分析

（1）行业分析。

▶行业环境分析，包括对目前行业和将来想从事的目标行业的环境分析；

▶分析内容包括行业发展现状、国际国内重大事件对该行业的影响、目前行业优势与问题所在、行业发展前景预测等。

（2）企业分析。

▶企业在本行业和新的发展领域中的地位和发展前景；

▶企业产品在市场上的发展前景；

▶企业实力；

▶企业领导人；

▶企业文化和企业制度。

通过对企业的分析，得出结论，自己对企业发展战略、企业文化和管理制度的认同程度，企业组织结构发展的变化趋势，与自己有关的未来职务的发展预测。

3. 个人分析和角色建议

了解自己的目前状况和发展潜能，找出对自己影响重大的人，认真听取他们的建议；

找一些测评机构对自己进行潜能测评；

根据测评结果分析出最适合自己的角色。

第三步：设计方案

1. 确定职业目标

职业目标的具体指向有：选择大单位还是小单位；大都市还是小城镇；东部、中部还是西部等。

2. 确定成功标准

（1）外职业生涯成功包括以下两方面：①职务。如果预期的职务没有得到是不是失败？对于进取型的人来说这就是失败，对平衡型的人来说未必是失败。如果得到预期的职务是不是代表全部的成功？②金钱。多大年龄时收入是多少才算成功？怎样挣钱才算是成功？

（2）内职业生涯成功包括以下四方面：①如何检验心理素质的提高？②如何体现能力上的成功？③如何检验学习新知识的水平？④职业与家庭。家庭生活相对职业生涯成功的关系及重要程度如何？你把自己的家庭和职业生涯放到怎样的位置上？

第四步：制订详细的实施计划和措施

（1）了解自己在观念、知识、心理素质与能力方面与目标要求的差距；

（2）根据差距选择教育培训、讨论交流、实践操作的方法；

（3）确定实施步骤和完成时间。

6.1.5.3　职业规划书的撰写

（1）题目。包括姓名、年限、年龄跨度、起止日期。

（2）职业方向及总体目标。

（3）社会环境分析结果。包括对政治环境、经济环境、法律环境的分析，还包括职业环境分析。

（4）组织分析结果。包括行业分析、对组织制度、组织文化、领导人、组织运行机制、发展领域等的分析。

（5）自身条件及潜力测评结果。

（6）角色及其建议。记录对自己职业生涯影响最大的一些人的建议。

（7）目标分解及目标组合。

（8）成功的标准。

（9）差距，即自身现实状况与实现目标要求之间的差距。

（10）缩小差距的方法及实施方案。

【知识链接：参考例文】

精诚所至

——我的职业生涯规划

一、前言

有目标，才会有动力；有方向，才会有道路。选对了道路，才能接近我们心中的目标。精诚所至，金石为开，我相信，无论目标多么远大，只要事先规划恰当，做足了准备工作，就能一步一步接近目标、实现目标。

职业生涯规划有助于我们正确定位在一个最能发挥自己长处的位置，以便我们能最大限度地实现自我价值，完成自己的目标。我相信，只要认认真真地做好这份规划，显示我的“精诚”，就能够得到“金石为开”的结果，就能够完成自己的梦想。

二、自我资源状况分析

（1）兴趣爱好：读书、整理文件、写日记、摄影、听音乐、逛街。

（2）优势与优点（略）。

（3）劣势与缺点（略）。

（4）生活中的成功经验（略）。

（5）生活中的失败教训（略）。

（6）解决自我分析中的劣势和缺点（略）。

三、职业道路设计

（一）职业方向选择

我借鉴了网上职业生涯规划的测试方法，选择了霍兰德职业倾向测验量表，并对其中的相关内容进行了认真的测验，从而初步得出了自己的未来职业取向。以下为测验结果：

（1）心目中的理想职业（专业）：公务员、秘书、影像编辑。

（2）职业能力倾向测试结果分析。

本人所适宜的未来职业倾向类型主要为行政事务类。据此拟定的发展方向是：秘书——行政主管——从政。我不能估计在自己职业的道路上能走多远，我只能要求自己先走好秘书这一步。

（二）对选定职业的分析

1. 什么是秘书

秘书（略）。

我国外资企业秘书分三类（略）。

我认为秘书就是为上司创造最佳工作环境的人。

2. 秘书行业的市场情况

A. 业内状况：有一半的秘书从业者对现状并不满意，80% 以上的秘书月薪在 3 000 元以下。

B. 竞争环境：目前我国秘书从业人员约2 300万人，在职介所登记求职的20～40岁的女性当中，有将近50%的求职者希望获得秘书、文员、文秘、助理等职位。参加劳动和社会保障部举办的秘书职业资格鉴定的人数已达23万多，但在17万通过认证的人中，真正经验丰富、职业素养很高、掌握多种技能的复合型秘书可谓凤毛麟角。

C. 市场需求：据智联招聘网调查的职位信息显示，北京地区2005年4月，秘书和办公室管理人员的招聘职位空缺数量是5 296个，比去年同期5 224个职位需求上升了1.4%，秘书职业竞争热度下降了将近28个百分点。中国高教秘书学会副会长范立荣说，现在企业选聘秘书最看中的是工作经验和实际能力。

D. 最有前景的职业要求（略）。

3. 秘书到底做什么

具体而言，包括：

（1）整理办公室（略）。

（2）收集信息（略）。

（3）上司的保健（略）。

4. 如何做成功的秘书

（1）思想素质（略）。

（2）心理素质（略）。

（3）业务素质（略）。

（4）身体素质（略）。

（5）外表（略）。

（6）礼仪（略）。

5. 秘书职业发展前景（略）

四、走好职业每一步

（一）总体规划—时间管理（略）

（二）知识储备（略）

（三）心理准备（略）

（四）应变准备（略）

五、我的具体规划

（一）成功标准（略）

（二）实施步骤

1. 2006—2009年，知识储备期

（1）大二目标：提高基本素质（略）。

（2）大三目标：提高求职技能、搜集公司信息（略）。

（3）大四目标：工作申请，成功就业（略）。

2. 2009—2014年，熟悉适应期

（1）个人发展、人际关系（略）。

（2）生活习惯、兴趣爱好：制定生活时间表，约束自己严格执行（略）。

3. 2014—2024 年，稳步发展期

完成主要内容（略）。

4. 2025—2045 年 事业有成期

完成主要内容（略）。

5. 2046 年以后，发挥余热，享受生活期

注重修养身心，回顾整理我一生中走过的路，总结经验教训，能推广则推广，不能推广则自娱自乐。

六、结束语

我知道，计划赶不上变化，但我亦知道立长志的重要性。没有规矩，不成方圆，若想成功，必得毅力。路在脚下，也在心中。

6.1.6 如何开始你的企业秘书生涯

【案例分析】

案例 6：第一次当文员

从没有想过工科出身的我做了文员。但应聘到新未来公司，两个月的办公室文员的工作，让我不得不感谢公司给了我这样一个工作平台。

办公室的工作，从分发报纸到复印、打印，从文件的收发到档案的管理，虽烦琐，却不需要掌握任何特殊的技能就能完成，每一件事看起来都很简单。然而真正的实践才会让你对文员工作改变看法，才能体会到工作中每一件事都必须做细才能做好。拿文件的打印和发放来说，文件内容中一个同音的别字，就足以改变原来所要表达的意思；一份字体、字号使用错误的文件，甚至可以影响整个公司的形象。所以文员的工作只有深入到其中，才能体会到它的酸甜苦辣，才知道文员的工作并非想象的那么简单，它是一个需要用专心、细心和责任心才能完成的工作。

老子曾说："天下难事，必做于易；天下大事，必做于细。"意思是若想成就一番事业，必须从简单的事情做起，从细微之处入手。一心渴望伟大、追求伟大，伟大却了无踪影；甘于平淡，认真做好每个细节，伟大却不期而至。

文员的工作就是这样一个简单而细微的工作，也正是文员工作让我从中体会到了细节的重要性，认识到不管做什么工作，都必须从细节做起，做好细小的每一步，如果做不到这一点，可能就会因为"一小点"问题而影响全局的工作成果。从文员做起，从做好文员起，我相信属于我的"伟大"会不期而至。

【问题讨论】

案例中的文员工作给了你什么启示?

第一次当秘书，正式踏进了办公室，开始秘书职业生涯，必须要注意以下几方面的问题。

一、注意第一印象

(1) 快乐，不要愁眉苦脸，保持快乐的情绪。新人进入新环境，时刻被人注意着，善待工作的每一天，是职业发展进步的阶梯。

通常来说，适应新的工作环境需要三个月的时间，而组织往往也是通过这三个月的见习期来作出初步评判决定去留的，这就是为什么许多企业都将三个月定为实习期的原因。这是一个新秘书树立形象、打开局面至为关键的三个月。

这期间给别人留下的印象良好、富有工作魄力，可能就会受到重视，闯出自己的一片天地来；若留下一个坏印象，如“懒散拖拉，工作不专心努力”，可能会在组织中很久都翻不过身来。在进入组织之初的双方磨合过程中，必须有个深刻的、清醒的自我认识，不妨时时提醒自己注意融入组织之初的言行举止。

(2) 注意形象，化淡妆上班。

(3) 注意自己的礼仪礼节。

二、尽快融入组织文化

(1) 了解公司的组织文化。每个组织都有自己明确的文化体系或不成文的规则，了解这些“规则”有助于加快你的适应和发展，也只有认同组织文化，才有彼此协同发展的可能。

组织文化不是组织的口号，它需要组织中每个成员的学习和认同。文化最初是一个理念，然后通过种种机制，正式变为每一个成员的行为。如著名的思科公司，为实现“客户满意是我们第一大责任”的组织文化理念，每年都聘请顾问公司进行调查，打分，结果直接关系到职工的薪水，长期下来理念就慢慢形成了文化。对于一个只有五六个人的公司来说，很容易形成默契，企业文化的形成比较容易，但一个有 5 000 或 5 000 名以上职工的公司，只有靠制度才能将每个人联系起来。

作为第一次当秘书的新人，必然是第一次进入这个组织，所以必须尝试了解组织的文化是怎样的，并将它们贯穿到工作实践中去。只有这样才能在第一次当秘书的时候不至于找不准工作的方向。

(2) 学会观察，特别是了解某些针对个人修养和职业道德的不成文规范。为了能够尽快地融入组织，必须学会观察，特别是了解某些针对个人修养和职业道德的不成文规范。如不深入了解这些游戏规则，你会在日后的工作中碰钉子，而且可能永远也意识不到你犯了别人接受不了的错误。或许你在招聘面试时就已感受到了这些，但真正领会组织的价值观和行为准则，则需要花几个月的时间。

（3）对职工手册上的组织规章制度，也需要一个渐进的过程才能深刻理解。需要着重弄清的几点是：企业文化的精髓是什么？对职工的要求有哪些？哪些规章制度被严格地遵守着，哪些没有？不成文的规章制度又是什么，作用如何？如果违反会有什么后果？所有这些都必须通过工作实践理解。

三、了解企业的组织结构，部门职能责任，自己的工作要求

（1）了解公司的组织结构。如公司有哪些部门，它们具体负责什么业务，公司有哪些分支机构。

（2）了解公司的经营方针和业务流程。对整个公司有个通盘认识，会对日后的工作很有帮助，利于尽快学习业务知识。

（3）对自己公司所属行业和市场应有一定的了解，包括同行业厂商的数量和分布、总产量、大致价格、本公司的主要竞争对手、它们开发的新技术或新产品、整个行业的发展趋势等。

四、建立良好的人际关系

美国人际学家卡耐基曾经说过：良好的人际关系是一个人成功的重要因素。波士顿心理学家哈里也曾说过，商业圈里很多聪明能干的才子佳人最终失败的致命原因是他们不讲求合作。现在是个强调协作制胜的时代，单枪匹马闯不出大名堂，因而要合作、合作再合作，并切实地作为自我工作的信条。

在每家组织中都有一些爱说长道短的人丰富着办公室生活。一般新人刚到任，可能就有热心肠的大姐、大叔等说本单位的是是非非，甚至同事间的隐私、矛盾和冲突等，对待这样的情形，应当多听，因为有些是可以听进耳内的；少说，最好是不说，不要那么快表态。因为刚进公司，不了解事情的来龙去脉和组织内部人事关系的深浅，应当凭借自己的观察来作出理智的判断。

五、勤奋地工作

设法让自己忙碌起来，平时手里没有活的时候，可翻阅一些与工作有关的文件、档案资料，收集整理一些有关的资料以备后用。对于第一次当秘书的新人，最关心的就是如何在办公室里站稳脚跟，取得领导、同事的信任，而要做到这点，最关键是勤奋地工作，除此别无他法。

对于领导交办的工作任务，应尽心尽力，力争高效、高质量地完成。这对能否留下良好的第一印象至关重要。

六、积极主动，不懂的地方主动向老同事请教

【知识链接：小测验】

第一次当秘书自问六条

（1）我当秘书到底是什么目的？

是为终身从业，还是将其做为跳板呢？

（2）我当秘书的最大动机是什么？

是因为别无选择，还是为了更好的发展前景？

（3）我当秘书最喜欢什么呢？

是多做基础工作，还是多和领导打交道？

（4）我当秘书最怕什么呢？

是怕担责任，还是怕被领导呼来唤去？

（5）我当秘书的最大障碍是什么？

是缺乏兴趣，还是没有经验？

（6）我当秘书的最大优势是什么？

是反应灵敏，还是别的什么？

6.2 企业秘书求职准备

【案例分析】

被动等待，坐失良机

浙江某单位向学校发布了要来校招聘大量人才的信息，校就业指导中心迅速公布并电话通知了各学院。各学院反应不一，有的学院书记亲自打电话与对方联系，推荐自己符合条件的毕业生，有的则主动邀请对方到学院来选毕业生，有的则用特快专递寄出了学生的推荐材料。与此同时，部分同学却在等待面试通知，认为反正该单位要来校招聘，等来了再投材料也不迟。后来，这个单位真的来了，人事部门负责人却非常抱歉地说："真对不起，其实，我们几天前就已到贵校，但刚跨进贵校就被贵校某学院盛情'拦截'而去，晚上住在贵校招待所，闻讯而来的毕业生一拨又一拨，结果我们的计划提前录满了。"在场的毕业生后悔不已，机会就这样在等待中错过了。

【问题讨论】

案例中的错失良机给了你什么启示？

6.2.1 企业秘书求职现状

秘书类职位，总给人以这样的印象：光鲜的外表、轻松幽雅的办公环境、不错的薪资。正是这个看上去似乎人人都可胜任的岗位却在就业市场遭遇尴尬：求职者找不到工作，用人单位招不满人。近日，职场专家剖析：问题症结在于大部分秘书岗位求职者尚未“达标”，在知识结构上还需“进补”，成为“1+X”的人才。

1. 秘书就业市场也有泡沫

在应聘人眼中，秘书类职位的入职条件似乎只要电脑的办公自动化操作熟练、有一定文字能力便可以胜任了。然而从劳动保障部门的分析可以看出，表面上供远大于求的秘书就业市场存在着很大的“泡沫”。

从2006年的珠三角劳动市场就业市场数据分析，随着珠三角市场经济的发展，行业与岗位需求呈现多元化的趋势，但秘书类职位是各类企业共同的需求。

有关调查指出，秘书类岗位的供求比例是10：1，但从实际录用的人数来看，此类岗位的满足率约为42%，由此看来很热门的岗位最终的满足率却不是很高。

2. 要达标还需“进补”

从市场需求来看，秘书岗位日渐趋向复合型，对应聘人员的综合技能提出了更高的要求，也就是说企业招聘秘书类岗位时不仅考虑应聘人员的基础条件，更注重其专业知识和技能。对于销售/采购/外贸秘书岗位，大部分企业需要应聘人员有单证操作或进出口操作等相关经验；对于计算机的操作不仅局限于办公自动化，更看中专业系统的操作能力，如SAP、ERP等；对于财务秘书，企业希望应聘人员除了有秘书经验外，最好能拥有与财务有关的专业知识或证书，此类岗位内容包括辅助财务做好日常的资料录入、处理、整理工作之外，还需要填写支票和贷记凭证、制作财务明细等工作，有时还需要辅助财务到银行处理一些日常事务。

职场专家认为，面对企业如此细化和专业化的岗位要求，需要应聘秘书类岗位的人员主动适应，不断“充电”，具备自己的专长。求职者如果能具备“1+X”的技能，不仅能在众多应聘者中脱颖而出，更能延长自身的职业生涯。

6.2.2 企业秘书求职准备

一、心理准备

寻求职业前必须对自己的心理素质有一个正确的认识，同时结合秘书职业的素质需求和自己的志向、兴趣、气质、性格和能力来进行全面的综合分析。

首先，面对择业，每个人的心理是复杂多变的。做好充分的心理准备，积极参与竞争，勇敢地迎接挑战，在择业过程中是非常重要的。

其次，在择业时要知己知彼。知彼就是了解目前的社会环境和工作单位，正确认识面临的就业形势，了解企业需要什么样的秘书。知己就是实事求是地评价自己，对自己有个正确的认识。要客观、正确地认识自己的优点和缺点，自己的性格、爱好和特长是否与秘书职业的素质要求相符合。

二、实力准备

秘书工作主要是“三办”，也就是办文、办事、办会。对于求职秘书工作的人，在求职之前必须充分掌握“三办”的真正技能要求，还需在求学期间参加国家秘书技能考证，这些条件是秘书职业所必须具备的。

三、材料准备

求职材料应包括个人履历、求职信、成绩单、计算机等级证书、技术等级证书、职业资格证书、各级荣誉证书、其他相关资料等内容。个人履历包括基本情况、社会身份、期望薪酬、求职意向、教育背景、外语及计算机水平、所获奖励及荣誉、实践经历、其他个人特长及爱好、自我评价等。

四、信息准备

信息准备指在寻求职业前必须掌握一定的求职知识。一方面要充分了解职业的一些法律法规、职业介绍的手续或程序，以及有关的用工政策；另一方面要及时掌握有关招聘或用工的信息，以便自己多渠道地选择职业，尽快地找到理想的工作。获取信息的途径很多，如借助学校张贴的用工信息，通过用人单位的企业网站查询等。

6.3 企业秘书求职技巧

【案例分析】

案例1：成功道路永不重复——三天两次的秘书求职经历

大学期间，我学的是文秘。所以毕业时，我决定找一份与秘书有关的工作。

招聘会上，我好不容易相中一家公司，却发现该公司的招聘展台围满了前来应聘的人群。大家奋不顾身地往展台挤，还不断给招聘人员投简历。不一会儿，小小的展台便堆满了厚如小山似的简历。那位瘦个子招聘人员虽是手忙脚乱不停地整理，可还是抵挡不住拥挤的人群投递过来的多如雪片的简历，一会儿便乱成一堆，散成一片。

在拥挤人群中搏出一条血路的我，费了好大劲才挤到前台。晕头转向的我把自荐书递过去后，正欲作一番排山倒海似的自我推销。忽然，耳边一个清脆的声音传来了：“老师，您需要帮忙吗？我来帮你整理简历吧？”我定眼一看，是我身边一位被挤得趺趺撞撞的长发飘飘女孩的声音。我狠狠地瞪了她一眼，别在这儿打岔坏我的好事了，人家才不吃你那一套呢！

没想到那位招聘人员紧锁的眉头忽地一展，连忙点头说："好好好，你过来，我正需要人手帮忙呢！忙了这大半天，还是第一次听到这么体贴的问询。"

应聘结果不言而喻，那位适时卖乖的女孩就凭那一句体贴的问询，使她在众多求职者中脱颖而出被录用了。当那位瘦个子招聘人员用一句"一个合格的秘书必须眼里有活"来回绝我时，我气不打一处来：眼里有活，你们需要人手，多来几个人不就得了。

欣慰的是，无功而返的我于第二天，接到了另外一家我看好的单位前去复试的通知。

第三天，我精心作了一番准备后，便早早赶到了那家单位。一踏进该公司的大门，我就倒抽了一口凉气。情形和昨天如出一辙。应试大厅人山人海，噪声鼎沸。

经过几个小时的漫长等待，终于听到工作人员叫我的名字了。我迈着轻快的步子穿过人群，来到了应试台。不料，在见到那位肥头大耳的主考官后，细心的我发现，由于炎热的天气，加上应聘者无休无止的喧闹以及一堆堆凌乱、散杂的自荐书，体态臃肿的他已明显露出了一种心烦意乱的疲倦表情。

见状，我灵机一动，赶忙上前对正要决定暂停当天招聘的工作人员说："老师，您需要帮忙吗？我来帮你整理简历吧！"这可是我前天刚学来的应聘绝杀技，保证管用。我正要对自己的小聪明暗自窃喜，不料，却看见那位胖胖的主考官对我不耐烦地大手一挥，凶巴巴地说："你烦不烦呀，还要给我添乱。"

真是见鬼了，明明是管用的绝杀技，而且已有例为证了，怎么到我身上会是这种结果呢？我悻悻地转身欲走。忽然听见一个清脆响亮的声音在大厅回荡："如果大家想给自己一个机会，就请大家安静，自动维持秩序。"话音刚落，大厅还真一下就安静了下来。我定眼一看，唉，又是一位长发飘飘的女孩。在长发女孩的组织下，应聘者自动有序地排起了队。很自然的，招聘会又继续进行了。

在我面试完后，考官对我说：作为一个秘书，眼里有活当然是好事。但一个优秀的秘书仅眼里有活是远远不够的，她还必须具备找适当、有用的活儿的能力。你怎么就没想到帮我维持秩序呢？考官的一席话提醒了我，是呀，我怎么就没想到呢？

这时，主考官把那位正在维持秩序的长发女孩叫了过来，当众问她为什么这样做。长发女孩说："没啥，这是一个应聘者应该做的小事。我只不过觉得你现在最需要的是安静。有了安静的环境，你才会有清醒的头脑，才能更好地考核应聘人员。"

主考官赞许地点了点头说："好，我的下一道考题就是，你能使那些排队的应聘者离开这儿吗？"主考官话音刚落，那些知趣的应聘者纷纷作鼠状奔逃离散了。

三天内的两次求职，我经历了两次不同的求职经历，使我认识到：成功的道路永远不会重复，只有沿着一条适合自己并且与众不同的道路，才能走向成功。

案例 2：秘书求职的态度

大学毕业工作了一年的一个女孩前来应聘一个秘书的职位，当时面试已近尾声，双方都谈得很愉快。此时主考官又多问了一个问题："你认为对你来说现在找一份工作是不是不太容易，或者说你很需要这份工作？"按常理，如果她当时回答"是的"，一切便大功告成。但这位女孩可能为了体现她的不卑不亢，便回答说“我看不见得”，这一下使当时在场的用人单位的人事经理顿时打消了录用她的念头，理由是“此人比较傲”。

案例3：招聘接待处女秘书

一家有名的外资在华投资企业，需要招聘一名公关部接待秘书。

在历经了招聘过程的过五关斩六将之后，一位取得了电子工程学士学位的漂亮女孩终于进入了冲刺阶段——与另一位同专业同学历同学位同样相貌出众的女孩接受考官的面试，漂亮女孩对自己很有信心。经过面试，考官对她表示满意。机会已经在她眼前。考官当即代表公司通知漂亮女孩，可以在下周一来公司报到。问她：“你还有什么要说的吗?”漂亮女孩面对这一突如其来的决定，有些不知所措，不由对考官说：“这事儿我得跟爸妈说说。”考官听了不由一愣，然后显得很平静地说：“好吧，那你就跟你爸妈说一声。”第二天，漂亮女孩来到公司告诉考官说：“爸妈同意我下周一来这儿上班。”考官十分遗憾地对她说：“对不起，你可以到别的地方去试试，我们这里已经有合适的人选了。”漂亮女孩为此傻了眼，问：“这是为什么?”考官对她说：“我们这里需要有主见的人才。”于是，一个很好的机会就在漂亮女孩的眼皮底下悄悄地溜走了。

【问题讨论】

1. 案例中几个求职者的情况给了你什么启示?
2. 如何在众多的应聘者中脱颖而出，得到秘书这一职位?

6.3.1 求职简历的设计

6.3.1.1 求职简历的设计技巧

简历是求职者常用的一个工具。在毕业生的求职过程中，简历是获得面试机会的重要工具。

一、简历的关键点

简历最重要的是要有针对性。针对性有两层含义：一是简历要针对你所应聘的公司和职位；二是简历要针对你自己，突出自己在大学的亮点。

写简历前应将自己在大学的学习、社会工作和生活仔细回想一遍，写下有亮点的事情。如成绩优秀，获得过奖学金或者获得过什么竞赛奖励等；如参加过学生会工作、学生社团工作，到哪些单位实习过，组织过什么活动，取得了什么业绩等；如自己在大学里做过什么有意义的事等。找出自己与众不同的地方，找出能反映自己良好素质的成绩或实践活动。

然后根据所应聘的岗位和公司进行一定的筛选和修改。如果是应聘技术型的工作，重点要突出你的专业成绩、实践能力、团队精神等。简历上应该体现出你的专业成绩，如曾经做过的与应聘岗位有关的项目及所取得的成绩，或在专业刊物上发表的论文；另外，也可以稍加一点你参加的社会活动，表现你的团队合作精神。如果是应聘销售类的工作，要重点突出你的沟通能力、人际交往能力和不服输的精神。简历上应体现你的社会活动业绩，如你曾经做过的兼职，以及你因为坚持和毅力而取得的成绩等。

二、简历的主要要素

一份简历至少要包括以下几个方面的内容：

（1）应聘的岗位或求职期望。

（2）基本信息：姓名、性别、联系方式（邮寄地址和邮编，联系电话，电子邮件）。最好留下手机号码并保持手机畅通。

（3）教育背景：最高学历，毕业院校，专业。

（4）与应聘岗位需求素质有关的表现、经历和业绩等，最好主题突出，条理清楚地写下来。

（5）最后，可以附上有关证明材料的复印件，如获得奖学金、优秀干部、专业资格证书和发表的论文的复印件，以及实习鉴定的复印件。

三、简历的形式

形式上要整洁、美观。

一般不需要太多，关键是要突出重点。上述 1～3 项内容最多只能写 2 页 A4 纸，一般要打印出来，字体为五号或小四号。

一般岗位的简历不需要太花哨，关键要有内容。对于一些特殊的岗位，如设计类、公关类、策划类的岗位，简历可以做得别出心裁，与众不同。

总之，简历的重点是自己的亮点与应聘岗位匹配，在写简历的时候不要忘记，简历是展示自己特点而获得面试机会的重要工具。

6.3.1.2 求职简历设计的注意事项

一、版面要精心设计

打开一封求职信，如果第一眼就能给人赏心悦目的感觉，那会使人不禁多注意一眼。排版精美，打印的字体选用得当，疏密有致，这样的简历肯定"讨人喜欢"。由于复印稿的效果可能不理想，所以投寄的简历应尽量少用复印稿，否则会使效果大打折扣。

二、顺序要精心编排

按照时间顺序书写是最常见的简历编排方式，简历内容按照一定的类别和时间归类罗列，如教育背景、工作经历、外语水平、专业技能等。按照此种方式去书写的简历，很容易让招聘者了解你的背景。另一类较常见的简历，是按照技能或特长书写，重点突出你所掌握的技能。如果你是跨行业应聘职位，或者你因某种原因致使工作时间中断，此时按技能或特长书写简历，让招聘者注意到你的技能和特长，然后预约面谈，这样可避免招聘者在阅读你的简历时对你的简历提出疑问，如更换行业工作的原因是什么？为什么没有2004年至2006年的任职记录？另外，将时间顺序和突出技能和特长两类简历书写方式相结合，这种方式也很常见。当然，还有其他多种书写简历的方式。

三、篇幅要精心剪裁

有的求职者在求职简历上加上封面、目录、证书复印件等，厚厚一叠，让人感觉"包装"过了头。由于企业人力资源部门收到的简历数量较多，极少会有耐心去逐字逐句地阅读，所以求职者要在最短的时间里把自己"推销"出去，太长了反而显得累赘，一般一两页就足够了。

四、精心了解职位的要求

每投寄一封求职简历肯定是针对某一职位而言的，所以内容应当围绕这一职位进行叙述，详略得当，决不能浮光掠影、毫无生气。"万金油"式的求职简历肯定难以在求职过程中奏效。

因此，每位求职者在投寄简历之前都要认认真真地思考一下：我这封求职简历是最好的吗？

【知识链接：参考例文】

本人概况

姓名：××× 性别：女

民族：汉 政治面目：团员

学历：大专 专业：公关文秘

联系电话：12345678或1390001234

e-mail：2345@163.com

联系地址：北京市东城区××大街10号 邮编：100007

教育背景

毕业院校：南开大学中文系

所学课程：秘书学、文秘写作、公关实务、谈判学、人际心理学、公共关系、公关语言、应用写作、政治经济学、哲学、外国文化史、档案管理学、中国文化史等

其他培训情况

自修过许国璋英语一至四册。现正攻读行政管理本科学历和英语双学历。且本人有驾驶执照。

工作经历

1995 年 5 月——1997 年　　× ×公司前台接待

在此期间工作认真负责，深受领导和同事的好评。

1997 年 6 月——至今　　× ×公司办公室秘书

职责：负责文档管理工作/文书写作、文件打印等/机票、酒店预订及其他外联工作/协助负责人进行重要日程安排/协调同其他各部门的关系，做好沟通工作/收发来往信件，订购办公用品及其他办公事务。

个人简介

多年的行政工作，使我深深体会到秘书工作的重要性，更喜欢上了这份工作。这是一个需要更多责任心和细心去完成的工作。我使用五笔字型的中文录入速度为每分钟 100 字以上；英语的听、说、读、写能力达到四级水平（目前正在进修行政管理本科课程）；较擅长进行社交活动，更有组织各种文艺活动的经验；能够熟练地运用 Microsoft Office（如 Word、Excel、Exchange、Photoediter、Powerpoint、Frontpage、Uleadiphotoexpress 等）的各种功能进行高效的办公室日常工作。本人工作认真负责、一丝不苟、具有很强的责任心和进取心。

业余爱好

爱好广泛，是公司的文艺骨干，性格踏实肯干，工作认真，责任心极强。

本人性格

温和、谦虚、自律、自信

上班时间

一个星期后

6.3.2　面试的技巧

【案例分析】

案例 4

小张去某公司应聘总经理秘书，总经理劈头就问：“你想怎么做好这份工作呀?”对此，小张胸有成竹：“我会以最强的个人实力开展工作，每周提交个人小结，每月自拟一份部门计划案给你审批。我相信凭我的能力不仅能够胜任秘书之职，在不久的将来一定还可以成为你部门中最得力的干将！你会发现录用我绝对物超所值!”考官白了她一眼，“你回家等通知吧!”

【问题讨论】

案例中的小张最终能被录取吗？为什么？

6.3.2.1　面试时需要准备的资料

①面试的联系电话，以便在延误到达时可提前电话告知。②面试公司的简单介绍。③2～3份个人简历。④记事簿和笔。⑤推荐信。⑥有关工作的问题清单。

6.3.2.2　秘书面试时的技巧

一、体现良好的职业素养

对于秘书这个职位来说，最需要的是三个方面的素养：条理性、细心和责任心。所以应聘秘书这个职位，就要体现出这三方面的素养。

1. 条理性

面试时，在服装、提包、手里的资料等方面都要给别人条理性特别强的感觉，谈问题时前后思路要清晰。有些人在谈自己的过去和想法时，语言的逻辑性、前后顺序总是搞不清楚。若这样的人当秘书，那工作的条理性就可想而知了。

2. 细心

因为秘书是上司的助手，要给别人一种很细致的感觉，所以在谈话的时候，语言、表情上一定要给别人一种很收得住的感觉，不要太张扬，要很冷静、仔细。

3. 责任心

责任心体现出的是吃苦耐劳精神，不要在工资、工作时间等方面太挑剔。首先要把岗位的最主要特质找出来，面试时，在服装、打扮上一定要注意体现这些方面的特点。有些人在应聘秘书时，包里杂乱无章，有人甚至忘了带简历。这是细节，你如果带了简历，说明你在为别人考虑，你没带简历，也许没那么严重，但会让人感觉到你想得不够周到。

二、从容大方的沟通

首先，秘书岗位要求秘书要有很好的亲和力，能与其他人进行充分的沟通，这就要求面试者必须保持良好的心态。关键要做到八个字——顺其自然，不卑不亢。只有这样才能给招聘人员留下好印象，使其相信你有能力在进入公司后与同事和谐地相处。

要做到面带微笑，平视考官，避免情绪波动走向两个极端：一是自卑感很重，觉得坐在对面的那人博学多才，自己回答错了会被笑话，因此畏首畏尾，不敢畅快地表达自己的观点；另一种情况则是很自信，压根不把招聘人员放在眼里，觉得对方还不如自己。这两种表现都不行，最好的表现应是，平视对方，彬彬有礼，不卑不亢。

其次，面试者要注意自己在面试中的礼仪问题。

因为秘书的形象和礼仪往往代表公司的形象，所以这一点必须在面试中予以充分注意。要做到仪表大方，举止得体。穿着前卫、浓妆艳抹，尤其男生戴戒指、留长发等标新立异的穿着与装饰不太合适，与秘书的身份不符，给招聘人员的印象也不太好。面试者入座以后，尽量不要有晃腿、玩笔、摸头、伸舌头等小动作，容易给招聘人员一种不成熟、不庄重的感觉。一般来说，着装打扮应端庄大方，可以稍加修饰，男生可以把头发吹得整齐一点，皮鞋擦亮一些，女生可以化个淡雅的职业妆，总之，应给招聘人员以大方、干练感。

再次，秘书岗位需要很强的语言表达能力。

在面试时要特别注意说话内容、说话语气以及所表达的诚意。如果求职者说话颠三倒四，语意不清，容易让人觉得无法担当大任；或语言虽然动听，但华而不实，缺乏诚意，这些都不是成功的表达。

在回答问题时要辩证分析，多维答题。回答问题时不要绝对的肯定或否定，应多正反两面考虑。从面试中所出的题目来看，测评的重点往往不在于面试者答案的是与非，或观点的赞同与反对，而在于分析说理让人信服的程度。所以要辩证地分析问题，理由充分地说理论证，而不要简单地下结论，要从多个角度思考，具体情况具体分析。

回答问题前应冷静思考，理清思路。当招聘人员提出问题后，求职者应稍作思考，不必急于回答。即便是招聘人员所提问题与你事前准备的题目相似，也不要在招聘人员话音一落，就立即答题，那给招聘人员的感觉可能是你不是用脑在答题，而是在背事先准备好的答案。如果是此前完全没有接触过的题目，更要冷静思考。磨刀不误砍柴工，匆忙答题可能会不对路、东拉西扯或是没有条理、眉毛胡子一把抓。经过思考，理清思路后抓住要点、层次分明地答题，效果要好一些。

6.3.2.3 面试的注意事项

一、问候

（1）要准确地知道面试者的名字及发音，这点很重要。

（2）要真诚愉快地问候对方，保持笑容，第一印象是很重要的。

（3）在进入面试者的办公室后，要等到对方请坐时再坐下。

二、身体语言

（1）保持良好的坐姿、站姿。

（2）在问候时要握手，记住一定要微笑。

（3）不要懒散地靠在椅子上。

（4）在整个面试过程中要保持眼神的交流。

（5）讲话过程中切勿手舞足蹈。

（6）写便笺时要做到准确、清晰、整齐、直接和突出重点。

三、服饰与表情

（1）裁剪合宜、简单大方的套装，比两件式上下身搭配或洋装更能建立权威感与专业感，而女士应以裙装为主，如穿长裤，应选择质料柔软、裁剪合宜的西装裤。

（2）套装、西装颜色以中性为主，避免夸张、刺眼的颜色，以自己的“肤色属性”为前提（也就是穿适合你皮肤色调的颜色），让人看到你精力充沛、容光焕发。

（3）避免无袖、露背、迷你裙等性感装束。裙长应至大腿的2/3。

（4）不要穿露出脚趾的凉鞋，宜穿素色素面的一寸半包鞋，自然地抬头挺胸，精神饱满。

（5）简单高雅的配饰，不要佩戴造型过于夸张或会叮当作响的饰品。

（6）保守淡雅的彩妆，勿浓妆艳抹，也不宜脂粉不施。头发、指甲、配件等都应干净清爽，否则易给人凌乱急躁的感觉。

（7）注重细节，如鞋子是否干净闪亮是好品味与坏品味的微妙差异。

（8）微笑是自信的第一步，也能为你消除紧张。不能苦着一张脸，否则不能给人以最佳的印象，争取到工作机会。

四、自我介绍

（1）接到面试通知后，最好在家打个自我介绍的草稿，然后试着讲述几次，感觉一下。

（2）自我介绍时首先应礼貌地做一个极简短的开场白，并向所有的面试人员（如果有多个面试考官的话）示意，如果面试考官正在注意别的东西，可以稍微等一下，等他注意后再开始。

（3）注意掌握时间，如果面试考官规定了时间，一定要注意时间的掌握，既不能超时太长，也不能过于简短。

（4）介绍的内容不宜太多地停留在诸如姓名、工作经历、时间等问题上，因为这些在你的简历上已经有了，你应该更多地谈一些与你所应聘职位有关的工作经历和所取得的成绩，以证明你确实有能力胜任你所应聘的工作职位。

（5）在作自我介绍时，眼睛不要东张西望，四处游离，显得漫不经心的样子，这会给人做事随便、注意力不集中的感觉。眼睛最好要注视面试考官，但也不能长久注视目不转睛。再就是尽量少做一些手的辅助动作，因为这毕竟不是在演讲，保持一种得体的姿态也是很重要的。

（6）在自我介绍完后不要忘了道声谢谢，细节往往会影响考官对你的印象。

五、提问及回答

考官如果请你提问时，涉及的话题最好与职业有关，比如工作内容、企业对员工的要求、晋升制度等，待遇问题可以问，但尽量避免过于关心，否则容易令对方反感。

回答问题时语调要自然，态度平和，用词简洁明了，条理清晰，实事求是。不要头头是道，夸夸其谈，过分夸大自己。不要议论过去领导或单位的是非，更不要随便反问考官。

以下是秘书面试时一些常见的问题。

（1）××，感谢你来我公司面试，我想知道一些您的家庭背景，可以吗？

（2）××，你想应聘秘书工作，请你就秘书工作方面你所具备的专业技术作一简要说明，好吗？

（3）××，能否告诉我你为什么要到我们公司应聘秘书？

（4）××，这次我公司是招聘××秘书，这方面你有什么专业知识？

（5）××，你认为一个合格的秘书应有哪些特质？

（6）你认为秘书如何与上司处理好关系？

（7）你如何看待你以前的工作？

（8）你认为你在哪些方面（工作中的）有缺点？

（9）我们公司不苛求完美无缺的职员，你对薪金有何看法？

（10）请问你对加班有何看法？

【本章小结】

秘书职业生涯管理和职业生涯规划，是从事秘书这一职业的前提和方向。秘书职业生涯管理，就是掌握和了解秘书职业生涯的发展以及秘书的发展路线和途径，掌握秘书工作最佳的转职或者转行时期；秘书职业生涯规划，则是掌握秘书职业目标和职业途径，掌握秘书职业生涯规划的内容和程序，有效做好秘书职业生涯的规划。

秘书的求职准备，就是做好秘书求职前的心理准备、实力准备、信息准备等。掌握简历的设计技巧和注意事项，掌握面试的技巧和注意事项，使自己在众多的求职者中脱颖而出。

【习题与训练】

1. 查阅相关资料，全面了解秘书行业的发展和前景。

2. 结合本章的案例，分析秘书应如何进行秘书职业生涯管理?

3. 假设你是一位刚刚走上秘书岗位的职场新人，你将如何设计自己的职业生涯规划?

4. 结合自己的职业目标和职业路线以及实际情况，撰写一份职业生涯规划书。

5. 如果你要应聘一家公司的秘书工作，在求职前你需要做哪些准备工作?

6. 根据应聘企业秘书这一职位，设计一份简历。

7. 以五个同学为一小组，设计一个应聘秘书的面试情景。

【知识链接】

机遇与风险并存

秘书职业的工作特色能够培养人的高素质，这是秘书职业机遇来源之一。秘书工作要求秘书有坚韧的性格、心怀大局、反应灵敏，有良好的沟通能力、组织能力、协调能力。重要人物不是一开始就重要的，但是，他们的身上有使自己变得重要的潜力，秘书工作落到他们头上并不是偶然的。所以第一次当秘书的你，应该知道使你成为秘书的优秀素质是什么，一定要好好挖掘自己的潜能。

秘书总是和领导打交道，这也是秘书职业机遇来源之一。秘书工作使你能够接近领导，有机会结识、了解上层人物，这也是你的一笔无形资产，使你在以后的工作中可以左右逢源。所以，许多青年在接受新工作的时候，常常会主动请缨当秘书。既然这样，第一次当秘书的你，应当打起精神来，这可真是一份难得的好工作。

不过任何事物都有两面性，是矛盾的对立同一体。既然秘书职业是一个充满机遇的职业，那么是机遇就会有挑战，是诱惑当然也有陷阱。陷阱就在秘书与领导接近、靠近权力这一点上。领导人的秘书给人的感觉常常是一人之下，万人之上。殊不知，这是很危险的。

让我们来看看成克杰一案中的例子。2000 年 9 月 14 日，经最高人民法院核准，曾任全国人大常委会副委员长、中共广西壮族自治区委员会副书记、广西壮族自治区人民政府主席的成克杰被执行死刑。成是新中国成立以来受贿数额最大的领导干部，也是因受贿罪被处以极刑的职务最高的领导干部。

一段时间以来，各新闻媒体、全国的老百姓，特别是各级领导干部都在集中讨论，像成克杰这样一位高级领导干部是怎样一步步走向犯罪的深渊并导致自我毁灭的。中央电视台还在“焦点访谈”栏目播放了对成克杰一案公审的实况。

在公诉人的公诉书和证人证言材料中，反复提到一个“小人物”——成克杰的秘书周××。这位周秘书在成克杰和李平的奸情被成克杰的爱人发觉后，竟安排他们在他的汽车里密谈，商量各自离婚后再结婚的计划。周秘书对他们的计划不但不加劝阻，反而为李平出谋划策："你们现在结婚不适宜。应当趁他现在有权，想法子搞点钱，以后再结婚。"他的"高见"拨动了成克杰和李平那根罪恶的心弦，他们立即按这个"建议"行动：先由李平物色对象，再由成克杰利用职权去办，然后让李平收"好处费"再存入境外银行。就这样，他们一个当"钱耙子"，一个当"钱袋子"，演出了一幕幕"二人转"，几年工夫就捞取了4 000多万元。在成克杰、李平的整个犯罪过程中，周秘书所起的作用非同小可。所以我们在对成克杰一案作深层次思考时，绝不能忽视这个"小人物"。

其实这样的例子还很多，在很多贪污腐败的官员身后都有这样的秘书。当这些官员的事情败露后，他们为虎作伥的秘书的下场也是可想而知的。

在国外，秘书随着上级一荣俱荣、一损俱损的例子同样很多。

正因为如此，秘书职业也是充满风险的。第一次当秘书的你一定要小心把握。

（资料来源：廖小鸥．第一次当秘书．北京：企业管理出版社，2002）

7　秘书职业资格认证

【本章要点】

●了解职业资格证书制度的依据及基本内涵。

●了解秘书国家职业资格证书考试的发展历史及报考情况。

●了解剑桥办公管理国际证书考试在我国的报考情况。

●了解中国秘书岗位资格证书考试与全国商务秘书专业资格考试的报考情况。

7.1　秘书国家职业资格证书考试

7.1.1　建立职业资格证书制度的依据及基本内涵

推行职业资格证书制度，是实施“科教兴国”战略的一项举措，也是我国人力资源开发的重要手段。中共中央《关于建立社会主义市场经济体制若干问题的决定》指出：“要制定各种职业的资格标准和录用标准，实行学历文凭和职业资格两种证书制度。”《劳动法》第六十九条规定：“国家确定职业分类，对规定的职业制定职业技能标准，实行职业资格证书制度。”《职业教育法》第八条规定：“实行学历证书、培训证书和职业资格证书制度。”这些都为推行职业资格证书制度提供了法律依据。

职业资格证书是通过政府认定的考核鉴定机构，按照国家规定的职业技能标准或任职资格条件，对劳动者的技能水平或职业资格进行客观公正、科学规范的评价和鉴定的结果，是劳动者具备某种职业所需要的专门知识和技能的证明。与学历证书不同，职业资格证书与某一职业能力的具体要求密切结合，反映特定职业的实际工作标准和规范，以及劳动者从事这种职业所达到的实际能力水平。我国技术性职业（工种）的职业资格证书，分为“初级技能”、“中级技能”、“高级技能”以及“技师”、“高级技师”五种，由劳动和社会保障部统一印制，劳动和社会保障部门或国务院有关部门按规定办理和核发。职业资格证书是劳动者求职、任职、开业和用人单位录用劳动者的主要依据，也是境外就业、对外劳务合作人员办理技能水平证明的有效证件。

目前，我国有多种形式的秘书职业资格认证考试，既有国家推行的，也有行业开展的，还有从国外引进的。学历证书和职业资格证书并重，体现了我国秘书职业日益与国际接轨，这也是社会经济发展的必然选择。

7.1.2 秘书国家职业资格证书考试概况

秘书国家职业资格证书考试是由原国家劳动和社会保障部推出的国家职业资格证书考试项目，也是我国第一个针对秘书行业的从业资格认证考试项目，开启了我国秘书职业资格认证的制度化进程。1997 年，国家职业技能鉴定专家委员会增设秘书专业委员会。1998 年，国家劳动和社会保障部颁布试行《国家职业技能标准——秘书（试行）》和《国家职业技能鉴定规范（秘书）》。1999 年，国家劳动和社会保障部颁布试行修订后的《国家职业标准（秘书）》，并重新推出《秘书职业技能培训鉴定教程》。按照全国统一标准、统一教材、统一命题、统一考务、统一证书的质量控制原则，在职业培训、鉴定实施、考务管理、证书核发等主要环节进行了统一规划和组织管理，大大提高了秘书国家职业资格证书的含金量。2003 年，根据国际秘书职业发展的新趋势，以及我国秘书从业人员的基本素质、职业要求的变化，国家劳动和社会保障部再次颁布新版《秘书国家职业标准》，推出新版《秘书国家职业资格培训教程》，并改革原来的考试办法。新标准以职业能力为标准体系，改变了过去偏重学术标准的体系，以实际工作表现为考证体系，突出实际技能的鉴定内容；以证书质量为保证体系，通过控制职业证书的质量来增强职业鉴定工作的权威性。改革后的秘书国家职业资格证书考试从标准、教材到培训、考试模式，全面贯彻以职业活动为导向、以职业能力为核心的职业标准体系，形成了更加贴近市场要求的考试模式。2006 年，在 2003 年版的基础上，对考核内容及考核方式作了调整，突出了核心能力，显得更具科学性和条理性。新的国家职业标准共分为四个等级，分别为国家职业资格五级（原初级）、国家职业资格四级（原中级）、国家职业资格三级（原高级）和国家职业资格二级。考核方式上出现了如情景录像问题等模式，在二级考试中还有论文答辩，考生需提交论文，并对考生进行现场实际操作考评，这些都表明此次改版更着重考查考生的实际操作能力。

7.1.3 申报条件

一、国家职业资格五级秘书（具备以下条件之一者）

（1）经五级秘书正规培训达规定标准学时数，并取得结业证书。

（2）在本职业连续见习工作二年以上。

二、国家职业资格四级秘书（具备以下条件之一者）

（1）取得五级秘书职业资格证书，连续从事本职业工作二年以上，经四级秘书正规培训达规定标准学时数，并取得结业证书。

（2）取得五级秘书职业资格证书，连续从事本职业工作三年以上。

（3）连续从事本职业工作四年以上。

（4）取得经劳动和社会保障行政部门审核认定、以四级秘书技能为培养目标的中等以上职业学校本职业（专业）毕业证书。

三、国家职业资格三级秘书（具备以下条件之一者）

（1）取得四级秘书职业资格证书，连续从事本职业工作四年以上，经三级秘书正规培训达规定标准学时数，并取得结业证书。

（2）取得四级秘书职业资格证书，连续从事本职业工作五年以上。

（3）取得大学本科毕业证书，并连续从事本职业工作二年以上。

四、国家职业资格二级秘书（具备以下条件之一者）

（1）取得三级秘书职业资格证书，连续从事本职业工作四年以上，经二级秘书正规培训达规定标准学时数，并取得结业证书。

（2）取得三级秘书职业资格证书，连续从事本职业工作六年以上。

（3）取得大学本科毕业证书，并连续从事本职业工作四年以上。

7.1.4 考核内容和考核方式

新版秘书国家职业资格考试以《秘书国家职业标准》和《秘书国家职业资格培训教程》为依据，包括职业道德、业务素质、案例分析和工作实务四个基本内容。涉外秘书增加外语考核部分，二级秘书增加业绩评估部分。

一、职业道德

职业道德部分采用标准化试卷，共50道题，题型为选择题，共50分，在总分中折算成20分，按得分率60%计算，12分为及格。考试时间为30分钟，考试内容均为常识性问题。

二、业务素质

业务素质部分采用标准化试卷，共70道题，题型为选择题，共70分，在总分中折算成70分，按得分率60%计算，42分为及格。考试时间为40分钟，考试内容包括业务知识和业务分析，属于常识性或者程序性的范围。二级秘书资格考试中本部分为60分。

三、案例分析

案例分析部分采用情景录像笔答形式，共 2 题，共 60 分，在总分中折算成 60 分，按得分率 60% 计算，36 分为及格。考试时间为 60 分钟，分别观看两段情景录像，从每一段录像中至少找出 15 处正确或者错误的知识点，用笔录形式答题，每段录像播放两遍，答题时间分别为 30 分钟。

四、工作实务

工作实务部分采用实务操作笔答形式，共 3 题，其中 2 道题各为 15 分，另一道题为 20 分，共 50 分，在总分中折算成 50 分，按得分率 60% 计算，30 分为及格。考试时间为 50 分钟，主要考查考生的文字表达能力和文书规范掌握及运用程度。二级秘书资格考试中本部分为 60 分。

五、涉外英语

涉外英语部分为涉外秘书考核内容，包括听力题、选择题、写作题等，考试时间为 90 分钟。

六、业绩评估

业绩评估部分为二级秘书考核内容，共 100 分，采用专家对二级秘书考生提供的个人业绩记录进行综合评审的方式进行。

各级秘书考试的整体及其中各组成部分均按满分的 60% 计算及格分数，有一项不及格即视为总成绩不及格。总成绩不及格，且仅一项成绩不及格者，其合格成绩保留一年有效，保留期内可自愿申请参加一次不及格科目所在考试段的补考。

7.2　剑桥办公管理国际证书考试

剑桥办公管理国际证书考试原名剑桥秘书证书考试，是国家教育部考试中心和英国剑桥大学考试委员会联合在我国推出的一种具有国际水准的社会化职业证书考试项目，属于办公室管理及秘书从业人员的培训、考试系统。该考试于 2003 年在我国首次开考。

7.2.1　项目概况

引入剑桥办公管理国际证书考试项目，是根据党的“十六大”提出的“加强职业教育和培训，发展继续教育，构建终身教育体系”的精神，为适应我国加入 WTO 后的国际环境，培养具有现代秘书意识和技能、适应我国市场经济发展需要的办公室管理人才及秘书人才。

剑桥办公管理国际证书考试具有先进的教育理念、新颖的教学方式和科学的教育测评模式，它重视秘书职业意识和技能的培养，适应各行业秘书工作的岗位要求，是具有国际领先水平的秘书培训、考试系统。剑桥办公管理国际证书考试既可以满足学员就业的需要，也可以满足从业人员提高技能的需要。

剑桥办公管理国际证书考试注重秘书职业不断变化的职能和实际工作环境所要求的各种技能，以及现代办公环境中不可或缺的信息技术的使用和高效的沟通能力的培养。该项考试涵盖了众多领域的知识，包括信息技术与办公软件的使用、客户服务、组织技能和实践管理等。

剑桥办公管理国际证书考试采用模块化的学习方式，将现代各种办公环境中的工作技能设计在不同的模块之中，每个模块都有严格、科学的测评标准，用以测评学员理解和掌握理论及实践操作能力的程度。剑桥办公管理国际证书考试的模块是由不同级别的核心模块和选修模块组成，学员根据自身情况既可以选择单模块学习，也可以选择按级别学习。

英国剑桥大学考试委员会负责设计考试大纲、考试命题并制定评分标准。国家教育部考试中心中英教育测量学术中心负责项目在中国内地的管理、实施。

7.2.2 级别划分及培训目标

剑桥办公管理国际征书考试分为Ⅰ级（初级）、Ⅱ级（中级）和Ⅲ级（高级）三个级别。

（一）Ⅰ级（初级）

Ⅰ级（初级）资格能满足就业准备的需要。它提供了各类职业的基本介绍、就业前的各种技能准备，还提供了进一步学习、培训和提高的平台。

Ⅰ级（初级）考试注重测评学员在不同工作环境下完成常规工作的知识和技能，要求学员在完成本职工作的同时，具备完成指定任务的能力。

Ⅰ级（初级）设置了三门核心课程，即文字处理、沟通和项目管理、办公室管理，还有一门选修课程（选修课程①~③任选一门）。

（二）Ⅱ级（中级）

Ⅱ级（中级）资格能满足直接就业和继续深造的需要，使学员可以独立工作并能够处理各种变化的和非常规的任务。

Ⅱ级（中级）考试要求学员在完成本职工作的同时，具备一定的自主决策能力。

Ⅱ级（中级）考试要求学员理解并掌握：①秘书主要技能；②实际工作中的各种应用技能；③独立工作和思考能力，自主学习和提高的能力。

Ⅱ级（中级）设置了三门核心课程，即文字处理、沟通和项目管理、办公室管理，还有两门选修课程（选修课程①~⑤任选两门）。

（三）Ⅲ级（高级）

Ⅲ级（高级）资格具有安排、指导工作的能力，能够履行初级管理工作，满足更高水平深造的需要。

Ⅲ级（高级）考试注重测评学员在各种工作环境下完成不同变化的、非常规的和复杂的任务所需要的知识和技能，要求学员具备独立工作的能力，并能够领导和指导他人工作。

Ⅲ级（高级）考试要求学员具备：①较高水平的专业知识和技能；②管理复杂和不熟悉工作的能力；③掌握实际工作中解决问题的方式、方法。

Ⅲ级（高级）设置了三门核心课程，即文字处理、沟通和项目管理、办公室管理，还有两门选修课程（选修课程①～⑤任选两门）。

以上三个级别的核心课程名称相同，内容和要求不同。选修课程分别是：①速记；②信息与沟通技术；③客户服务；④人际商务技巧；⑤组织会议和活动。

7.2.3　考试形式及证书的发放

一、考试形式

剑桥办公管理国际证书考试课程的设置采用模块形式，各个模块的考试全部采用中文笔试及作业形式。考生不受年龄、职业、学历等背景的限制，可以根据自己学习和工作的实际情况，选择单模块学习和考试或者选择按级别学习和考试。考试每年进行两次，其中闭卷考试时间为每年 3 月的第一个星期六、星期日，9 月的第一个星期六、星期日。

培训是剑桥办公管理国际证书考试的重要环节，学员实际应用能力的培养贯穿于模块培训的始终，学员应该参加所选考模块的培训，学习时间一般是 35～50 学时。表 7－1 为剑桥办公管理国际证书考试课程表。

表 7－1　剑桥办公管理国际证书考试课程表

模块	级别	模块类型	学习时间	考试形式	考试时间
文字处理	初、中、高	核心课	35～50 学时	闭卷考试	1.75 小时
沟通和项目管理	初、中、高	核心课	35～50 学时	闭卷考试	1.5 小时
办公室管理	初、中、高	核心课	35～50 学时	闭卷考试	1.5 小时
速记	初、中、高	选修课	35～50 学时	闭卷考试	1.25 小时
信息与沟通技术	初、中、高	选修课	35～50 学时	待定	待定
客户服务	初、中、高	选修课	35～50 学时	作业考试	1.25 小时
人际商务技巧	中、高	选修课	35～50 学时	作业考试	规定日期
组织会议和活动	中、高	选修课	35～50 学时	作业考试	规定日期

其中，作业考试包括学生评估记录和作业两部分内容。学生评估记录中列出了相关模块的能力标准，指导教师根据考生的实际情况作出评估；作业是指在指导教师的指导下，伴随培训过程，运用所学知识和技能，独立完成的一份与实际工作相结合的作业设计。

二、证书的发放

参加培训并考试合格者可以获得由国家教育部考试中心中英教育测量学术中心和英国剑桥大学考试委员会联合签发的写实性证书，证书用中、英两种文字书写，共分五种形式：

（1）对完成全部核心模块并通过相应考试的考生，颁发“核心模块合格证书”；

（2）对完成单个选修模块并通过相应考试的考生，颁发“单科模块合格证书”；

（3）对完成三门初级核心模块和一门初级选修模块并通过相应考试的考生，颁发“初级剑桥办公管理国际证书”；

（4）对完成三门中级核心模块和二门中级选修模块并通过相应考试的考生，颁发“中级剑桥办公管理国际证书”；

（5）对完成三门高级核心模块和二门高级选修模块并通过相应考试的考生，颁发“高级剑桥办公管理国际证书”。

英国剑桥大学考试委员会对证书的有效期没有作规定。

7.3 其他主要秘书证书考试简介

国家推行的秘书国家职业资格证书考试和国外引进的剑桥办公管理国际证书考试目前影响最大，除此之外，我国又陆续出现了一些行业开展的秘书证书考试，下面择要介绍一二。

7.3.1 中国秘书岗位资格证书考试

为贯彻国家教育主管部门制定的高等学校毕业生实行学历和职业资格证书相结合的“双证制度”，坚持以服务学生就业为导向，为愿意走向秘书岗位的大专院校学生铺路搭桥，中国高等教育学会秘书学专业委员会在近年来组织开展社会调查的基础上，深入分析、整合各行各业所需要的秘书人才的培养规格和从业条件，制定了《中国秘书岗位资格证书考核大纲》，策划、组编、出版了《中国秘书岗位资格证书教程》，并于2006年开始组织中国秘书岗位资格证书考试。该考试主要服务于大专院校应届毕业生，也欢迎同等学力并愿意走向秘书岗位的青年接受培训并参加考试。

一、等级设置及报考条件

中国秘书岗位资格证书考试划分为“秘书证书”和“高级秘书证书”两个级别。

（一）秘书证书报考条件

具备下列条件之一者，均可到学会指定的培训机构报名：

（1）大学专科秘书专业的应届毕业生，参加指定培训机构规定学时的培训；

（2）大学专科非秘书专业的毕业生，参加指定培训机构规定学时的培训和实训；

（3）大学本科行政管理、公共关系、中文等相关专业的应届毕业生，参加指定培训机构规定学时的培训；

（4）大学本科其他专业的应届毕业生，参加指定培训机构规定学时的培训和实训。

（二）高级秘书证书报考条件

具备下列条件之一者，均可到学会指定的培训机构报名：

（1）大学本科秘书专业（方向）的应届毕业生，参加指定培训机构规定学时的培训；

（2）大学本科非秘书专业（方向）的应届毕业生，参加指定培训机构规定学时的培训和实训；

（3）大学本科毕业满1年时间，并参加指定培训机构规定学时的培训；

（4）取得秘书证书满1年时间，并参加指定培训机构规定学时的培训；

（5）大学专科毕业满2年时间，并参加指定培训机构规定学时的培训。

二、考试内容及考试题型

（一）考试内容

中国秘书岗位资格证书考核内容包括“秘书做人篇”、“秘书办文篇”、“秘书办会篇”、“秘书办事篇”、“秘书学习篇”五个模块。考核要求分为了解、识记、领会、应用四个层次，体现依次递进、逐层提高、后者涵盖前者的关系。考核内容合成一套试卷，考试时间为150分钟。

（二）考试题型

秘书证书考试题型包括：①单项选择题，每个小题的四个备选答案中只有一个正确选项；②多项选择题，每个小题的四个备选答案中有多个正确选项；③案例题，主要是文书修改和案例分析；④工作实务题，主要是根据案例背景和工作要求完成指定的任务。

高级秘书证书考试题型包括：①混合选择题，每个小题的备选答案中有一个或多个正确选项；②案例题，主要是文书（稿）修改和案例分析；③工作实务题，主要是根据案例背景和工作要求完成指定的任务；

业务考核材料，根据报考条件规定，为了考察考生工作业绩或实训情况，考生在参加考试的同时须提交一份秘书工作岗位的实习报告或者个人阶段性工作总结，或者提交实训期间撰写的公文文稿两篇，以此作为业绩考核的凭据。

以上凭据材料需本人所在部门负责人签字，并加盖单位印章为凭。

7.3.2 全国商务秘书专业资格考试

为了培养具有现代秘书意识和技能，适应社会主义市场经济发展需要的秘书人才，全面提高商务秘书人员素质，增强商务秘书人员在一切商务活动中的积极性、创造性，使其能够胜任商务秘书岗位工作，由国务院国有资产监督管理委员会主管的中国商业联合会从2003年开始对全国商务秘书人员进行统一培训和考核，开展全国商务秘书专业资格认证考试，主要针对企事业单位中从事商务秘书工作的人员和有志于从事商务秘书工作的人员。培训、考核旨在培养复合型、多功能、具有策划能力的商务秘书人才。

一、考试层次及鉴定标准

全国商务秘书专业资格认证考试目前分为三个层次。

（一）初级商务秘书

掌握现代办公工作人员所具备的理论知识和专业技能；掌握工商管理、市场营销、国际贸易、公共关系、经济法规等方面的基本理论和知识；具有一定的写作、商务、公关和管理能力；熟悉国际贸易规则和惯例，熟悉中国对外贸易政策和法规，有一定发展潜力和较强实践能力的应用型商务秘书人才。

（二）商务秘书

具有商务秘书专业基础理论知识和基本技能；具有较强的商务沟通、商务英语交际、办公室事务和管理、商务活动组织等能力；具有一定的商务公共关系宣传及活动策划的能力；具备利用计算机等现代化工具实现文档管理、信息收集、整理、分析等综合业务能力的复合型人才。

（三）高级商务秘书

具备较高的文化素养和扎实的秘书专业知识与技能，较强的公关协调能力及商务分析处理能力，娴熟的人际交往能力及良好的应变表达能力；掌握商务理论及相关实务，以及现代化企业商务运作知识与技能；具备流利的商务英语听、说、读、写知识与技能以及现代化办公技能；熟悉外贸规则、了解国际惯例，适应中国加入WTO后从事辅助决策、实施有效管理的具有综合职业能力和全面素质的高级秘书人才和管理人才。

二、报名条件及考试内容

（一）报名条件

凡报考的人员必须遵守国家法律法规，有良好的职业道德，热爱本职工作，工作业绩突出，同时具备以下条件：

（1）初级商务秘书：具有中专以上学历者均可报名参加考试。

（2）商务秘书：大学专科以上学历；取得初级商务秘书证书后从事相关工作2年以上。以上条件具备其中一项即可报名参加考试。

（3）高级商务秘书：本科毕业取得商务秘书证书后从事相关工作2年以上；大专毕业取得商务秘书证书后从事相关工作3年以上；中专毕业取得商务秘书证书后从事相关工作6年以上。以上条件具备其中一项即可报名参加考试。

（二）考试内容

考试内容包括：①商务秘书理论与实务；②商务电脑、办公自动化知识；③商务英语知识；④商务场景模拟考核。

初级商务秘书考核前两项；商务秘书考核前三项；高级商务秘书考核全部四项。为了规范培训、考试工作，考试编委会组织编写了《商务秘书理论与实务》、《商务电脑实务》、《商务英语》等教材，供考生使用。

三、考试形式及证书颁发

全国商务秘书专业资格考试委员会具体负责考试的组织、实施，下设专家组，根据考试的进展情况及时召集、研究、讨论更新考试内容和改进考试有关方案，并逐步建立完善的考试题库。

考试每年举行两次，上、下半年各举行一次。考试分理论和技能两部分，根据各科目内容采用不同考试形式，专业理论（含商务秘书理论与实务、商务电脑实务理论部分和商务英语）为闭卷笔试考试，商务电脑技能部分要求上机考核。如果单科考试不及格，可参加下次补考。

考生通过考试后颁发由中国商业联合会统一印制的商务秘书职业资格证书。证书可在相关网站查询。

【本章小结】

本章首先对职业资格证书制度进行了简单介绍。推行职业资格证书制度，是实施“科教兴国”战略的一项举措，也是我国人力资源开发的重要手段。目前，我国有多种形式的秘书职业资格认证考试，既有国家推行的，也有行业开展的，还有国外引进的。其中，国家推行的“秘书国家职业资格证书考试”具有很高的权威性。从国外引进的“剑桥办公管理国际证书考试”注重实际操作。中国秘书岗位资格证书考试和全国商务秘书专业资格考试也有一定的市场。本章分别对它们的申报条件、考试内容及方式等作了介绍。

【习题与训练】

1. 国家劳动和社会保障部推出的秘书国家职业资格证书考试级别共有几级？大专毕业生可报考哪一级？

2. 秘书国家职业资格证书考试内容涉及哪些课程，请作简要论述。

3. 剑桥办公管理国际证书考试有什么特点？

【知识链接】

（一）秘书的职业发展的两个大方向

方向一：可以向人力资源领域发展

在同一家公司连续工作5年的Susan，已经有了较长时间的行业积累，这是任何想向高端发展的人都必须认真考虑的问题。经验是能力的铺垫，经验是资源，经验是晋升的砝码。任何人的职业发展都存在着不可逆转性。任何人的职业定位，都要基于过去工作经验的高度和自身的发展潜质。

专家建议Susan可以向目前公司的上级领导提出向人力资源这一领域进军。如果得不到上司赏识，那么跳槽是明智的选择，因为在一个没有发展潜力的公司埋头苦干是没有未来可言的。

方向二：跳槽换个环境

与在原来的公司换一个职位相对应，Susan也可以选择跳槽。只是，面对跳槽，应当更为谨慎，也需要更多的准备。职业规划专家认为，如果Susan选择跳槽，那么做好以下准备才是对自己负责的跳槽。

第一，了解新公司。在作出跳槽决定之前应充分认识到，个体与环境之间一定是存在着紧密的互动关系，也就是说，我们的发展与公司环境之间有可能产生不适应，所以在进入新的就职环境之前，对于公司的整体考量，有时候会比对于职务进行考量要重要得多。一旦进入公司，如果出现了这样的情况则首先应从自身出发，努力适应公司的环境；但是如果是公司的环境有问题，就应该慎重地重新考虑，争取在试用期结束前就果断离开。

第二，探测核心竞争优势。职业规划专家从个人职业生涯发展的角度出发，关注的是如何及早发现自己的职业适宜领域。兴趣点和自己从专业、经验、人际渠道中所逐步形成的核心竞争优势是你职业潜能的探测器。一般专业的职业咨询机构都会采取由专业的职业心理咨询师负责的心理测评程序来帮助客户和咨询师客观地分析个体的性格特征，以达到最佳的人职匹配度。

第三，了解跳槽的投资风险。从经济学角度分析，跳槽可以看作一次成本投资与收益之间效应的问题。辞职这种风险“投资”的成本很大，并且充满着太多的变数，如市场的饱和、个人问题以及机遇状况都有可能将这一“投资”行为持续，而这个以时间为变量的成本指标如果无法预期实现，就可能导致蚀去“血本”的危险。

（资料来源：http：www. examda. com/ms/jieshao/20071213/102636395. html）

（二）国家秘书职业资格鉴定考试介绍

为推行国家职业资格证书制度，提高从业人员素质和促进就业，劳动和社会保障部职业技能鉴定中心依据新的国家职业标准，按照“统一标准、统一教材、统一命题、统一考务管理和统一证书管理”的原则，鉴定合格者，由省劳动和社会保障厅统一颁发相应的职业资格证书，该证是就业、上岗的资格凭证。每年进行两次职业资格鉴定。

一、鉴定对象

秘书的鉴定对象是指在企事业单位、涉外组织中，从事办公室程序性工作，协助领导处理政务及日常事务的人员和其他有志于从事秘书工作的人员。

二、鉴定等级和申报条件

秘书职业资格鉴定分为初、中、高三个等级。凡申请参加各等级职业资格鉴定者，必须符合国家规定的下列条件。

1. 具备下列条件之一者，可申报初级职业资格鉴定

（1）从事秘书职业一年以上；

（2）职业学校秘书专业毕业；

（3）经过本职业初级正规培训（指经过劳动和社会保障部批准的办学机构的秘书培训并结业，下同）。

2. 具备下列条件之一者，可申报中级职业资格鉴定

（1）取得初级秘书职业资格证书后，从事秘书工作二年以上并经本职业中级正规培训；

（2）取得初级秘书职业资格证书后并从事秘书工作三年以上；

（3）从事秘书工作四年后以上并经本职业中级正规培训；

（4）秘书专业（含中文、新闻、管理、历史、社会、档案、经济等专业，下同）大学专科毕业以上。

3. 具备下列条件之一者，可申报高级职业资格鉴定

（1）取得中级秘书职业资格证书后，从事秘书工作二年以上并经本职业高级正规培训；

（2）取得中级秘书职业资格证书后，并从事秘书工作三年以上；

（3）从事秘书工作十年以上并经本职业高级正规培训；

（4）大学专科秘书专业毕业后并从事秘书工作三年以上；

（5）大学本科毕业后并从事秘书工作二年以上。

三、鉴定内容与方式

鉴定内容分知识、技能两部分，全部采取笔试闭卷方式，知识部分试卷采用答题卡答题。

各等级的知识考试时间为 90 分钟，技能考核时间为 120 分钟。

四、鉴定日期与时间

每年 5 月 20 日、11 月 11 日。8：30～10：00，理论知识考试；10：30～12:30，技能操作；14：00～15：30，涉外考核。

五、报名

考生可携带本人身份证和本职业资格证书、相应培训毕（结）业证书、从事本职业年限证明（原件），并附带本人身份证及证件的复印件、近期 2 寸免冠黑白照片 5 张到市职业技能鉴定中心报名。报名截止日期为每次鉴定前的 30 天。

（资料来源：http：//www. examda. com/ms/jieshao/20071214/100640108. html）

8　国外及香港秘书职业

【本章要点】

●了解国外及香港秘书职业的概况，对国外及香港秘书职业的种类、职级、职责、发展、教育和考试有一个大概的认识。

●与目前国内的秘书职业进行比较，掌握国内外秘书职业的特点与发展趋势。

8.1　美国的秘书职业

【案例分析】

女秘书工作——典型的一日

秘书所负责任愈重，其日常工作愈无定规。她必须策划并组织每一件力所能及之事，否则将无以处理突如其来的紧急事项。

——美国国家秘书协会会长凯勒女士

苏珊小姐为一家饮料公司地区分公司的行政助理，她深知成功并没有绝对的保证，但继续不断地进修并提高自己的技能与条件，则是绝对必要的。作为一位进修秘书课程的专科学校的夜校生而言，对其行业应有旺盛的事业心。她接受要求，详述她一天的工作实况，以供有志从事秘书工作者对办公室内的各项活动、所遭遇的问题与突发事件，以及秘书必须面临的职责有一个较清晰的观念。她的看法与凯勒女士的前述一席话几近相同。苏珊说："当我担任速记员的工作时，我的日常工作极易描述，现在我所担负的责任较前要重，有许多紧急事件待处理，我发觉我的日常工作几乎无定规定制可言。不过典型的情况是：听写口授、誊清文件、安排访客的会见事宜、接听电话、准备行程表（我的上司经常作业务旅行）、处理邮件以及各项交办事务。"

对于苏珊的背景作一简单的描述，将有助于读者了解她何以在20多岁就能担任一个负有重责的职务。苏珊18岁毕业于美国高级中学，然后接受了1年的秘书专业课程训练。结业之后，苏珊对她的未来无一计划，曾经在一个就业辅导机构登记，在其后6个月内，她曾经担任过好些临时性工作，事后她说："在这6个月里我获得了不少宝贵的经验。我学会了如何适应不同的雇主与工作环境。"

有一天，苏珊的一位友人告诉她，一家饮料公司有一个速记员的缺额。经过了好几次测验和两度面谈，苏珊总算被雇用了。她进入这家饮料公司工作6个月后，到大专夜间部就读。她所修习的课程有信函写作、高级秘书业务、市场学及市场调查、政治学及国际关系、心理学及人群关系、推销术及广告。目前她在这家公司已服务6年多，并且数次获得晋升。

苏珊写这篇描述她一天工作的记载时，她担任该公司营业部经理麦克先生及广告部经理惠特先生两人的执行秘书已有一年半的时间。她已接获通知，将升任麦克的行政助理，当她训练的杜娜小姐能担任惠特经理的秘书且能独立作业时，任职即行生效。

苏珊选择星期四这一天作为示范，用以说明一位秘书典型的一日。这一天，麦克经理已因公出差，而惠特经理正准备远行。苏珊告诉我们："这是典型的一日，两位经理同时出差是常有的事。时间正好相近，这一天确实相当忙，我速记了一些文件，准备过几天再进行誊正。"

以下是苏珊的一天工作详细记录。

（办公时间从上午9时到下午5时，中间有1小时午餐时间，两次咖啡小憩各15分钟）

8：30　抵达办公室。整理仪容，检查办公用品与文具。整理惠特经理办公室及检查麦克经理办公室。

8：55　检视手中的工作，开始誊正昨天听写的两封信，尽快送请惠特经理签名。完成信稿放入签名卷夹中，置于惠特经理案头。（信件宜如此慎重处理，以免他人窥视）

9：15　拆阅并处理第一批邮件。留下必须由我直接作答的。惠特经理到达办公室，让我到他办公室作大约5分钟的口授笔记。迅速整理出即将讨论的事项，因他即将于下午外出，公差两星期。

向惠特经理报到，听写时，两度因电话而中断，然后继续笔记。回到办公桌后，回复一紧急电话。请杜娜小姐听第二个电话。她正接受训练，一旦我担任麦克经理的行政助理后，她即为惠特经理工作。

惠特经理把他的旅行计划交给我，交代他外出期间要我处理的事情，并电告杜娜小姐，为她能协助我工作表示高兴。惠特经理当面嘱咐如有需要可找他人帮忙，以完成交办事项，因为他知道我还得替麦克经理做不少事。

9：50　回到我的办公桌，检查档案，获取必要的资料，回复在惠特经理办公室所接听的电话。

选出必须由惠特经理亲自过目的航空信件。无特别紧要待复函件，摘记几项待办事项，待第二次邮件到来再处理。接听几通电话，其中一通为一位盛怒的客户B先生打来的，他要与麦克经理直接通话，他不相信麦克经理已经外出，最后我才婉转问明原委，并应允他立即查明，尽快打电话告诉他。

10：10　决定前往征信所，核对B先生的账目，请杜娜小姐照顾我的办公室，并告诉惠特经理我要到征信所去。征信所事忙一时无法查对，答应中午以前来电通知我。

10：20　回到办公桌，记下征信所午前应来电话，不然，我应打电话去问。已到咖啡小憩时间，但已无法分身了。告诉杜娜小姐旅行信用证书的用法并叫她到出纳室。稍后告诉她登记月支账的方法。杜娜小姐回来后，将准备交由她接替的工作：复制文件、校对、正式信件的打法、推销员所报费用数字的核实等，一一交代。

杜娜小姐从出纳室带款返回办公室，在我面前点清，当她交钱给惠特经理时也将当面点清，这一点很重要。一旦点清无讹，以后再有差错就无须负责。

10：40　开始誊清惠特经理的口授信件。文书中心来电话说，他们为惠特经理打印的推销业务会议议程表，因为事忙，无法如期在今天完成。我决定无论如何明天一定要做完（通常我会把时间较实际需要时间提前几天，以防临时赶不及，但我并没有明白告诉他们）。

11：10　打好数封信函送请惠特经理签名，并影印其中部分信函。我在惠特经理办公室时，他接听了一通私人电话，决定提前于3点钟，而不是原定的5点钟动身，因此，我至少必须在2：30左右为他准备好应带的公事包。

11：15　回到办公桌，打三通电话分别通知同仁，将原定4点钟召开的会议 提前到2点钟。惠特经理应带的文件几乎已备齐，为了慎重起见再检查一遍，并通知杜娜小姐作实地见习。

征信所来电话，告知客户B先生的账目详情，既得完整资料，自可回复B先生电话。一面打电话，一面教杜娜小姐留心为惠特经理所准备应带的文件。

与B先生通完电话，他似乎很满意。我将经过记下准备告知麦克经理，并将这种作业程序告知杜娜小姐。当我的上司远行期间，我得将所有重要电话及访客谈话摘要记录，函件也要做札记。惠特经理的公文包已准备妥当，只等最后一份资料。

11：45　整理档案并与同仁开完会后，开始处理麦克经理的信件，他希望当天知道来信的大致内容。惠特经理提早离开办公室去进午餐，当他经过我的办公室时，交给我一份简短的备忘录。说是回到办公室时再由他签名，我的案头始终准备好一本笔记簿，翻在空白的一页，以备不时之需。立即将备忘录誊正，并将之置于惠特经理办公室的签字卷夹内。第二批邮件到达，很快地过目一遍，其中有一封需要惠特经理立即处理，从档案中找出有关资料附于来信之后，一并置于惠特经理办公桌上的“速件”卷夹内。

12：15　正准备在办公桌进食三明治时，接待员通知一位客户要见麦克经理，假如麦克经理此时尚在办公室，照例会留访客进午餐，于是我决定请客人到我们的餐厅用膳，巧遇市场调查部门的高先生，一并邀他同桌进食，请来客在访客名簿上签名。

杜娜小姐通常都在1点正吃午餐，征求她是否能改变计划，暂且照顾一下我的办公桌，留一便条与惠特经理，告知他我去何处。

1：15　重回办公桌，高先生仍陪着客户并将代为送客。将进餐时与客户的谈话要点记下，以留供麦克经理参考。并将来客姓名记入访客名单中。

杜娜小姐将她接听的电话告诉我，即去进餐，并说在半小时内回办公室。

1：30　惠特经理嘱我听写午餐时留在他桌上的紧急来信的回函，他要我替他的太太办一些私人事情，问他假如我请杜娜小姐替我走一趟，他是否介意，他表示同意。

1：40　将紧急信件誊正，请惠特经理签名，并将一份副本放入其公文包中。检查是否有致麦克经理的紧急邮件，其中有一封须于晨间转寄资料时一并转致，在惠特经理离开后应立刻准备，杜娜小姐餐毕返回办公室。嘱她备妥惠特经理的最后资料。

2：00　惠特经理的三位同事到达办公室，他嘱我作笔录，杜娜小姐则接听所有的电话，使我们不致受到干扰。

2：20　三位同事离去，惠特经理希望尽快将会谈记录誊正，讨论一些其他事项。

2：30　重回办公桌，请杜娜小姐誊正我在会议中所作的笔录，告诉她如果有少数字看不清不必担心，不妨从头至尾快读一遍，将有疑问的字句圈记出来，一并来问我。将惠特经理的公文包准备妥帖。

2：45　答复杜娜小姐所提出的会议笔录上的几个疑点，她开始誊正。继续处理第二批来信，并备妥寄给麦克经理的资料。

3：00　惠特经理离开办公室，他能准时而且诸事齐备地动身，总算松了一口气，继续整理信件。

接到麦克经理的长途电话，他将延后两天回来，并嘱转告办公室各位同仁，他已打电报给原先约定会面的某些客户。麦克经理希望立即寄给他某些已打好的资料，决定于今晚投邮，我按序检查一遍。

3：15　察看杜娜小姐誊正我的笔录的进度，已接近完成。告诉她完成后可以休息了。

打电话给文书中心，是否可派人协助我打字，答案是无人可派，与营业部两位领班（麦克经理也是他们的上司）联系，是否可派来两位打字员，一位说很难帮忙，另一位说3：30之后可以派出两位打字小姐。一切准备妥当，在向她们指示之前，首先向两位打字小姐说明所有的资料必须在今晚付邮。如果她们中任何一位必须5点离开，现在就告诉我，以便找人替手。两人都说可以留下。

杜娜小姐也完成了初稿，并且愿意协助下一步工作，她愿意不管多晚，一直陪我工作下去，我感谢她的这番好意。

3：45　交代完毕，两位打字员与杜娜小姐以全速进行工作，我把杜娜小姐的初稿复核一遍并作少量改动之后，也参加工作。

4：00　工作在忙碌中顺利进行。第三批邮件到，其中有两封限时信是给惠特经理的，一封今晚即转寄，另一封我自己可以处理。

4：15　接获通知说两位客人要来拜访麦克经理，尽管心里不欢迎这种打扰，但是必须去见他们。正准备去招呼他们时，两位借调来的打字员中有一位告诉我，她不习惯在这种紧迫情形下赶工，要求退出这项工作。我设法安慰她，告诉她尽可能地做，而不要一心想到它是一件紧迫的工作。我要她坐在我的写字台旁边，一方面以电话告诉接待员说，我稍迟几分钟便来，并请她打电话给营业部门的一位领班暂时招呼一下来访的客人。

重新安慰打字员，告诉她我了解她的感受，并请她尽可安心工作，不要在心理上受到干扰。假如在她必须离开的时刻而没能做完，我并不责怪她，于是这位打字员重新去打字。

我则前往接待室，那位领班正在与一位访客交谈，我则招呼另外一位并将他们的来意记录下来，以便转告麦克经理。

4：40　电话铃响，原来是惠特经理从机场打来的，他忘了一件必须携带的重要包裹，（我不觉自言自语地说：“哦！真糟糕！”）所幸离他起飞时间还早，我希望能赶得及送给他。立即打电话到西联信差服务处，告诉他们时间急迫，他们答应在5点钟之前派人来办公室，将包裹交与接待员，并且告诉她西联公司即将派人来取。

4：45　一位打字员已完成她的紧急任务，我们一起校对后，我问她能否接替杜娜小姐未完的工作。而杜娜小姐将把2点的会议记录用复写纸打字誊清，因为这是密件不能假手于打字员。

打电话告诉母亲我会晚一些回家吃晚饭，7点钟左右才能到家。也关照杜娜小姐及两位打字员打电话回家。

5：00　接待员来电话，告诉我西联公司的信差已取走了包裹，总算又舒了一口气。

两位打字员都已打完了字，我们一起检查一遍。她们在5：25离开办公室。对于她们的全力帮忙面致谢意，并记下来明天早晨第一件事是向她们的主管致谢。

5：30　办公室只剩下我和杜娜小姐两人，杜娜小姐继续整理会议记录的誊清稿。当她完成后，告诉她处理邮件的程序，并且解释我整天保存麦克经理封袋的原因。会议笔录原稿将送交惠特经理。

当杜娜小姐清理她的写字台，并在她的日历上记下明天待办事项之际，我急速赶办麦克经理交代之事，将其装入一牛皮纸信封，称过重量之后，贴上足够的邮票，即将投邮。

6：15　接惠特经理电话，说信差已将包裹送到。杜娜小姐问我是否还需要帮忙，我告诉她通常我喜欢每天做好归档工作，看样子今天只好破例了。我从不让该做的事积压到第二天，因而我把它记在行事历上作为明天紧急待办事项。嘱杜娜小姐共同再检查一遍。尽管时间已晚，我仍然把许多“应办事项”记在行事历上，以便打电话给文书中心告知有关惠特经理交办之事。

苏珊为我们述说这个典型的星期四活动日程时，同时说：“不要以为我每天都加班工作，我并不是每天如此。只是在绝对必要时才这样做，我认为我必须有所准备，以迎接这种情况的发生。”

我们问她：“苏珊，你能不能举出两项使你得以从容不迫地忙过这个‘典型’的一天的秘诀?”

她略一沉思，接着回答说：“我想第一是我能专心致志，心无旁骛，其次便是自动自发的精神，不管我的雇主是不是催促我，我总是按部就班地做好我该做的工作。”

【问题讨论】

读了“女秘书工作——典型的一日”，你对美国的秘书工作有哪些感性认识?

美国是当今世界经济最发达、科技最强盛的资本主义国家。在美国，秘书是一项兴盛的职业，数百万秘书分布于各行各业，形成一个庞大的职业群，其职业化程度相当成熟，专业化水平相当发达，为各国现代秘书职业的发展提供了可资借鉴的经验。

8.1.1 美国秘书的种类和职级

一、美国秘书的分类

美国秘书按其所在行业、资历、作用等不同的标准，划分成不同的种类。美国劳工部依照下述三个方面的标准对秘书进行了分类。

1. 根据秘书所服务的管理人员的级别高低进行分类

管理人员级别的高低，一是根据其管理的组织的规模大小、人数多少等因素确定，二是根据其在组织中所具有的地位确定。如果管理人员所管理的组织规模大、人数多，并且担任正职主管，其级别相应就高，为其服务的秘书的类别也相应较高。按此标准，秘书类别从低到高一共分为四类：LS－1 级、LS－2 级、LS－3级和 LS－4 级，简称“LS”类。

2. 根据秘书所担任的职责大小进行分类

按此标准，秘书一共分为两类，即 LR－1 级和 LR－2 级，简称“LR”类。LR－1 级秘书是较低一级的秘书，其职责是根据管理人员的总的指示精神，独立完成按照程序安排的办公室正常工作，即主要从事事务性服务工作。LR－2 级秘书除了完成与 LR－1 级秘书类似的正常工作之外，还要根据自己的知识、经验技能和判断能力主动完成一些较为复杂、难度较大的工作任务。

3. 根据秘书职位所规定的职务性质进行分类

按此标准，美国秘书分为行政秘书和专业秘书两大类。行政秘书是指在各类机关、公司、企业中担任行政性职务的秘书，是美国行政管理协会划定的秘书种类之一，也称行政助理、管理秘书，占美国秘书的大多数。行政秘书按照其职权可以分为两类：一类是属于领导职位的秘书，如秘书长、公司秘书等，担任这类职位的人员已经不是一般意义上的秘书，他们具有相当的权力，人数较少；另一类是一般行政秘书，其主要职责和任务是记录上司或者经理的口述，接答电话并转达上司，接待来访人员并安排与上司的会见，打印信函和文件，处理各种邮件，为上司起草信函、讲话稿、报告、备忘录，为上司查阅有关资料，代上司阅读、签署、寄发某些信件，编辑、校对文件，选购办公设备等。

二、美国的行政秘书

1. 政府秘书

政府秘书在美国联邦、州、市、镇政府和驻外使领馆、军事基地等处工作。政府秘书等级的划分和任命根据考试成绩而定。凡欲从事这类秘书工作的，须先取得打字、速记等专业技能的证书，并须参加秘书能力考试，达到及格或以上，被录取者第一年为试用期，三年后转为固定职业，并有资格申请担任联邦政府中任何机构的秘书工作。

2. 行政秘书

行政秘书也称行政助理、管理秘书，是美国行政管理协会划定的四类秘书之一，在各类机关、公司、企业中担任行政性职务。其职责是记录上司的口述，接听电话并向上司转达，接待来访，打印信函、文件，安排上司日程，为上司起草信函、讲话稿、报告、备忘录，代上司阅读、签署、寄发某些信件，编辑、校对文件，为上司查阅资料，选购办公设备与用品等。

3. 公司秘书

公司秘书接受并执行董事长指令，履行秘书中的领导职责。公司秘书的职责为监督、管理公司行政、财务、人事、对外联络事务；与公司总经理，采购、生产、销售、运输等部门经理保持联系；负责协调工作；准备年度报告，预算、决算等文件；筹办董事会议、股东大会；负责发布公司信息；向董事会汇报公司财务、人事关系状况、答复董事质询等。

担任这类秘书要求有 6 年以上的大学学历，且须经过严格考试而获得特许职业秘书资格证书。

4. 经理秘书

经理秘书的职责为全面负责秘书及行政事务，制订有关计划、方案，并负责它们的按期完成等。经理秘书须对公司的结构、惯例、政策、工作程序相当熟悉，并具备秘书和行政工作的高级技能。

担任这类秘书要求有 6 年以上大学学历，且须经过严格考试而获得特许职业秘书资格证书。

三、美国的专业秘书

专业秘书实际上是根据秘书所从事的专业工作这一标准进行分类后，对在各种具体的专业领域、专业部门或者专业人员身边从事秘书工作的人员的一种总称，与从事行政事务的行政秘书相对应，它是包含多种秘书职位在内的一类职位，简称 OT 类。

美国的专业秘书主要有以下几类。

1. 法律秘书

法律秘书指在美国司法机关、律师事务所、工商企业的法律部门作为法官或者律师个人助手的秘书。这类秘书负责起草法律文件和相关的信函文件，如传票、诉状、向法院提交的申请等。所以，法律秘书必须懂得相关的法律，熟悉法律事务和相关的程序、名词术语，能够处理好法律文书，有的还要求具有公证人资格，以便能签署公证。

一般从事法律秘书的人员，开始多是做速记员，待具有 5 年以上该专业工作经历，加入全国法律秘书协会后，再申请参加该协会组织的法律专业秘书人员考试，考试合格者可以获得合格证书，被授予“法律秘书”称号。这种考试较为严格，考试内容主要有书写、通信技能与知识、人际关系、法律术语和程序、法律秘书技能等。

职业法律秘书的薪金在秘书界是最高的，许多法律秘书可升为律师。

2. 医学秘书

医学秘书指主要受聘于各类医院、医生个人、政府医疗保健部门、大公司的卫生部门、生活医药医疗用品的大公司、医学研究机构和医药图书出版部门等处的秘书。这类秘书主要的职责和任务有与病人预约就诊时间，办理病人的就诊手续，为医生指定的就诊病人联系会诊医院，打印病人的医疗记录并负责归档整理，记录医疗口述，向病人收取医疗费用并负责结算，递送医疗账单，订购医疗器械、药品和材料等。有的还负责为病人保管病历、测量体温等工作。

医学秘书必须具备良好的医德、较多的医学知识、了解医疗常识和工作程序，并须掌握会计、保险方面的知识和技能。要当一名合格的医学秘书，可以到专门的培训学校学习。美国的医务助理协会设在芝加哥市，它通过考试发给合格人员合格证书。

3. 教育秘书

教育秘书指主要受聘于各类教育机构和教授个人的秘书。其职责根据服务的对象不同而有较大的差异。如一个大学教授的秘书，要负责接答电话、起草信函，安排约会和活动日程、收集相关的专业书信、整理各种学术会议上的文献，为教授准备讲义或者科研资料，制作图表、录音带、幻灯片等。一位大学教授往往得有两三名秘书，才能完成教学、科研任务。

服务于中小学校的教育秘书，主要负责起草信函、备忘录、公告等，还要接收处理用于学生午餐、学校设备、学生活动等的经费。而地方性学院办公室的秘书人员，任务以整理材料、管理和复制文件、安排有关会议、接待参观者及与学生、教师、家长进行联系等为主。

美国的全国教育秘书协会是教育秘书自己的组织，隶属于全国教育协会。该协会为改善教育秘书的工作条件、增加薪金、保证退休福利、维护教育秘书的合法权益等有关事项而努力。

4. 通信秘书

通信秘书指受聘于美国公司中专门担任文字处理事务的秘书。这类秘书在执行职务时所需要的设施和技术都是高度专业化的，需要熟练使用现代化文字处理装置并具有相当高的语言文字水平。美国行政管理协会将通信秘书划分为首席文字处理员和文字处理员。

首席文字处理员属于中高级通信秘书，职责是操作各种文字处理装置，从复杂的信息源中制作和修订难度很大的各种文件，检索以往输入的各种原文、数据，领导低级文字处理员等。所以，他们除必须具备相当的业务能力外，还需要有一定的组织领导能力。

文字处理员属于低级通信秘书，职责是按照规定的时间和质量输入、编辑、修改、转送中等难度的打印文件，校对、编辑自己的文字工作等，有的还承担一般性的秘书事务。

所以，他们除能操作文字处理设备外，还必须通晓本部门的技术性术语和本公司的经营情况。

5. 技术秘书

技术秘书指主要受聘于政府技术部门、科研机构和工程技术公司中作为高级科学研究人员助手的秘书，他们通常不是在办公室而是在实验室工作。技术秘书的职责主要是承担实验室事务性工作，具体工作任务除一般的秘书业务外，还包括从起草文稿到邮政事务的全部或者大部分对外联络工作，负责有关专业书籍的收藏、资料的收集、校对文稿、剪辑科技报告、准备工程报告等。技术秘书必须掌握专业需要的科学技术及数学、会计学、物理学等知识，熟悉工程技术术语，精通技术性口述的记录等。美国有专门的科学技术方面的秘书培训公司。

6. 财经秘书

财经秘书指主要受聘于各类企业或者企业领导人，协助其管理财务的秘书。这类秘书一般负责管理企业或者公司的资金，以及与企业或者公司有关的财务事项，有的还负责管理雇主的私人财务。具体任务包括到银行存款、开支票、调节银行结单、处理小额保证金、记录收入的资金等。财经秘书必须具备丰富的金融和银行工作程序等知识。

四、美国秘书的职级

在美国，对秘书职级的划分非常细密，不同职级的秘书，其任职资格、职责范围和工作报酬都有明确的规定。美国秘书统称“一般管理、文书、事务”职业大类，下分41个细类，其职级纵向分为2~15共14个等级，由低到高，技术要求由简单到复杂，工作范围由单纯到综合，招聘条件和薪金待遇也不一样。

自2级至15级秘书的职责如下：

2~6级：信使，负责驾车递送信函；文件收发、管理，文书兼打字，操作办公设备，电话接线员，卡片穿孔人员；文书兼速记、记录，文书兼录音、复制，电传机操作，电子财会机械操作人员；函件文书，印刷文书，通信文书，电子计算机辅助人员；秘书，一般文书管理、一般通信管理、密码编制、译码设备操作。

7~14级：电子计算机操作、通信中转设备操作；后勤专管人员；计算机专业人员，日程分析、管理分析、通信管理、通信专业人员。

15级：日程安排、管理分析、日程分析人员，他们须对本机关或公司情况了如指掌，为上司安排工作日程，辅助其进行综合管理。

其中第15级秘书是大企业董事长或总经理的高级助手。他们掌握着大至全球、全国，小至地区、公司的业务信息；既精通管理，又具有分析能力，还得了解公司、企业的历史、现状和发展趋势，有预测公司、企业未来的能力；掌握一门以上外语，善于各种场合的交际；一般要有硕士学位，具有5年以上工作经验。

第6至14级秘书或是电脑、通信方面的工程师，主要从事设计和操作；或是大公司、大企业的地区主管、部门经理的秘书，辅助实施全面管理。他们一般由秘书学院或大学培养；一般为本科生或专科生。

第6级以下的秘书主要承担比较单纯的技术性、操作性工作，如打字、文书的收发、管理，及一般的电脑操作等。他们多数是高中毕业生，经过秘书职业培训后任职，或是中专程度的职业学校的毕业生。

美国行政管理学会在借鉴和综合美国劳工部秘书分类标准的基础上，兼顾了美国劳工部进行秘书分类时依据的管理人员级别、秘书职责大小及专业工作标准这三条分类标准来划分企业秘书的职级。

（1）见习秘书：主要职责为接待来客、接听电话、打字、安排约会，以围绕人际关系展开工作为主。

（2）正式秘书：经过见习阶段，具备相应能力，为企业领导的行政助手，其职责包括收集、整理有关资料，草拟报告、备忘录、打印信件及其他文书，安排上司旅行，拟制某部门的工资单及按授权管理小额现金等。

正式秘书分为行政秘书和通信秘书两类。行政秘书主要负责处理业务信件和电话，收集资料、保管文件、打印文件；通信秘书主要负责使用办公设备，誊写、打印文稿。

（3）A级秘书：美国行政管理协会划定的四类秘书之一，是社会团体内中层领导、大公司中级管理人员的秘书。主要任务是行使范围不定的秘书职责，如起草或抄录内容较复杂的保密信件等。A级秘书须具备本公司有关政策、工作程序方面的知识，并熟练掌握中级以上秘书及行政工作技能。

（4）B级秘书：美国行政管理协会划定的四类秘书之一，是社会团体内基层领导、大公司中基层管理人员的秘书。主要任务是行使范围有限的秘书职责，即记录上司口述，誊写速记稿、录音稿，接听、转达电话，安排上司约会或公务旅行，答复日常信函，保管档案，迎来送往。B级秘书须具备一般秘书工作知识及技能。

8.1.2 美国秘书的职责和发展

一、美国秘书的职责

美国秘书的职责范围比较广泛。按照美国《职称辞典》的解释，秘书是贯彻执行下列活动的人：

（1）全面处理机关的或者公司的行政工作，以减轻政府官员和公司负责人的较次要的行政事务及办公室工作；

（2）能用速记记录口述；

（3）能用翻译机将口述或者复制的记录信息译成文字；

（4）处理上司约会并提醒其赴约；

（5）接待到办公室来访的客人；

（6）接电话和打电话；

（7）处理上司重要私人邮件，主动书写日常函件；

（8）对办公室其他工作人员进行工作监督；

（9）整理人事档案。

综合美国秘书职业活动的实际内容，秘书的工作范围可以大致归纳为三个方面：

一是指派性事务。即上司临时交办的事务，包括誊写书信、草拟电文、去银行存取款、去图书馆查找资料、上司外出时为其订票等。

二是日常事务。即在没有指派或者监督情况下进行的工作，包括开启邮件、文件归档、接答电话、补充办公用品、管理保密材料、搜集有关资料等。

三是独创性工作。即发挥秘书的主动性，运用创造性的工作方法协助上司，如在上司询问之前完成某些工作，注意搜集信息以供上司决策时参考等。

上述三个方面中，秘书越能有效地完成指派性事务和日常事务，就越有充足的时间从事独创性工作。这三个方面的工作范围，使美国秘书在工作中有较大的自主性，可以在不违背上司意图的情况下，充分发挥个人的积极性与主动性，并创造性地做些工作范围之外的事务。

二、美国秘书的发展

在美国，秘书有着良好的发展机会，对那些工作勤奋、认真负责、具有开拓创新精神的秘书来说，发展前景十分广阔。大公司可以提供给秘书可观的薪金和丰厚的福利，以及公司内部稳定的晋升机会。在小公司，虽然秘书的薪金和福利不如大公司，但公司往往为秘书提供多方面、广泛的实践机会，给秘书的长远发展奠定坚实的基础。

美国秘书的发展往往十分注重以下几个方面。

1. 通过学习提高素质

越来越多的领导都在尽力寻找那些既有广泛的人文科学知识，又拥有良好技能的秘书。许多公司制订了助学金计划，鼓励秘书接受继续教育，公司内部也对在职秘书进行有针对性的培训。美国秘书要想迅速成长，必须通过学习提高自身的综合素质。

2. 通过实践提高技能

经理十分强调秘书处理办公室事务的技能，要求秘书必须熟悉一切办公程序，熟练地使用复杂的通信设备，并对打字、速记、文字处理、外语等方面提出了较高的要求。所以，秘书必须在实践中不断地提高自己的专业技能水平，才会有诸多的发展机会。

3. 建立良好人际关系

人际关系是秘书发展的重要保障，秘书必须处理好与上司、同事、外界的关系。为得到多方面的支持与合作、为自己的迅速发展打下良好的基础，尤其重要的是处理好与上司的关系。这就要求秘书必须忠诚上司、了解上司、尊重上司、服从上司、维护上司等。

4. 全面熟悉所在企业

秘书所在的组织是其生存发展的具体组织环境，秘书必须全面了解它、熟悉它，并促进它的发展，在本组织的发展中实现自我发展。也只有对企业熟悉，秘书才能够在特殊情况下具有应对复杂问题的能力，同时增长才干，才会有更多晋升的机会。

5. 积极迎接全新挑战

科技的发展使传统的秘书事务减少，秘书面临办公现代化的挑战。秘书只有不断学习现代办公技术，用以取代旧的技能，才能获得很好的职业保障及更好的秘书职位。企业也在不断地发生着变化，这就要求秘书强化应变能力，留心本组织的运转状况，熟悉法律法规等。

三、新信息时代成功秘书的素质

高科技的飞速发展，使世界进入了新信息时代。新信息时代为秘书创造了前所未有的机会，秘书不但可以在工作中提高自己的地位，而且可以在待遇上得到更多的改善。玛丽·A. 德弗里斯在其《涉外秘书全书》（第七版）中提出了新信息时代成功秘书的素质。

1. 基本素质

了解新机器、新系统的工作情况，知道如何正确使用它们是一个成功秘书必须具备的基本条件；另一个先决条件是更多地了解老板的生意和公司在全球经济中的地位。秘书很少单独工作，他们必须学会如何在日常工作中与其他人相处，学会处理好办公室的人际关系。

2. 重要的个人素质

要想在这一个不断发展的职业取得成功，秘书必须：

（1）既能作为小组成员有效地开展工作，也能独立地制作和管理工作计划；

（2）与人打交道时善于合作、善解人意、处事干练；

（3）对自己和其他人的工作更加注重细节性、完整性和精确性；

（4）在工作中严守秘密、遵守道德；

（5）用有条不紊的工作作风和积极乐观的工作态度，树立良好的个人形象和公司形象；

（6）恪尽职守、诚恳待人、精干内行。

3. 把自己想象成行家

8.1.3 美国的秘书教育和考试

一、美国的秘书教育

1. 美国从事秘书教育的学校

（1）高等学校。高等学校中大多设置了秘书专业或者秘书系。据美国全国教育统计中心公布，现有这类学校 1 300 多所，主要为两年制的初级（走读）大学、技术学院及商业学院，设置了秘书专业四年制本科的高校也不少，每年获得秘书学学士学位的学生超过 2 000 人。

（2）中学。高级中学内设置秘书知识、秘书技能课程，进行秘书职业训练。

（3）成人学校。有的称秘书学校，有的在商业技术学校中设秘书系，就读时间从两个月至两年不等，班次多样，有全日班、半日班、夜间班、周末班等，学员一般不限制年龄、学历，毕业后校方协助推荐、寻找工作。

美国的秘书通常以复合式教育培养而成，如医学秘书常由医学院毕业生经过秘书专业学习后任职。

2. 美国秘书专业课程的设置

美国秘书专业的公共课程有打字、速记（包括机器速记）、阅读和写作、健康生活原则、办公室工作程序、计算机应用、秘书会计学、体育等。

根据将职业秘书划分为行政秘书、法律秘书、医学秘书等的现实，美国秘书专业还设有各类秘书的专业课程。

行政秘书专业课程有：商业数学、企业法、簿记、演讲基础、社会科学、行政秘书听写和录音、行政秘书准则等。

法律秘书专业课程有：美国政府及企业法、法律秘书的听写与录音、法律专门术语、法院及法律事务所程序、联邦及本州法院条例、法律秘书准则等。

医学秘书专业课程有：生物学、生理学、人体解剖学、心理学、医药法、医学专门术语、医学秘书的听写与录音等。

二、美国的秘书考试

1. 特许职业秘书考试

这是美国最有影响的秘书资格考试之一，是由国际行政管理者协会举办的高级秘书资格考试，合格者获特许职业秘书资格证书（简称 CPS）。

考试定于每年 5 月第 1 周的周五、周六两天在世界 250 个考试中心同时进行。报考条件非常严格，规定高中生秘书工作经历要满 6 年，大学生学习年限加秘书工作经历要满 6 年才能报考，有学士学位的人须有一年经过证明的工作经验亦能报考。

考试科目为企业法、企业行为科学、经济与管理、会计学、秘书技能、办公室工作程序等。考试连续进行 12 小时。

在美国，所有秘书都期望获此资格，以求个人有所发展。但想获得此资格相当不容易，其通过率一般不超过 20%。1980 年曾有 6 000 人报考，仅 1 000 人合格。

2. 美国合格的行政管理人员证书考试

这也是美国最有影响的秘书资格考试之一，是由美国行政管理学会举办的为商业界谋求监督和管理人员的秘书职位资格考试，合格者获合格的行政管理人员证书（简称 CAM）。

欲获取此证书者，必须先申请加入该学会，并达到以下标准：

（1）通过学会组织的人事管理、财务管理、调节和经济、行政机构、系统和信息管理、特殊疑难问题的管理技术等科目的考核；

（2）须有两年的行政管理经验；

（3）有高水平的个人品行以及一定的专业管理水平；

（4）近年来曾在一个自发组织内参与或者直接从事领导工作，并有可信的证据；

（5）以口头或者书面方式为制定有效管理方法、原则作出过贡献。

凡经过考核达到上述标准者，即发给证书，并允许其在自己的署名后面写上 C. A. M，以示具有了此种资格。

8.2 英国的秘书职业

【案例分析】

因写博客被炒鱿鱼，英国女秘书巴黎怒告公司

写博客日记现在是很时尚的事，但有时也充满着危险。日前，一名在法国巴黎工作的英国秘书声称，她因写博客日记而遭到解雇，现在她正在巴黎就此提出诉讼。

这名自称凯瑟琳的秘书在过去两年里，以“小安格雷斯”为笔名写的博客逐步拥有了一批读者。每天有 3 000 以上的人阅读这位单亲母亲对生活和工作的记述。

凯瑟琳在一家叫狄克逊威尔逊的英国会计公司工作。2006 年 4 月，该公司驻巴黎办事处的老板将她叫进办公室，并告知她因在博客日记中表现出严重的不良行为而被辞退。凯瑟琳被责令立即收拾东西离开办公室。

2006 年 4 月 18 日，凯瑟琳首次在博客上公布了被解职的消息并表示她已提起诉讼。她对记者说：“我当时感到非常震惊，这个消息就像晴天霹雳，此前我没有受到任何警告。”凯瑟琳在其博客上称她被“Dooced”掉了，这个词专门用来指因写博客而被开除。

凯瑟琳说，她从没有在博客上透露自己的姓名或自己老板的姓名。她将其前男友称为“我的青蛙”，而他们的 3 岁女儿被称为“蝌蚪”。但狄克逊威尔逊的合伙人声称，凯瑟琳不仅说出自己是谁，还上传了照片，这使人们很容易确认她所在的公司。该公司还抱怨她在上班时间写博客。

法国的一家劳动法庭将择日审理这个案件，这是法国首次遇到这种类型的案件，其宣判结果将成为对这类案件的首次判例。凯瑟琳的律师要求狄克逊威尔逊公司补偿其两年的薪水，约 5.4 万英镑。

因写博客而被炒鱿鱼的人并不少。2002 年，一个笔名叫希瑟·阿姆斯特朗的美国人因在其个人网页 dooce. com 上描述自己的工作和同事而被炒了鱿鱼。但是她也由此为美国英语作了贡献——创造了一个新词：dooce。

2004 年 10 月，一名美国航空公司的空姐因为在自己的博客上粘贴了一幅照片而被开除。据统计目前已有数千人因写博客丢了饭碗，阿姆斯特朗因此忠告说：不要写和工作有关的事！

【问题讨论】

凯瑟琳错了吗？为什么？

英国的秘书工作也很发达，而且发展比较稳定，对世界现代秘书工作的发展有着一定的影响。尤其是英国的秘书职业教育相当完善，秘书考试制度非常规范，因而被众多国家仿效，在国际秘书界颇具影响。

8.2.1 英国秘书的种类

英国秘书的种类主要有以下几类。

一、英国政府秘书

英国政府秘书指在英国政府机关中供职的秘书。他们属于文官中的事务官、公务员，供职任期为终身制，不受内阁更替的影响。他们的任用、职权、责任、利益、晋升均有严格的规定，并划分为行政级、执行级、文书或者办事员级、助理文书级四级。

1. 行政级秘书

他们是担任政府各部部长主要助手的高级秘书官，相当于秘书长或者办公厅主任。其职责为代部长草拟提交国会或者内阁会议讨论的政策方案，沟通、协调内部各部门的关系，改进机关结构和工作方法，对机关内行政人员进行管理和考核、监督。他们必须具有丰富的学识，很强的组织、判断、创造能力，并不得参加任何政党活动以保持中立的非政府性地位。他们大多毕业于名牌大学，并受过良好的专业训练。

2. 执行级秘书

他们是中级秘书官，相当于秘书科长、办公室主任。其职责为对法规范围外次要的、特定的案件作检讨性分析，对较重要的案件或者问题作主动观察与考察，对较小范围或者较少分量的事务进行直接领导。有的还负责机关内部的管理、考核，解决公务中的纠纷，支持较重要工作的进行等。他们一般毕业于文官学院或者其他大学。

3. 文书或者办事员级秘书

他们是一般秘书人员。其职责为按一定的法规、指示处理特定事务，按规定格式准确记录，回答问题及统计资料，作简单的文书草拟，收集、提供、保存资料，为上司决策提供依据。他们一般为大专或者中专毕业生。

4. 助理文书级秘书

他们为初级秘书。其职责为打字、速记、复印、接打电话、接待来客等。他们大多为高中或者中专文化程度的女青年，年龄在 18 ~ 20 岁者居多。伦敦及各地均设有专门学校以培养这类人员。

二、英国执行秘书

英国执行秘书是英国工商企业中受高级经理雇用的一种私人秘书。他们是雇主的得力助手和私人代表，必须对雇主的活动和工作范围有详细的了解，为雇主分担许多具体事务，在一定范围内有决定权，并能代表雇主进行业务洽谈。

三、英国公司秘书

英国公司秘书是英国公司中的高级行政职员。英国公司法规定，每家公司必须配备一名专职秘书，同时可配备助理秘书或者代理秘书，以备公司秘书缺席时代行职责。公司秘书的职责除从事一般性行政事务、保证公司业务活动符合公司法及公司规章外，还包括：①新成立的股份有限公司正式营业前，他必须向公众作出法定宣告；②签署年度损益表及其附件；③如公司被法院下令解散，他必须向官方证实清算声明书；④如公司解散后的清算人是由债权人任命，则必须向清算人提交经其证实的清算声明书；⑤股份有限公司转化为无限公司、无限公司转化为有限公司时，他均应在申请书上签字。

公司法对公司秘书的违法处罚也有规定：届时未提交分配股息的报告书，未及时颁发股份或者债权证书，未在营业地以外的公开刊物上公布盖有公司大印的公司名称，不允许在册股东和债权人检查公司业务情况，不保存会议记录，不向有关人员寄送公司负债表、审计报告和董事会报告，则对公司秘书处以罚款；如有伪造公司簿记，篡改负债表等报告、文件，泄露公司秘密，利用职务之便私自从事股票和货物买卖以谋取不正当利益，则可依法追究其刑事责任，可处以 3 年徒刑。

四、英国私人秘书

私人秘书是指被雇主雇用、为雇主个人服务的秘书。在英国雇用私人秘书相当普遍，私人秘书不仅需要熟练掌握打字、速记技能，还必须有丰富的商业知识和秘书知识，要求颇高。欲谋得私人秘书职位，必须经专门考试，持有合格证书方能应聘。英国有不少私人秘书团体。

8.2.2 英国秘书的职责

英国秘书以政府和公司中的秘书为主体，下面分别举例介绍他们的职责。

一、政府秘书的职责

一天的常规工作如下：

（1）上午 9 时开始工作，首先与上司对照各自的日程表，以免冲突、遗漏，随时适应变化；

（2）剪报，浏览清晨送来的报纸后，裁剪下有关本部门的文章，存入专用文件夹，必要时稍加注释或者说明，然后呈送上司阅读；

（3）冲好咖啡，送给上司及来客饮用；

（4）接受上司口授指示，将以上司名义发的复函及所布置的工作任务速记下来，回办公室后马上执行、完成；

(5) 复信，除由上司决定的重大事情外，一般信件都由秘书根据轻重缓急逐一处理、复信；

(6) 接听电话；

(7) 接待来访；

(8) 使用办公设备；

(9) 处理邮件；

(10) 分发文件；

(11) 及时请示，遇到突然出现的情况时，秘书须沉着、老练，及时向上司请示、汇报；

(12) 归档；

(13) 保持办公室整洁、有序，随时找到上司所需的文件。

二、公司秘书的职责

具体职责主要表现为：

(1) 速记上司的口述指示；

(2) 打字，包括在打字机和电脑上写作文书信函；

(3) 接待来客；

(4) 文件归档；

(5) 记账，即记录办公室的行政开支；

(6) 烧煮咖啡或者茶；

(7) 拆阅邮件；

(8) 寄发邮件；

(9) 记录来电；

(10) 安排工作日程；

(11) 复制文件；

(12) 安排公务旅行事宜；

(13) 筹办会议；

(14) 订购文具；

(15) 寻找资料。

8.2.3 英国的秘书考试

英国的秘书资格考试颇为兴盛，重要的考试有以下几种。

一、英国秘书特许状考试

英国特许秘书和行政人员工会统一组织的秘书专业资格考试，在英国及加拿大、澳大利亚等英联邦国家及地区内举行，每年两次。考试合格颁给特许状，即专业资格证书，该证书在英联邦国家和地区具有权威性。

考试课程为17门，分别为①基础课：经济学、定量研究学、法律入门、组织行为、办公室管理入门；②专业基础课：会计入门、商业法、信息网络学、人事管理；③专业课：共8门，其中必修课4门，即会议学、公司法、系统管理、管理原理和技巧；选修课4门，可以选修与秘书工作密切相关的秘书业务、财务会计、税收学、商业财务等，按所在公司或者机关的性质、任务不同而异。

二、英国秘书学习证书

这是由英国伦敦工商会颁发的私人秘书资格证书之一。欲获得此证书必须通过通信往来、商业知识、办公室日常工作、速记—打字，或者听录音—打字（记录）等考试。合格者授予此证书，供应聘初级秘书和速记—打字员职位之用。

三、英国私人秘书证书

这是由英国伦敦工商会颁发的私人秘书资格证书之一。欲获得此证书必须通过通信往来、办公室组织机构和秘书规律程序、商业结构、速记、打字员职责、听录音—打字等科目考试，并参加一次面试。合格者授予此证书，供应聘中级经理的私人秘书职位之用。

四、英国私人和执行秘书毕业证书

这是由英国伦敦工商会颁发的私人秘书资格证书之一。欲获得此证书必须通过通信往来、秘书管理、对经理工作正确评价、会议程序、打字员职责等科目的考试，并参加一次面试。考官从考速记、打字技巧入手，再评价考生的常识、机智、沉着、经验及效率。合格者授予此证书，供应聘高级经理私人秘书职位之用。

五、英国高级秘书证书

这是由英国彼特门考试学院颁发的秘书资格证书。欲获得此证书必须通过通信往来、办公室组织机构和秘书程序、商业知识、速记—打字员职责或者听录音—打字等科目的考试，并接受一次面试。合格者承认其具有全面秘书工作能力，授予此证书。

六、考试机构

（1）英国剑桥大学：秘书证书考试，考试内容为8项，单科考试合格者发单科证书，全部考试及格者发秘书资格证书。

（2）英国伦敦工商会：开设秘书学习证书、私人秘书证书、私人和执行秘书毕业证书三种不同水平的考试，颁发相应的资格证书。

(3) 英国彼特门考试学院：开设秘书科目考试，主要给速记、打字员和秘书指定考试范围和颁发资格证书。

8.3 日本的秘书职业

【案例分析】

日本的秘书

在日本，把一个组织中负责联络接待、信息管理等日常工作，并为领导层的工作提供支撑服务的工作人员，叫做秘书。

一般来说，在日本的企业或团体中，秘书隶属于秘书室或秘书科，负责与公司内外的联络、来访者的接待、信息的收集和管理、文书的拟制和管理、出差手续办理、迎送和红白事务的准备等工作。

有时候，根据领导的日程安排，秘书需要很早就去上班。到了办公室，首先要把邮政信函、传真、内部邮件等浏览一遍，把紧急的信件快速准确地分拣出来。同时，还要确认主要领导本日的活动行程。

有的时候，秘书还要负责回答来自公司内部和外部的各种咨询。

有的时候，上司还会让秘书召集一些紧急会议。这时候，会议室的安排、资料的准备、与会者的通知等事项，都要求秘书能够快速自如地应付。

此外，对于秘书，还要求其机智敏捷，具有处理突发事件和协调复杂事务的能力。

日本人认为，秘书的知识面要宽，为人处世的经验要丰富；秘书最好熟悉官场，能处理大世面。因为秘书是为上司服务的，而上司，不管是官场上司或是商界大亨，都要经历大场面，都得熟悉官场应酬。所以他们对秘书的要求是知识面广，技能实务熟练，处理问题的经验丰富，只有这样才能称得上是高级秘书。

【问题讨论】

读完上面的案例分析，说说日本的秘书与国内的秘书有什么不同。

日本的秘书工作吸取了欧美国家秘书工作的经验，并结合本国国情，自 20 世纪 70 年代以来取得了长足的发展，既注重实务技能，又注重开展理论研究。在日本，秘书教育也很发达，成为东方资本主义国家秘书工作的代表。

秘书一词，日语解释为秘密藏书之意。溯其源，与我国古代指宫禁中秘藏的书籍如出一辙，秘书原指物而非指人，故其由来与我国古代属同一沿革。日本的秘书是官职，相当于中央政府一级的副部长或部长助理，是行政首长，而不完全是幕僚或从事文字工作的人员，故而日本政府的秘书机构如下：日本内阁官房，是日本内阁的办事机构，也是内阁主要的辅助机构之一。内阁官房的主要任务为负责安排内阁会议议程，负责内阁的日常事务，收集重要情报并进行调查研究，向内阁提出制定重要政策的根据。内阁官房是内阁执行行政事务的主要助手。内阁官房设官房长官一人，由总理大臣任命，为内阁成员之一，一般是总理大臣的主要成员，亦为其亲信。内阁官房长官统辖内阁官房事务，统一监督所属职员的工作。同时配置内阁官房副长官两人，秘书官、内阁参事官、内阁审议官和内阁调查官若干人，协助官房长官进行工作。

8.3.1 日本秘书的种类和职级

一、日本秘书的种类

日本秘书大体可以划分为以下几种。

1. 日本公务秘书

日本公务秘书也称政治秘书，指在国会、政党、内阁供职，具有公务员性质的秘书。其中在国会、官厅、地方公共机构工作的秘书，除了要求了解国会、政党、内阁的结构外，还要求精通法律制定程序和有关机关详细工作程序。国会议员秘书还得将与自己居住地联系的工作作为重要任务。

2. 日本事务秘书

日本事务秘书指在医师、律师等专业人员身边工作的秘书。他们除具有秘书工作知识和技能外，还必须具有相当程度的专业知识，如医师的秘书要配合医生接收病人，从事社会保险等与医疗事务有关的工作；律师的秘书要协助接待委托人，调查案件，与法院联系，代替律师与委托人预谈，整理材料等；会计师、税理师的秘书要掌握簿记、会计知识；大学教授、研究人员的秘书要善于搜集、剪贴资料并整理立卷等。

3. 日本外事秘书

日本外事秘书指擅长外语，在外资企业和各国驻日使馆供职的秘书。随着日本外资企业的增多，加上各国的大使馆，这类秘书的数量日益增多。他们必须精通外语，能将上司的话当场速记下来并打印出来，并要求能以优美、准确的日文进行翻译，能用日文准确无误地拟写文件书信，能为外国来客当向导，陪同观看歌舞等文娱表演，懂一些茶道、花道以及日本其他文化、历史知识。

4. 日本秘书

日本秘书也称公司秘书，即董事长和经理的专职秘书，主要从事接待来客、接打电话、联络事务等工作，以女性居多。这类秘书特别需要有高度的服务精神，有愉快、和蔼、亲切、礼貌、爽快、幽默感等职业素质，以反映出企业的良好素质。

5. 日本私人秘书

日本党政要员、议员、大企业家、有名望的学者、教授和影视、体育明星等社会名流都雇用私人秘书，少则一两名，多则几十名。这些私人秘书负责对外联络、接待、公关，安排雇主一天、一周或者一旬的工作日程。

另外，从专业化角度划分，日本秘书还有“日本型”秘书与“欧美型”秘书的区分：前者指在日本国内以传统方式从事秘书工作的秘书，未经过专业训练和技能考察，对秘书业务技能无明确规定，工资待遇不明确；后者指在日本国内具备欧美国家秘书一般特征的秘书，以秘书工作为专门职业，对秘书业务技能要求明确而严格，工资待遇依据业务能力的强弱而定。近年来，“日本型”秘书与“欧美型”秘书的差距正在逐渐消失。

二、日本秘书的职级

日本秘书学教授森胁迫子在其专著《女性秘书入门》中，依据秘书业务水平而将秘书划分为初级秘书、中级秘书和高级秘书三个层次等级。

1. 日本初级秘书

初级秘书一般能完成上司指定的工作，基本了解秘书职责和工作方法，已有2~3年的工作经历，除能熟练地处理见习秘书的各项业务外，还能承担文书收发、信函起草、预订票据等业务。其工作能力基本上得到上司和同事的认可，已具备作为上司个人秘书的候选资格。

2. 日本中级秘书

中级秘书必须能主动分担上司杂务，减轻上司行政工作的负担，并能够独立进行工作，一般已有4~5年的工作经验，可以指导新秘书的业务。其主要工作是为上司安排日常活动日程，必要时代表上司对外谈判。

3. 日本高级秘书

高级秘书必须能够给上司以有力的协助，能够提供解决问题的有效方案，工作中能够发挥作用并取得相应成绩。他们是上司名副其实的助手，基本上不处理具体日常事务，主要负责秘书课（室）的领导工作。在公司召开董事会时，是上司的高级参谋。

另外，在实际工作中还有见习秘书。见习秘书未受过专门的秘书教育，从事秘书工作不足1年，对整个秘书工作尚不熟悉。其主要职责为值班、接电话、接待来客等服务性工作。

8.3.2 日本秘书的业务和素质

一、日本秘书的业务

根据相关规定，日本秘书的业务分为固定业务和非固定业务两类。此外，有些大公司还有所谓思考性业务。

1. 固定业务

固定业务指秘书承担的日常事务性工作，一般包括安排上司工作日程，接待来客，接打电话，筹办各种会议、茶会、宴会，安排上司出差事务，处理信息，收发邮件，处理文书，整理文件等。

2. 非固定业务

非固定业务指突然发生、有偶然性的事项，类似于我国秘书工作中的处理突发事件，处理时难度较大。一般包括发生火灾、地震、台风、洪水和交通事故等天灾人祸时，秘书应该冷静地协助上司妥善应付、处理；上司工作时突发急病，秘书要立即采取应急措施并将其送到医院；当蛮不讲理者、精神病患者或者游行人群强行冲入办公室时，秘书应该设法疏导、劝阻，避免发生暴力事件。

3. 思考性业务

这是日本本田公司对办公室业务提出的高层次要求，即规划、判断、分析战略信息，建立模拟系统等工作。该公司将企业办公室工作分为两类性质的业务，一种是定型的例行业务，另一种是不定型的思考性业务，前者占总工作量的44%，后者占56%，以此鼓励秘书发挥主观能动性，积极思考，为企业的发展出谋划策，是促使企业高效率化的创举。

4. 中间型秘书工作

在日本还存在着一种称为中间型秘书工作的方式，即秘书既要为指定服务的上司做好秘书工作，又要分担所在秘书课（室）的秘书业务。也就是每一位秘书在各自承担一部分根据工作内容分类的秘书业务时，还得为某一特定的上司承担部分秘书事务。它实际上是秘书工作范围的扩展，在日本工商企业、机关的秘书课（室）内较为普遍地被运用。

二、日本秘书的素质

日本秘书界认为，秘书应当努力使自己成为领导的耳目和助手，但是不能代替领导的大脑。因此，日本对各类秘书的基本素质提出了若干具体的要求，主要有：

（1）富有积极进取的精神；

（2）创造性地开展工作；

（3）严守秘密；

（4）对外接待热情诚实；

（5）与领导融洽相处；

（6）能很好地配合同事工作；

（7）掌握交谈技巧；

（8）有比较强的写作能力；

（9）衣着打扮要注意分寸；

（10）能熟练地使用各种办公自动化设备；

（11）善于利用空闲时间充实和提高自己；

（12）主动收集和保存所需资料，为领导决策提供服务。

另外，日本秘书协会列举了优秀秘书的五个条件：

（1）要有预见性；

（2）讲究办事效率；

（3）对上司要体谅、关心；

（4）要有健康的身体；

（5）要有良好的风度。

8.3.3 日本的秘书教育和考试

一、日本的秘书教育

日本的秘书教育自20世纪70年代以来，发展很快。自1980年文部省规定了秘书科设置的标准，批准短期大学可设置秘书科后，日本的秘书教育机构迅速发展，形式多样。至今已有100多所大学和短期大学设有秘书专业，系统进行秘书教育；有180多所商业专科学校、打字学校等各类专门学校增加了秘书实务课程；开设了与秘书工作有关课程的高级中学有几十所。

为了提高秘书素质和业务水平，日本非常重视对在职秘书的培训。培训内容根据不同机关、企业的实际需要而定，如日本东京YWCA专科学校商务秘书培训的一年制课程有秘书概论与实务、文书档案学、英文打字、英文速记、秘书英语、英语会话、会计事务、心理学（人际关系）、经营管理、通信、商业活动、劳动问题等。

日本高校秘书专业学位的获得：凡进入日本全国短期大学秘书教育协会的短期大学，按照统一的教学计划规定修满19学分者，即可获得此学位。

二、日本的秘书考试

1. 日本的秘书技能鉴定考试

这是由日本实务技能审定协会举行的秘书技能测试。该测试为日本文部省所承认，每年春、秋各举行一次，报考者不受学历、年龄、性别、实际经验的限制。该项考试规模大，影响广。

根据日本文部省通过的《秘书技能审查基准》，考试范围包括两方面，一是秘书理论：秘书素质、业务知识、一般知识；二是秘书实务：接待、技能、仪表等。

考试分为三级，第三级为初级，第一级为最高级，考生根据自己的水平选考。考试均为笔试，第一级笔试合格还必须参加面试。考分 60 分以上为合格，发给资格证书，可在应聘、求职时通用。

2. 日本的 CBS 考试

这是由日本秘书协会举办，审定秘书的英语、日语能力和业务知识、技术水平的资格考试。日本秘书协会鉴于日本国际化的现状对秘书提出了更高的要求，于 1979 年开始此项考试，以懂日语和英语、有实际工作经验的年轻女秘书为对象，每年 5 月、7 月组织两次考试。凡考试合格者授予 CBS 资格。

考试内容包括三方面：一是秘书所需要的日语、英语知识和应用能力，并必须经过口语面试；二是秘书业务、技能；三是秘书适应环境、处理人际关系和经营管理的能力。

8.4 香港的秘书职业

【案例分析】

香港公司法定秘书

每间在香港注册为有限责任的企业，都需要根据香港公司法（香港法例第三十二章）委任董事及公司秘书，以履行公司的法定责任，及维持公司基本的运作。自 2004 年 2 月 13 日开始，董事的最低要求由两位减至一位，而公司秘书并不能由唯一的公司董事担任。公司秘书乃法定职位，其职责包括向公司注册处申报有关公司的结构、任何主要人事的变动；亦需为董事局拟备公司的会议议程、筹备周年股东大会及对相关的法定条例提供专业咨询；接听公司电话和接收传真，收发信件等。

【问题讨论】

你对香港公司法定秘书制度有哪些看法?

香港是国际金融中心、自由港和独立关税地区，公司商行林立。不管大小，公司和商行都聘有秘书。秘书作为重要而必不可少的辅助人员，社会对秘书的需求量很大，尤其对商务秘书的需求量较大。香港由于曾经长期处于英国殖民统治之下，秘书工作受英国影响较大。

8.4.1　香港秘书的构成

一、香港秘书的两大群体

香港社会的秘书大致可以分为两大群体：

一是高层次群体。他们是上司直接、重要的助手，其职责为全面辅助上司，如起草文件、传达指令、搜集信息、通信联络、管理文件和办公室事务等。其中层次最高、职权最大的是公司秘书和董事会秘书。

公司秘书有的也称为行政主管，是由董事会聘请、与总经理平级的高级管理人员，负责行政、人事、财务等工作。

董事会秘书由董事会或者董事长指派，与总经理保持联络，了解、监督公司业务，负责筹办董事会、股东大会，准备年度报告等重要文件材料，发布公司信息等工作。

担任公司秘书或者董事会秘书者，必须具有5年以上秘书工作经历，并通过英国特许秘书和行政人员工会组织的秘书特许状考试，取得高级秘书证书。

二是一般事务性秘书。对这类秘书的要求较为一般，但是人数众多。

香港大企业、大公司的高层领导，一般聘用经验丰富的中青年男子，作为自己的重要助手，而大量一般事务性的秘书工作聘请年轻女性承担。所以，香港的秘书以女性为主体。

老板选择女秘书，着眼于对方接人待物是否落落大方，而并不过分注重年轻貌美。女秘书也力求与上司建立感情，相互信任，达到默契，但是不能过分亲昵，否则会引起公司内外的反感，不利于工作，且为风气所不容。

二、香港女秘书的职级

香港女秘书的职级大体分为见习秘书、初级秘书、中级秘书、高级秘书。

1. 见习秘书

未受过专门的秘书教育，从事秘书工作不足1年，对整个秘书工作尚不熟悉。其主要职责以值班、接电话、打字、预定约会、接待来客等服务性工作为主。

2. 初级秘书

凡年龄30岁以下，中等文化程度，经过职业训练局的秘书职业训练，打字速度合格，具备一定的商务知识，懂电脑操作与会计知识，能熟练使用英语、普通话或者第三种语言者皆可录用。初级秘书一般从事日常的秘书事务，如接待、接打电话、打字、记录、抄写、统计、传达、文件的收发管理等。

3. 中级秘书

初级秘书工作几年后，若表现良好，有些人得到晋升成为中级秘书。中级秘书负责办公室管理及行政事务，有权参与董事会会议，有一定的职权。

4. 高级秘书

从事秘书工作七八年后的秘书可成为“资深秘书”，通常可以参与公司事务的讨论及制定工作，有些人甚至进入董事会参与决策，既是董事，又是公司的大秘书。在对外方面，往往以公司发言人的身份代表公司发布信息，并参与公司的运作。高级秘书在香港女秘书群体中所占的比例较小。

8.4.2 香港秘书的素质

一、香港秘书的基本素质

香港社会对秘书的基本素质要求，归纳如下：

（1）了解自己的职责范围，明白自己应该怎样尽职，并向何处努力；

（2）依据上司的工作目标，制定自己为其服务的秘书工作目标，坚持不懈地为达到此目标而努力；

（3）洞察上司工作中的需要，主动提供各种辅助性服务，以节省上司的时间和精力；

（4）帮助上司工作摆脱琐碎杂务，为上司代劳，使上司能从容处理其本职工作；

（5）经常留心观察，力求发现问题，并能在分析后提出解决问题的对策；

（6）能对自己的工作质量、效率及时作出如实评价，并取长补短，予以改进，不断提高；

（7）具有自信心，善于发挥自己的潜力，去创造性地工作。

二、香港秘书的职业观念

1. 服从上司

香港秘书与上司的关系，是雇员与雇主的关系。雇员必须服从雇主，作为上司直接助手的秘书，更要绝对服从上司，否则就失去了担任秘书的前提。香港秘书界强调，秘书“必须依照所属上司的旨意，去更改秘书业务的内容”，即秘书在工作中必须无条件地服从上司的指令。

2. 忠实公司

香港社会要求秘书必须维护本公司或者本单位的利益，一切以公司利益为重，一切言行要对公司负责，自觉维护公司的权益、声誉和形象。秘书在任何场合都不得贬低公司，更不准泄露公司的机密，对公司要满怀忠诚。

3. 广泛结缘

香港的市场经济高度发达，“和气生财”是社会的信条。上司强调秘书要学会处理好种种人际关系，除了要与上司关系融洽外，还要与同事和睦相处，更重要的是与外界人士搞好关系。所以，秘书要善于交际，善解人意，为公司结交尽可能多的朋友，以利于公司的发展。

4. 重视事务

香港秘书以帮助上司处理事务为主要工作内容，即以办事为主，参谋作用不提倡、不强调，也不明显。如果有，只是在发现上司处理业务中有明显疏忽时予以提醒，或者提些建议、写个备忘录等，而且不宜过分强调自己的主张。

8.4.3 香港的秘书教育

因为社会对秘书的需求量较大，因此香港的秘书教育和培训也很兴盛。由于香港的秘书主体为处理日常办公室事务的女秘书，要求较为一般，所以香港培养秘书人才主要依靠中专层次的学校，约有120所中专和补习学校在培养秘书。日班培养求职的秘书，夜校大多培训在职秘书。

一年制班约开设16～17门课程，如簿记、速记、打字、商业通信、报告和备忘录写作、进出口业务结算、经济学、文书处理、秘书实务、计算机操作和基础知识、电报传真、文字处理、语言训练、外语等。毕业后发给正式文凭，供应聘就业之用。

有些大学也设有秘书课程，主要讲授秘书的基本知识及秘书实务。香港的秘书教育普遍注重秘书实务，而不注重抽象理论，其实用性很受香港企业的欢迎。香港也举行英国特许秘书和行政人员公会组织的秘书特许状考试，通过考试获得此证书者，就业之路更宽，应聘的秘书职位的层次也较高。

8.5 秘书组织与节日

【案例分析】

案例1：道歉

美国某花店经理接到一位顾客的电话，说她订购的20支玫瑰送到她家的时间迟了一个半小时，而且花已经不那么鲜艳了。第二天，那位夫人接到了这样一封信：

亲爱的凯慈夫人：

感谢您告知我们那些玫瑰在很差的情况下已经到达您家的消息。在此信的附件里，请查找一张偿还您购买这些玫瑰所用的全部金额的支票。

由于我们送货车中途修理的意外耽搁，加之昨天不正常的高温，所以您的玫瑰我们未能按时、保质交货，为此，请接受我们的歉意和保证。

我们保证将采取有效措施以防止这类事情的再次发生。

在过去的两年里，我们总是把您看作一个尊敬的顾客，并一直为此感到荣幸。顾客的满意乃是我们努力争取的目标。

请让我们了解怎样更好地为您服务。

您真诚的霍华德·佩雷斯

案例 2：英国秘书的临时权限

英国秘书的临时权限指英国秘书在雇主外出期间的权限。雇主离开公司后，秘书就是雇主办公室的临时总负责人，负责处理来自国内的邮件、电报和接待来访者等事宜。在秘书权限范围内，秘书必须决定哪些事是重要的和紧迫的，应该由雇主的代理人处理；哪些事情已事先得到雇主的同意，秘书有权亲自处理；哪些事情必须等待雇主回来后才能处理。秘书对此必须作出决定。在任何情况下，秘书都不应试图充当雇主的代理人。如果秘书对某事应采取什么行动有疑问，应当和雇主的代理人商量。秘书在提供有关雇主的商务信息时，起着重要的作用，但应严格保密。如果雇主在外出期间向办公室打电话，秘书应主动向雇主提供最新信息或完成他希望完成的任务。雇主回来后，秘书应简单汇报在他外出期间所有重要情况（通常要打印成文字）。雇主代理人和秘书写的重要信件的副本应存放在文件夹内，供雇主回来后阅读。

【问题讨论】

1. 花店经理的这种处理方式有哪些好处？
2. 英国秘书的临时权限与秘书职责的关系是怎样的？

在国外，伴随着秘书职业化的发展，各种秘书的行业组织纷纷成立，有些组织影响巨大，甚至成为国际性的行业组织，如国际职业秘书协会，它们为进一步推动秘书职业的发展乃至为推动社会的进步作出了重要的贡献。

8.5.1 国际职业秘书协会

国际职业秘书协会是世界 30 多个国家和地区的秘书组织成员交流秘书工作经验的中心和汇集信息的阵地，是世界有名的跨国性的职业组织。其前身成立于 1942 年，原名美国全国秘书协会，1981 年改为国际职业秘书协会，总部设在美国密苏里州堪萨斯城。

国际职业秘书协会的会员除美国的在职秘书外，还来自欧、亚、拉美各洲的 30 多个国家和地区。其宗旨是：作为秘书的代言机构，维护秘书的合法利益；通过连续教育，提高秘书人员的素质和水平；介绍最新技术，增强业务技能，提高秘书的职业地位。

国际职业秘书协会还有分支机构，人数最多的分支机构分设在美国、加拿大、拉美的维尔京群岛及波多黎各，此外还接纳自主分支协会。分支机构的宗旨和规模与国际职业秘书协会所规定的一致。

国际职业秘书协会设有国际董事会，有主席、副主席、秘书及司库等职务。选出的董事会成员不拿薪金，总部的行政领导管理拿薪金的全体职员，贯彻履行董事会所提出的方针政策。总部设有会员接纳部门，其任务是在全球发展与扩大国际职业秘书，欢迎合格的人员入会成为会员。其接纳会员的条件，不决定于官衔和职称，而决定于其工作实质。申请入会者多为文秘专职或者部分时间从事秘书工作人员、文秘研究人员、有证明书的职业秘书及积极从事秘书教育的教师。加入该组织后，会员可以分享世界各地秘书的经验并能获得协会文献及各种当代职业信息、办公室工作发展方向等各方面的知识。

国际职业秘书协会提供给会员的刊物有三种：一是《秘书》，为国际秘书领域主要刊物，交流介绍秘书工作方面的新思想、新观念、新动态、新技术。二是《秘书工作范例》，为协会和各分支机构中企业经理代表人物合作创办的一种多方面综合论述刊物，适用于各种办公室环境，反映秘书职责的共同特性。三是《职业秘书道德准则》，建立和传播职业行为标准，体现秘书的职业道德观念。

国际职业秘书协会还领导了一个未来秘书协会，会员已经超过一万人，都是正在大学秘书系学习的“未来秘书”。国际职业秘书协会经常组织有经验的秘书对这些未来秘书进行辅导，并设有奖学金，发给成绩优秀的学生，以鼓励他们成长。

国际职业秘书协会于每年7月举行国际秘书会议，世界各地会员随意参加。会议内容丰富，有名人演讲、专题报告、专题讨论、专家讨论以及与办公室贡献成果相结合的非正式讨论会等。国际职业秘书协会还将每年4月最后一个工作周定为秘书周，该周的星期三定为秘书节，举行相应的庆祝活动，给秘书很大鼓舞，使秘书工作受到支持和重视。另外，国际职业秘书协会每年举办特许职业秘书考试。

1998年，国际职业秘书协会改名为国际行政管理者协会。

8.5.2 欧洲专业秘书协会

在欧洲，除“剑桥秘书”证书以外，1974年，法国的桑尼亚·威纽娜女士（Sonia Vanular）发起创立欧洲专业秘书协会（European Association of Professionai Secretaries，EAPS），总部位于巴黎的“欧洲大楼”，会员国包括绝大多数欧洲国家。

欧洲专业秘书协会的宗旨：一是成为全欧洲秘书的代言人。二是通过下列方式确立秘书在管理层的主要形象：①提升秘书的地位；②促使秘书接受专业训练；③让秘书成为一种职业。三是激发秘书发挥潜能。四是形成欧洲秘书的核心组织以加速促进秘书工作。五是提供全欧洲相关业务的网络联系。六是通过下列方式促进全欧洲秘书行业的相互了解与合作：①为秘书提供交流与分享的平台；②协助会员前往其他欧洲国家担任秘书工作；③举办商务及文化性的国际级会议。

欧洲专业秘书协会定期出版刊物《欧洲秘书的今日》，对各国会员发行，使各国会员借此互相了解和沟通。欧洲专业秘书协会会员分为见习会员、会员及荣誉会员三种。

8.5.3 亚洲秘书协会

1974 年，菲律宾秘书协会向亚洲诸国秘书协会呼吁筹建亚洲秘书协会，首倡者是菲律宾秘书协会会长琴·阿比尼亚女士，并在马尼拉召开了首届大会。1976 年，亚洲秘书协会正式成立，第二届亚洲秘书大会召开，决定首任会长琴·阿比尼亚女士为亚洲秘书协会的创会会长，菲律宾秘书协会为亚洲秘书协会的秘书处。亚洲秘书协会的宗旨是交流情报，报告各国的活动，提高秘书知识技能等，致力推动亚洲秘书向前迈进。亚洲秘书协会有年会、月例会和自己的刊物。1998 年，亚洲秘书协会改名为亚太行政专业协会。

8.5.4 国际秘书节

为了肯定秘书的贡献，1952 年春天，两位美国资深秘书共同向美国政府提出创立秘书节的建议，借此肯定秘书的专业才能、忠诚及工作效率等给予政府及企业的作用与贡献，并通过有效宣传，引起社会各界对秘书的重视，进而提升秘书的整体社会地位及价值。美国商业部长接受了这个建议并郑重宣布，1952 年的6月1日至7日为全美第一个秘书周，6月4日为秘书日。

1955 年，美国全国秘书协会（即后来的国际职业秘书协会，今天的国际行政管理者协会）正式将秘书周定在每年4月的最后一个工作周，该周的星期三为秘书日，沿用至今。由于美国全国秘书协会的影响力覆盖全球，因而世界各国的秘书界先后认同并接受了美国的版本，将这一周和这一天确定为各自国家的秘书周和秘书节。每年年终，该协会都要向全世界宣布次年国际秘书周的共同主题，以便各国秘书界有所依循。

时至今日，世界各地都会在4月庆祝专属于秘书和行政工作人员的节日。在秘书节这一天，许多国家的秘书都有假期，还会收到上司送的鲜花和贺卡，以表达上司对秘书辛勤工作的感激之情。

各国政府历来对秘书节非常关注。1989 年的秘书节，美国总统布什在其贺信中称：“4 月 26 日，值此职业秘书节日之际，对于职业秘书们的技能、贡献和艰苦工作，我极力主张要获得全体美国人民的一致承认。本年庆祝的主题‘任务变化中的预见’，明确表示秘书职业的进化形象。我们深深注意到了职业秘书的惊人潜力。秘书们的确值得我们尊敬与祝贺。”加拿大总理在其贺信中也有这样的贺词：“通过‘任务变化中的预见’这一本年主题，大家一致公认秘书业正在发生变化。工业技术发展引起的变化，使秘书的许多职责正在呈现崭新的变化。当你们继续承担日益重要的任务和参与决策制定的过程中已经发出这样信号：你们这一行工作的成熟期快要来临。在迎接前面的一切挑战中，我祝各位一切成功。”

2000 年，国际行政管理者协会宣布将秘书周和秘书日改名为行政专员周和行政专员日，从而与当今不断变化的工作名称和职责增加保持一致。

【本章小结】

了解国外及香港秘书职业的概况，对国外及香港秘书职业的种类、职级、职责、发展、教育和考试有一个大概的认识。这对于秘书开阔知识面和明确今后努力的方向具有重要的指导意义。通过与目前国内的秘书职业进行比较，掌握国内外秘书职业的特点与发展趋势。要想成为一名优秀的秘书，就必须及时掌握国内外秘书行业的最新动态，以最新的理念来充实、指导自己的工作。

【习题与训练】

1. 比较国内秘书与国外秘书职责的不同之处。
2. 国内与国外对秘书素质的要求有何不同？
3. 了解国外秘书的概况对你今后的秘书工作有什么帮助？
4. 谈谈秘书节对秘书的重要意义。

【项目训练】

以 4 ~5 人为一小组，围绕“我眼中的国外秘书”这一主题设计一份包含 10 ~15 个问题的调查问卷，并对全班同学进行问卷调查，最后以小组为单位提交一份调查分析报告。

【知识链接】

（一）英国男秘书现在正流行

他们在办公室里还是稀有一族，但是，凯西·简丝说，男性私人秘书正在被大众所接受，他们努力工作，慢慢打破传统。

性吸引力不再是秘书必须

如果你问任何一个私人秘书，这个工作通常给人的印象是什么，他们会转转眼珠这样回答你：是的，是的，超短裙、细高跟鞋，染得鲜艳的指甲，跟着一个色迷迷的男老板，始终做一些泡茶、写备忘录这样的工作。

这个印象现在让人看起来很不正确，但这并不是因为私人秘书这个角色定位改变了很多。为女老板工作的男性私人秘书数量的缓慢增长是这个印象看起来不合时宜的另一个原因。这些男性私人秘书是怎么看待自己的角色的呢？

“人们过去对私人秘书的看法很狭隘，让人失望，”妮库拉·约恩的私人秘书尼克·雅伍德—布察南说，“我所做的工作是业务上的支持，性别和工作没有什么关系。如果有人这么想，那真是思想陈旧。”妮库拉·约恩是朴次茅斯一家慈善机构的CEO。

但是在19世纪末20世纪初，当这个工作收入很好且受尊敬的时候，私人秘书都是由优秀的男性担当。然而，当女性努力奋斗进入这个领域之后，私人秘书失去了其原有的地位，工资下降，于是男人们离开了这个行当。20世纪60年代中期，世界上的秘书几乎都被女性占据。1962年的一项调查显示，当时有28%的公司相信性吸引力是私人秘书这个工作的必须。

在英国，幸亏有了公平机会的立法，秘书走路时必须左扭右摆的要求已成为过去。对于那些希望看到私人秘书这个角色中有更多男性的人来说，前途是光明的，道路也不会太曲折。

但是雅伍德—布察南认为自己的角色已经超越了以往对于秘书的印象，尤其是在这个长期以来被女性占据的工作上。真的是这样吗？

“我不能相信有人认为我是在追随一个男性当私人秘书的潮流，”他说，“我以前也曾经为女老板工作过，性别因素从来没有进入到工作中来。你真的需要好好考虑这个角色，以及一个人是否有能力做好这个工作。”

女老板：很多人把男秘书误认作CEO

这正是女秘书们赞成了几十年的观点。从什么时候起，诸如管理日志、预订酒店机票，以及其他雅伍德—布察南每天都做的工作变成了女性角色的工作？

他的老板同意这个说法。“当尼克被任命的时候，很多同事嫉妒我有一个男性私人秘书，”约恩说，“他们对这个任命很羡慕。”

然而这个说法暗示了男性和女性看待秘书角色的不同。雅伍德—布察南不相信自己是在追随潮流；男性做私人秘书，在他看来，是件平常的事情。可是对于许多女性私人秘书来说，这是个有着巨大吸引力的话题——或许是因为她们和传统中那种穿着高跟鞋“噔噔噔”走的形象斗争了太久的缘故。

“对于秘书，人们有很多刻板的印象，这对他们很不好。很多从事秘书职业的人都要忍受别人的指点，”约恩说，“但是尼克没有，他在单位里很受尊敬。他是我的左右手，没有他，我不能完成我的工作。”

然而约恩自己仍然有那些男性至上主义者的态度。作为慈善机构的 CEO，她收到的邮件常常写着要寄给“尼库拉斯”，而不是“妮库拉”，好像 CEO 只能是个男的。打电话的人也常常弄混，认为雅伍德—布察南才是 CEO，因为他是男的。他们的工作关系完全是建立在工作能力上，没有其他因素。“尼克彻底了解我，”约恩说，“他是个很棒的私人秘书。他知道我什么时候需要什么。当我遇到难题心情不好时，他会给我泡一杯茶。那些认为只有女性可以做这些事情的人真是故步自封。”

乔纳森：秘书工作正适合我

梅勒妮·方斯顿是一家秘书培训推荐机构的管理咨询师。根据她的了解，男秘书仍然很少，不过这种情况不会持续太久。“在我们的资料库里，5% 的私人秘书是男性，”她说，“这个数量不大，但是它一直在增长。”

“我想这是因为私人秘书这个角色本身在发生变化。现在，它更多地是一项职业，而不是过去所认为的那样。这个行业也有巨大的压力和动力。他们可能了解公司的机密，了解商业运作规律，并且和关键人物建立密切的联系。这样一个角色对于男性有很大吸引力。”

这并不奇怪。私人秘书的工作把你推到了一个非常强有力的位置上。你不但可以去参加那些高水平的会议，而且有机会在那些顶尖人物面前发挥你的聪明才智。

但是对于其他人来说，当私人秘书是个人事业道路的选择，证明这个工作不仅是要安排每天谁去给大家买甜点。毫无疑问，男人们得到了这个信息。

英国图书馆公关部主任吉尔·外博的私人秘书乔纳森·斯塔克，知道为什么是这样。“我可是新闻媒体的看门人，”他说，“这个工作不可以低估。我和一些通常不太容易见到的人保持联系，了解新闻媒介的运作，熟悉这个我一直想做的工作。”事实上，他选择做私人秘书一点都没有让他的事业计划推迟。

斯塔克的工作包括接听电话、预订酒店和机票、管理备忘录，以及保持部门平稳运转、支持帮助外博和她团队的工作。据外博所说，私人秘书是个男人的事实没有影响她完成工作。“当我招聘私人秘书的时候，我想找个能够理解我的工作需要的人，”她说，“我同样看到，这对他来说也是个好机会。我实在没注意到男秘书和女秘书有什么区别。我只想找最适合这个工作的人。这就是我为什么选择乔纳森的理由。”

在英国图书馆，很多高级管理职位被女性占据，包括 CEO。外博相信，正是这样一个环境使得在工作中没什么性别之分。“我从没想过因为我是男人所以不应该做这个工作，”斯塔克说，“如果你问我，很多私人秘书不只在办公室里工作。那么我要说，很幸运，我从没有从同事那里感受到异样的眼光，因为我，一个男人，被我们的团队所认可。这真的是破除那些刻板印象的时候了。”

（资料来源：覃威．新闻晨报）

（二）公司秘书职能是如何演变的

美国社会公司秘书组织（ASCS）创建于 1946 年秋。创始人是雷多·L. 特尼，他致力于一种新的职业：帮助股东在股东大会上为维护自身的利益而投票。事实上，创建 ASCS 的主意来自特尼的一个朋友，爱凡·雷罗德，他是华尔街一家大的律师事务所的成员。美国社会公司秘书组织于 1946 年 10 月 30 日获得执照。1946 年在纽约比特摩尔酒店召开了第一次预备会议。

战后的繁荣使美国的经济迅速发展，公司环境由里及外也随之改变。这些改变使公司秘书的职能更趋复杂，并由此产生了职业教育、组建网络体系及开展宣传活动的需要。

面对新纪元，我们对 ASCS 的成员仍有一些最基本的义务。今天与以前最根本的，也许是唯一的区别是我们今天广泛使用了高科技手段来向我们的那些预算吃紧、资源有限且受时间严格约束的成员们提供服务。

职能的变化

与公司的其他职务不同的是，公司秘书的职能是唯一松散型定义的，而且随着公司的需要而不断变化。公司秘书对公司的生存和发展负责。在美国，办公室的职能主要是制定个人条例、公司规章程序，还有组织召开董事会、每年的股东大会以及为使后来的管理者了解情况做好会议纪要，并保管好公司的各种档案，除了这些管理方面的职能之外，秘书还理所应当成为为董事、经理及股东们提供指导及帮助的重要人物。

理想的公司秘书应头脑清楚、表达能力强、办事有条理、可靠、有预见能力并且细心。这项职务也要求秘书擅长外交、有礼貌并尊重前辈（许多秘书还有律师文凭或相关背景）。但在今天迅速发展的公司环境中，秘书的职能正在发生变化，当代的公司秘书需具备的一个新特征就是灵活性。

对公司秘书工作职能的描述相对 10 年前要复杂得多。面对今天信息与通信技术难以置信的发展速度，有必要对这种以极快的速度传递的信息系统进行控制。我前面提到的掌握本质，有条理、可靠、小心行事的特征是为了避免差错，以免浪费宝贵的时间。

最近一段时间以来，公司秘书面临更大的挑战。公司不得不平衡各种关系，处理股东们不断增多的意见，以减轻董事会及管理者等人身上不断增加的压力。这些问题使得公司秘书具有了 10 年或 20 年前不曾有过的重要和显著的地位。

秘书不再是一名幕后工作者，而是公司一名重要的策划人及发言人。

因为这种新的地位，使得秘书这个工作成为一块基石，如果一个秘书想超越秘书这个角色的常规定义而在公司发挥更大的作用的话，就可以借助这块基石。这就是灵活性的含义。当一项议题不知该交给谁处理时，机会就来了，公司秘书会被要求“注意这件事”。

公司秘书，说到底是董事会、高级管理人员及股东们（即公司管理“三角形”）之间联系的桥梁，他要为管理人员和董事做好回答股东们所提问题的准备。在我看来，因为需要了解影响公司安危的各种议题，公司秘书比其他管理者更需要进行广泛的阅读和思考。秘书随时会被问及“对评估我们的董事会，我们做了些什么”或者是“我们准备好 × × 年问题了吗”或者是“这种新的有价证券及交易委托方式对我们会有影响吗”等问题。因为立法和对违法裁决的法律条文的泛滥使得许多公司都需要一个见多识广的公司秘书。这里就暗藏机会。有能力、有广博的知识、善于分辨、易于接近，加上老练的性格、良好的交流能力及处事灵活，可以使公司秘书在公司内部占有一席之地，并有机会获得更大的发展。

最近有关代理章程的变化使股份持有者对影响公司管理和业绩的问题参与讨论成为可能，这种变化增加了股份持有者与公司管理人员对话的可能性。公司秘书是参与对话的重要成员。

当董事们的依赖越来越强，而股份持有者有对CEO、董事会及董事进行评估的要求时，公司秘书处在公司管理“三角形”的中心，成为处理问题的关键人物。

公司秘书必须保证做到相互间清楚的交流、开诚布公，并使交流经常化，以维持一种利益的平衡。若做不到这一点，将招来刻薄的话语及当面对质的窘境。

放眼未来

ASCS将继续完成我们传统教育的责任，并积极拓展网络体系，倡导实践活动，解决公司管理及制度健全等实际问题。未来的几年，我们将以更新的、更具有代表性的公司形象展现在大家面前。

（资料来源：大卫·W. 史密斯. 考试大网站，周静编译）

（注：作者为ASCS总裁）

附录 1

秘书国家职业标准

（2006 年版）

1. 职业概况

1.1　职业名称

秘书。

1.2　职业定义

从事办公室程序性工作、协助上司处理政务及日常事务并为决策及实施提供服务的人员。

1.3　职业等级

本职业共设四个等级，分别为：五级秘书（国家职业资格五级）、四级秘书（国家职业资格四级）、三级秘书（国家职业资格三级）、二级秘书（国家职业资格二级）。

1.4　职业环境

室内，常温。

1.5　职业能力特征

具备文字与语言沟通能力、综合协调与合作能力、逻辑思维与分析能力等。

1.6　基本文化程度

高中毕业（或同等学力）。

1.7　培训要求

1.7.1　培训期限

全日制职业学校教育，根据其培养目标和教学计划确定。晋级培训期限：五级秘书不少于220 标准学时；四级秘书不少于200 标准学时；三级秘书不少于180 标准学时；二级秘书不少于150 标准学时。

1.7.2　培训教师

应具有本职业 2 年以上培训经验。培训五级秘书、四级秘书的教师应具有三级秘书及以上职业资格证书或相关专业中级及以上专业技术职务任职资格；培训三级秘书的教师应具有二级秘书职业资格证书或相关专业中级及以上专业技术职务任职资格；培训二级秘书的教师应具有二级秘书职业资格证书 3 年以上或相关专业高级专业技术职务任职资格。

1.7.3　培训场地设备

培训场地应具有可容纳 20 名以上学员的标准教室，并配备电视机、VCD、录音机、录像机、摄像机、投影仪、计算机、打印机、复印机、传真机、碎纸机、光盘刻录机、数码相机、扫描仪等设备。

1.8　鉴定要求

1.8.1　适用对象

从事或准备从事本职业的人员。

1.8.2　申报条件

——五级秘书（具备以下条件之一者）

（1）连续从事本职业工作1年以上。

（2）具有中等职业学校本专业（职业）或相关专业毕业证书。

（3）经本职业五级正规培训达规定标准学时数，并取得结业证书。

——四级秘书（具备以下条件之一者）

（1）连续从事本职业工作3年以上。

（2）连续从事本职业工作2年以上，经本职业四级正规培训达规定标准学时数，并取得结业证书。

（3）取得本职业五级职业资格证书后，连续从事本职业工作2年以上。

（4）取得本职业五级职业资格证书后，连续从事本职业工作1年以上，经本职业四级正规培训达规定标准学时数，并取得结业证书。

——三级秘书（具备以下条件之一者）

（1）连续从事本职业工作6年以上。

（2）具有以高级技能为培养目标的技工学校、技师学院和职业技术学院本专业或相关专业毕业证书。

（3）取得本职业四级职业资格证书后，连续从事本职业工作4年以上。

（4）取得本职业四级职业资格证书后，连续从事本职业工作3年以上，经本职业三级正规培训达规定标准学时数，并取得结业证书。

（5）具有本专业或相关专业大学专科及以上学历证书。

（6）取得其他专业大学专科及以上学历证书后，连续从事本职业工作1年以上。

（7）取得其他专业大学专科及以上学历证书后，经本职业三级正规培训达规定标准学时数，并取得结业证书。

——二级秘书（具备以下条件之一者）

（1）连续从事本职业工作13年以上。

（2）取得本职业三级职业资格证书后，连续从事本职业工作5年以上。

（3）取得本职业三级职业资格证书后，连续从事本职业工作4年以上，经本职业二级正规培训达规定标准学时数，并取得结业证书。

（4）取得本专业或相关专业大学本科学历证书后，连续从事本职业工作5年以上。

（5）具有本专业或相关专业大学本科学历证书，取得本职业三级职业资格证书后，连续从事本职业工作4年以上。

（6）具有本专业或相关专业大学本科学历证书，取得本职业三级职业资格证书后，连续从事本职业工作3年以上，经本职业二级正规培训达规定标准学时数，并取得结业证书。

（7）取得硕士研究生及以上学历证书后，连续从事本职业工作2年以上。

1.8.3　鉴定方式

分为理论知识考试和专业能力考核。理论知识考试采用闭卷笔试方式，专业能力考核采用笔试、录像等方式进行。理论知识考试和专业能力考核均实行百分制，成绩皆达60分及以上者为合格。二级秘书还必须进行综合评审。涉外秘书加试秘书英语考试。秘书英语考试采用闭卷笔试方式，成绩达60分以上者为合格。

1.8.4 考评人员与考生配比

理论知识考试、专业能力考核和秘书英语考试考评人员与考生配比为1：20，每个标准教室不少于2名考评人员；综合评审委员不少于5人。

1.8.5 鉴定时间

理论知识考试时间不少于90分钟；专业能力考核时间不少于120分钟；秘书英语考试时间不少于90分钟；综合评审时间不少于30分钟。

1.8.6 鉴定场所设备

理论知识考试和秘书英语考试在标准教室进行。专业能力考核在具有计算机、电视机、录音机、录像机、VCD和投影仪等设备的标准教室进行。

2. 基本要求

2.1 职业道德

2.1.1 职业道德基本知识

2.1.2 职业守则

（1）谦虚谨慎，文明礼貌。

（2）办事公道，热情服务。

（3）实事求是，讲究时效。

（4）兢兢业业，甘当无名英雄。

（5）忠于职守，自觉履行各项职责。

（6）钻研业务，掌握秘书工作各项技能。

（7）奉公守法，不假借上司名义以权谋私。

（8）树立承诺意识、时限意识、精准意识、保密意识、权责意识、服务意识。

2.2 基础知识

2.2.1 文书基础

（1）应用文书的概念与制发程序。

（2）应用文书的格式。

（3）应用文书的要素。

（4）应用文书的表达方式。

2.2.2 办公自动化基础

（1）计算机基础知识。

（2）Windows XP操作系统应用基础。

（3）Word 2003应用基础。

（4）Excel 2003应用基础。

（5）Powerpoint 2003应用基础。

（6）计算机网络应用基础。

2.2.3 沟通基础

(1) 沟通的基本概念与内容。

(2) 沟通的方法与技巧。

(3) 横向沟通与纵向沟通。

2.2.4 速记基础

(1) 速记概述。

(2) 手写速记知识。

(3) 计算机速记知识。

2.2.5 企业管理基础

(1) 企业管理常识。

(2) 企业文化知识。

(3) 企业人事管理知识。

(4) 企业公共关系知识。

(5) 企业经营常识。

2.2.6 相关法律、法规知识

(1)《中华人民共和国公司法》相关知识。

(2)《中华人民共和国合同法》相关知识。

(3)《中华人民共和国反不正当竞争法》相关知识。

(4)《中华人民共和国劳动法》相关知识。

(5)《中华人民共和国知识产权法》相关知识。

(6) 世界贸易组织法相关知识。

3. 工作要求

本标准对国家职业资格五级秘书、四级秘书、三级秘书和二级秘书的能力要求依次递进，高级别涵盖低级别的要求。

3.1 五级秘书

职业功能	工作内容	能力要求	相关知识
一、会议管理	(一) 会前筹备	1. 能够发送会议通知 2. 能够制作会议证件和指示标识 3. 能够预订会议室 4. 能够预定、确认会议住宿 5. 能够确认最终参会人员	1. 会议的构成要素 2. 常见的会议种类 3. 会议通知的内容 4. 会议证件的样式 5. 会议指示的标识 6. 会议室预订知识 7. 会议接待工作的内容与基本程序

(续上表)

职业功能	工作内容	能力要求	相关知识
一、会议管理	(二)会中服务	1. 能够按要求接站 2. 能够完成签到工作 3. 能够引导与会人员就座	1. 接站的准备内容 2. 签到工作的内容 3. 引导与会人员就座的方法
	(三)会后落实	1. 能够安排与会人员返程 2. 能够清退会议文件资料 3. 能够整理会议室	1. 返程工作的服务要求 2. 清退会议文件资料的基本要求 3. 整理会议室的注意事项
二、事务管理	(一)接待	1. 能够按职业要求着装 2. 能够正确接听、拨打电话 3. 能够迎送来访者 4. 能够招待来访者 5. 能够设计、填写接待记录与电话记录表	1. 着装的要求 2. 仪态的要求 3. 接听、拨打电话的基本要求 4. 迎送来访者的礼节要求 5. 接待的程序及要求 6. 电话记录表的设计要求 7. 接待记录表的设计要求
	(二)办公环境管理	1. 能够维护接待室、会议室等相关公共区域的环境 2. 能够维护上司的办公室环境 3. 能够维护本人的办公环境	1. 公共环境构成的知识 2. 上司办公室环境的要求 3. 个人办公环境的要求 4. 常用个人办公用品的种类 5. 常用公共物品的种类
	(三)办公室日常事务管理	1. 能够安排会议室 2. 能够安排用车 3. 能够处理邮件	1. 会议室登记的要求 2. 用车登记的要求 3. 签收邮件的流程 4. 传阅邮件的要求 5. 寄发邮件的要求
	(四)办公用品与设备的使用和管理	1. 能够发放办公用品 2. 能够使用打印机打印文档 3. 能够使用传真机收、发文件并对结果进行确认 4. 能够使用复印机复印文件 5. 能够使用碎纸机销毁文件	1. 常用办公用品的种类 2. 发放办公用品的手续 3. 打印机的种类及安装知识 4. 传真机的使用与维护常识 5. 复印机的使用与维护常识 6. 碎纸机的日常维护

（续上表）

职业功能	工作内容	能力要求	相关知识
三、文书拟写与处理	（一）文书拟写	1. 能够拟写事项性通知 2. 能够拟写商洽函 3. 能够拟写传真稿 4. 能够拟写备忘录 5. 能够拟写请柬 6. 能够拟写邀请信 7. 能够拟写贺信（电） 8. 能够拟写感谢信 9. 能够拟写各种类型的启事	1. 事项性通知的概念、类型及拟写要点 2. 商洽函的概念、拟写要点及注意事项 3. 传真件的格式 4. 备忘录的格式 5. 请柬的格式 6. 邀请信的写作要求 7. 邀请信与请柬的区别 8. 贺信（电）的写作要求 9. 感谢信的写作要求 10. 启事的概念、种类、特点及写作要求
	（二）收文、发文处理	1. 能够签收文书 2. 能够拆封文书 3. 能够登记文书 4. 能够分发文书	1. 文书签收的要求 2. 文书拆封的要求 3. 文书登记的要求 4. 文书分发的要求 5. 收文、发文处理程序
	（三）文档管理	1. 能够确定归档范围 2. 能够对文书进行立卷归档	1. 档案的概念、特点与种类 2. 立卷、归档、档案收集的含义 3. 归档制度的内容 4. 文书归档的要求 5. 档案装订的方法与要求

3.2 四级秘书

职业功能	工作内容	能力要求	相关知识
一、会议管理	（一）会前筹备	1. 能够拟定会议议程、日程 2. 能够提供会议地点备选方案 3. 能够布置会场和安排座次 4. 能够发布会议信息 5. 能够安排会议食宿、车辆 6. 能够邀请嘉宾 7. 能够准备会议资料、会议用品 8. 能够安排会议礼仪服务 9. 能够检查会议常用视听设备是否正常	1. 会议议程、日程的内容 2. 会议地点选择的要求 3. 会场整体布局的要求 4. 主席台座次和场内座次 5. 会议信息发布的内容与方法 6. 安排食宿的常识 7. 邀请嘉宾的要求 8. 会议资料和用品的类型和准备程序 9. 会议礼仪服务的知识 10. 会议常用视听设备检查的内容和要求
	（二）会中服务	1. 能够安排会议值班工作 2. 能够联系和接待新闻媒体 3. 能够进行会议记录 4. 能够收集与会人员对会议的意见和建议 5. 能够印发会议简报 6. 能够安排与会人员的集体合影	1. 会议值班工作的内容与要求 2. 接待新闻媒体的工作内容 3. 会议记录的特点 4. 会议记录的注意事项 5. 收集会议信息的要求 6. 会议简报的内容和要求 7. 反馈会议信息的内容与要求
	（三）会后落实	1. 能够收集、整理会议文件资料 2. 能够印发会议纪要 3. 能够结算会议经费 4. 能够收集、反馈会议精神的落实情况	1. 会议文件资料收集、整理的要求 2. 会议纪要的内容和要求 3. 会议经费结算的方法 4. 收集、反馈会议精神落实情况的方法

（续上表）

职业功能	工作内容	能力要求	相关知识
二、事务管理	（一）接待	1. 能够制订接待工作计划 2. 能够安排迎送来访团体 3. 能够安排来访者食宿、交通、行程 4. 能够安排来访者的参观、娱乐活动	1. 确定接待规格的方法 2. 接待计划的基本内容和要求 3. 中餐宴请礼仪的要求 4. 用车礼仪的要求
	（二）办公环境管理	1. 能够布置办公室 2. 能够检查办公室环境的安全状况 3. 能够对办公室安全隐患提出处理办法	1. 办公室的布置要求 2. 办公室的布置原则 3. 安全检查的内容与要求 4. 安全隐患表的填写要求 5. 设备故障表的填写要求
	（三）办公室日常事务管理	1. 能够编制工作时间表 2. 能够编制、管理工作日志 3. 能够管理印章和介绍信 4. 能够安排值班工作 5. 能够办理现金使用手续 6. 能够办理上司的差旅事务 7. 能够办理上司临时交办的事项 8. 能够完成文字记录工作	1. 工作时间表的内容与编写要求 2. 时间管理的内容、工具与技巧 3. 工作日志的内容与编写要求 4. 管理上司工作日志的方法及注意事项 5. 印章的种类、样式、管理与使用要求 6. 介绍信的使用要求 7. 值班工作的内容、任务与要求 8. 现金提取、使用与报销要求 9. 办理差旅事务的要求 10. 上司临时交办事项的特点、范围 11. 文字记录的方法与要求

（续上表）

职业功能	工作内容	能力要求	相关知识
二、事务管理	（四）办公用品与设备的使用和管理	1. 能够订购、接收、管理办公用品 2. 能够使用数码相机拍摄照片 3. 能够使用扫描仪扫描文件与图片 4. 能够使用光盘刻录机刻录光盘 5. 能够使用投影仪显示图文 6. 能够使用摄像机进行拍摄	1. 订购、接收、管理办公用品的常识 2. 数码相机的使用及维护常识 3. 扫描仪的安装与使用常识 4. 光盘刻录机的使用常识 5. 投影仪使用、保养的注意事项 6. 摄像机的使用与维护常识
	（五）信息管理	1. 能够收集信息 2. 能够筛选信息 3. 能够分类信息 4. 能够校核信息 5. 能够用各种方式传递信息 6. 能够登记、编码、排列、保管信息	1. 信息的含义、特征与种类 2. 信息工作的程序 3. 信息收集的方法、渠道与要求 4. 信息筛选的含义与要求 5. 信息分类的含义、方法与要求 6. 信息校核的含义、方法与要求 7. 信息传递的方向、要素、形式、方法与要求 8. 信息存储的载体、方式与要求

（续上表）

职业功能	工作内容	能力要求	相关知识
三、文书拟写与处理	（一）文书拟写	1. 能够拟写批转转发性通知 2. 能够拟写报告 3. 能够拟写请示 4. 能够拟写问答函 5. 能够制发简报 6. 能够拟写意向书 7. 能够拟写各种形式的订货单 8. 能够撰写商品的说明书	1. 批转转发性通知的概念、类型、拟写要点 2. 报告的概念、特点、类型、拟写要点、注意事项 3. 请示的概念、特点、类型、拟写要点、注意事项 4. 报告与请示的区别 5. 问答函的概念、类型、拟写要点 6. 简报的概念、类型与特点、注意事项 7. 意向书的概念、特点、结构 8. 订货单的概念、特点、写作类型 9. 商品说明书的概念、特点、写作及注意事项
	（二）收文、发文处理	1. 能够校对文书 2. 能够缮印文书 3. 能够传阅文书	1. 文书校对的要求 2. 文书缮印的要求 3. 文书传阅的要求
	（三）文档管理	1. 能够进行档案分类 2. 能够编制档案检索工具 3. 能够鉴定档案 4. 能够管理档案库	1. 档案分类的含义、方法与要求 2. 档案检索工作的内容 3. 档案检索工作的含义与类型 4. 档案鉴定的方法 5. 档案保管期限 6. 档案鉴定工作的内容与要求 7. 档案保管工作的内容与要求

3.3　三级秘书

职业功能	工作内容	能力要求	相关知识
一、会议管理	（一）会前筹备	1. 能够拟订各种会议的筹备方案 2. 能够督查会务的筹备情况 3. 能够审核会议文件 4. 能够与上司沟通会议的有关事宜 5. 能够拟订会议的应急方案	1. 会议方案的内容 2. 电话会议及视频会议知识 3. 会务机构的分工 4. 督查会务筹备的内容 5. 会议文件审核的内容及方法 6. 会前与上司沟通的内容 7. 会议应急方案的内容
	（二）会中服务	1. 能够提示会议按计划进行 2. 能够监督会议经费的使用 3. 能够处理会中突发事件	1. 提示会议进程的方法 2. 监督会议经费使用的方法 3. 处理会议突发事件的要求
	（三）会后落实	1. 能够对会议进行总结 2. 能够评估会议工作	1. 会议总结工作的内容和要求 2. 会议评估工作的标准
二、事务管理	（一）接待	1. 能够安排涉外礼宾次序 2. 能够安排涉外迎送仪式 3. 能够安排涉外会见、会谈和拜访 4. 能够安排涉外宴请 5. 能够选择馈赠礼品	1. 国际礼仪常识 2. 涉外接待的原则和要求 3. 涉外迎送仪式的要求 4. 涉外会见会谈和拜访要求 5. 涉外宴请常识 6. 馈赠礼品的要求
	（二）办公环境管理	1. 能够选择办公模式 2. 能够提出办公室布局方案	1. 办公模式的种类及特点 2. 办公室的布局类型 3. 办公室合理布局的作用

（续上表）

职业功能	工作内容	能力要求	相关知识
二、事务管理	（三）办公室日常事务管理	1. 能够对办公流程提出改进建议 2. 能够提出预防及应对突发事件的措施 3. 能够督促、检查各项办公室日常事务工作的完成情况 4. 能够制订工作计划 5. 能够确定承办期限 6. 能够进行工作评估	1. 改进办公室日常事务工作流程的基本思路、注意事项 2. 突发事件的种类 3. 处理突发事件的原则 4. 督查工作的内容、特点、原则与方法 5. 工作计划的种类、内容与要求 6. 制订与实施工作计划的注意事项 7. 确定承办期限的要求 8. 工作评估标准 9. 工作评估的要求与方法
	（四）办公用品与设备管理	1. 能够制定办公用品和办公设备的采购程序 2. 能够编制采购办公用品和办公设备的预算方案 3. 能够调配办公资源	1. 采购办公用品和办公设备的程序化要求 2. 编制预算方案的注意事项 3. 办公资源调配与合理利用的基本要求
	（五）信息管理	1. 能够加工、编写信息材料 2. 能够提供并利用信息 3. 能够反馈信息	1. 信息开发的类型、形式、方法与要求 2. 信息编写的类型 3. 信息利用的方法与要求 4. 信息反馈的形式、方法与要求

（续上表）

职业功能	工作内容	能力要求	相关知识
三、文书拟写与处理	（一）文书拟写	1. 能够拟写通告 2. 能够拟写通报 3. 能够拟写决定 4. 能够拟写请批、批答函 5. 能够制订计划 6. 能够拟写总结 7. 能够拟写述职报告 8. 能够拟写讲话稿 9. 能够拟写市场调查报告 10. 能够拟写招标书 11. 能够拟写投标书	1. 通告的概念、类型、与公告的区别、拟写要点、注意事项 2. 通报的概念、性质、类型、拟写要点、注意事项 3. 决定的概念、特点、类型、拟写要点、注意事项 4. 请批、批答函的概念、类型、拟写要点、注意事项 5. 计划的概念和特点 6. 总结的概念、类型、注意事项 7. 述职报告的特点、注意事项 8. 讲话稿的特点、注意事项 9. 市场调查报告的概念和特点 10. 招标书的类型 11. 投标书的结构与写法
	（二）收文、发文处理	1. 能够审核文书 2. 能够拟办文书 3. 能够承办文书 4. 能够催办、注办文书	1. 文书审核的要求 2. 文书拟办的要求 3. 文书承办的要求 4. 文书催办、注办的要求
	（三）文档管理	1. 能够提供并利用档案 2. 能够编写档案参考材料 3. 能够管理电子档案	1. 档案利用的概念 2. 档案参考材料的编写要求 3. 电子档案的管理要求

3.4 二级秘书

职业功能	工作内容	能力要求	相关知识
一、会议管理	（一）会前筹备	1. 能够拟订会议策划方案 2. 能够审核会议的筹备方案 3. 能够组织与培训会议工作人员	1. 策划会议方案的注意事项 2. 会议筹备方案的审核要求 3. 会议工作人员的培训内容和方法
	（二）会议组织	1. 能够主持会议 2. 能够督查会议决议的落实	1. 主持会议的技巧与要求 2. 落实会议决议的要求
二、事务管理	（一）办公环境管理	1. 能够实施并监管组织的安全运营 2. 能够评估办公环境管理状况	1. 安全生产的法规 2. 办公环境应具备的条件
	（二）办公室日常事务管理	1. 能够管理团队 2. 能够陪同协助上司工作 3. 能够拟订调查研究方案并组织实施	1. 团队管理的要求 2. 陪同协助工作的类型、特点及要求 3. 确定调查研究课题的方法 4. 调查研究的类型、方法及注意事项
	（三）商务活动实施	1. 能够安排参观活动 2. 能够安排签字仪式 3. 能够安排典礼仪式 4. 能够安排展览活动 5. 能够安排商务谈判 6. 能够安排招商活动	1. 参观活动的目的、类型、注意事项 2. 签字仪式的类型 3. 典礼仪式的类型 4. 展览活动的目的及类型 5. 秘书在商务谈判中的注意事项 6. 招商活动的基本形式
	（四）信息管理	1. 能够利用信息辅助决策 2. 能够制定信息工作制度	1. 决策的程序 2. 辅助决策的信息工作内容、方法与要求 3. 信息工作制度的内容及制定要求

（续上表）

职业功能	工作内容	能力要求	相关知识
三、文书拟写与处理	（一）文书拟写	1. 能够拟写会议纪要 2. 能够拟写意见 3. 能够拟写合同 4. 能够拟写可行性研究报告	1. 会议纪要的概念、特点、类型、起草程序、拟写要点、注意事项 2. 意见的概念、特点、类型、拟写要点、注意事项 3. 合同的概念、特点、类型 4. 合同的主要条款、写作要求 5. 可行性研究报告的概念 6. 可行性研究报告的类型、写作要求
	（二）文档管理	1. 能够制定档案管理制度 2. 能够选择档案管理模式	1. 档案管理制度的内容与要求 2. 档案管理模式的相关知识

4. 比重表

4.1 理论知识

项目		五级秘书（%）	四级秘书（%）	三级秘书（%）	二级秘书（%）
基本要求	职业道德	10	10	10	10
	基础知识	30	25	20	15
会议管理		15	15	20	25
事务管理		20	25	25	25
文书拟写与处理		25	25	25	25
合计		100	100	100	100

4.2 专业能力

项　目	五级秘书（%）	四级秘书（%）	三级秘书（%）	二级秘书（%）
会议管理	30	30	30	30
事务管理	45	45	40	40
文书拟写与处理	25	25	30	30
合计	100	100	100	100

附录 2

秘书网站推荐

一、国内主要网站

1. **中华秘书网**（http：// www. china—mishu. com）

中华秘书网由北京现代秘书科学技术研究中心创办。该网站成立于 2000 年 12 月，设置的主要频道和栏目有要闻简报、秘书工作、秘书研究、秘书教育、秘书文库等。

该网站信息量大，内容新颖丰富，分类科学合理，能提供全方位的秘书业务信息和服务。

2. **秘书在线（中国深圳）**（http：// www. sst668. com）

秘书在线（中国深圳）由深圳紫金苑网络秘书有限公司创办。该网站于 2001 年 7 月开通，是国内第一家网络秘书平台。该网站现设 4 个频道，38 个栏目，内容包括秘书新潮、在线秘书、秘书风采、秘书学科、秘书就职、学术论坛、秘书俱乐部、人才中心、招聘信息等。该网站实行会员制。网站功能完善，页面设计精美，秘书人才交流招聘和网上办公的互动 B2B（企业对企业）和 B2C（企业对个人）功能和信息的水平较高，能提供满意的信息和服务。

该网站主要利用电子商务模式，为企事业单位提供各类网上办公服务和网下秘书服务，并为各种秘书人才提供职业培训、推荐高级职位及实行个性化的设计与包装。“秘书在线”也是中国首家成功推出 B2B 和 B2C 网上秘书服务模式的网站。以特有的形式在网上为企业提供网上办公全方位在线服务，并为您的外出旅行、商务洽谈、身心健康、生活料理、礼仪庆典、交通用车、人才交流、业务培训、商务调查等工作提供非在线的高端服务。

3. **中国秘书在线**（http：// www. cds21. com）

中国秘书在线由昆明飞熊信息技术有限公司创办。该网站的定位为“中国秘书的秘书”，即作为秘书来为秘书服务，而不是作为商人来为秘书服务。该网站主要设秘书论坛、秘书应用软件、网络文学、网络资源、最新公文范文等 7 个频道 50 余个栏目。该网站实行会员制。页面设计简洁明快，使用方便。

该网站主要提供秘书、行政、办公室、事务、会务等方面的秘书标准化软件。其拳头产品是《中国秘书》标准化应用系统，其网络版对秘书工作进行了高度概括，共有档案管理、发文系统、收文系统、会务系统等多项子系统，其信息流和工作流为机关工作的网络化提供了强大的管理、监督、反馈功能。

4. **华夏办公网**（http：// www. china—bg. com）

华夏办公网成立于 2000 年 12 月 8 日。该网站下设新视野、经贸观察、中国秘书、办公百宝箱、健康加油站、法制进行时、出行宝典、会员特区等 8 个频道，有政务信息、专题报道、秘苑春秋、秘书机构导航、理论研究、学术论著、秘书讲谈等 47 个栏目。此外，还专门为秘书人员设计了交流平台——秘书讲谈。

华夏办公网面向全国党政军、企事业单位和海内外政府、组织、机构，提供按中办、国办要求和国际惯例制定的规范化、科学信息化的办公模块，实时的国内外办公信息，先进的办公动态，并将组建一个快捷灵活的电子联系网络，为中国行政管理的电子化办公服务。

该网站的专题报道有一定的深度，政务信息丰富及时，页面设计图文并茂。

5. **天生秘书**（http：// mishu. 51. net）

天生秘书是由蓝蝴蝶创办的个人网站。该网站现设秘书论坛、秘书交友、秘书聊天、秘书留言等互动频道和秘书知识、秘书法规、秘书文摘、秘书软件、秘书课堂、秘书休闲等栏目。网站设计精巧，动静结合，功能齐全。

6. **文秘牛庄**（http：// niuzhuang. 126. com）（http：//e—365. y365. com/）

文秘牛庄是建立最早的秘书专业网站之一。主要栏目包括文秘人才村、文秘充电站、文秘资料库、文秘应用集、文秘俱乐部、文秘爱好城、文秘用品柜、去文秘牛庄等栏目。可提供秘书写作、文本文件、文字材料、法律法规、政府规章、诉状范本等。为方便秘书人员，该网站还围绕秘书工作精选了众多的各类网站链接，是文秘办公必备网站。

7. **文秘之家**（http：// xbw2. 126. com）

文秘之家是三马家园系列网站之一，主要栏目包括专题资料、文秘论坛、交友中心、酷站精选、政府网站等。网站集中收录领导讲话、文体常识、文稿资料、杂文、散文、诗词、书法等，是行政秘书经常访问的地方。

8. **中国秘书科学联盟**（http：//www. gjmslm. com）

二、国外和港台地区主要网站

1. **国际行政管理者协会**（http：// www. iaap—hq. org）

国际行政管理者协会（International Association of Administrative Professionals，IAAP），其前身为国际职业秘书协会（Professional Secretaries International），是目前世界著名的跨国性的秘书职业组织。该组织成立于1942年，原名美国全国秘书协会，其总部设于美国密苏里州堪萨斯城。会员4万多人。有700家分支机构，遍及美国和欧、亚、拉美各洲30多个国家和地区。其宗旨是：作为秘书的代言机构，维护秘书的合法利益；通过连续教育，提高秘书人员的素质和水平；介绍最新技术，增强业务技能，提高秘书的职业地位。协会出版了《秘书》、《秘书工作范例》等刊物，举办“特许职业秘书考试（简称CPS）”，举行国际秘书会议，庆祝国际秘书节。

该网站是国际行政管理人协会的官方网站，主要栏目包括IAAP介绍、资格认证、加入IAAP、IAAP事件、研究和进展、会员专区、教育资源和产品、采购指南等。

2. **特许秘书和行政人员工会**（http：// www. icsa. org. uk）

特许秘书和行政人员工会（The Institute of Chartered Secretaries and Administrators，ICSA），成立于1891年，目的在于建立和提高公司秘书的地位，确定成员的职业道德规范。ICSA是一个独立、自治的团体。现有会员44 000名，注册学员38 000名。总部设在伦敦，分支机构遍及澳大利亚、加拿大、新西兰、南非、新加坡、马来西亚、津巴布韦、中国香港等70个国家和地区。

该网站是特许秘书和行政人员工会的官方网站，主要栏目包括ICSA介绍、特许秘书、会员专区、学员专区、职业进展、新闻/评论和综述、产品及服务、在线链接等。

3. 美国公司秘书协会（http：// www. salcsa. coin）

美国公司秘书协会（American Society of Corporate Secretaries，ASCS）成立于1946年，是一个非营利的专业团体。其会员主要有公司董事会秘书、助理秘书以及其他行使公司董事会秘书职责的人员。现有会员3 500人，共有25个地方性分会，3 500名会员代表着美国和加拿大的2 500多家公众公司、私人公司及非营利性公司。

4. 全美政府秘书协会（http：// www. nass. org）

全美政府秘书协会（Naional Association of Secretaries of State，NASS）成立于1904年，是联邦政府公共办公领域历史最悠久的非官方机构。其目的在于为政府秘书提供一个交流信息和经验的媒体平台，增进政府间公共政策制定和贯彻方面的合作。近期关注的焦点是大选改革、电子政府、数字化选举、公民资格纷争等。在美国，政府秘书的人数远远超过任何工商部门的私人秘书。

该网站是全美政府秘书协会的官方网站，主要栏目包括NASS介绍、选举信息、业务预约和档案服务、新闻报道、政府秘书信息等。

5. 日本秘书协会（http：// www. hishokyokai. or. jp）

日本秘书协会（Japan Secretaries Association，JSA），是由秘书（个人）和法人（企业方面），以及与教育有关人士组成的团体，成立于1968年。其主要工作为评选最佳秘书，每月召开例会，发行机关刊物《秘书》，编辑有关秘书学专著，举办国际秘书考试等。

该网站设置的栏目包括JSA介绍、讲座培训、国际秘书鉴定、会员活动、全国秘书会议、关西分部、国际活动、入会申请、秘书便利、团体会员名录等。

6. 韩国行政管理人协会（http：// www. kaap. org）

该网站是韩国行政管理人协会（Korean Association of Administrative Professionals，KAAP）的官方网站。韩国行政管理人协会的前身是韩国职业秘书协会。网站语言为朝鲜语。该网站设置的主要栏目包括KAAP介绍、讲座培训、新闻报道、会员专区、国际活动、在线入会等。

7. 香港公司秘书工会（http：// www. hkics. org. hk）

香港公司秘书工会（the Hong Kong Institute of Company Secretaries，HKICS）是一个专业法人团体，由特许秘书和行政人员工会（the Institute of Chartered Secretaries and Administrators，ICSA）发展而来。目前拥有3 500名正式会员和几乎相同数量的登记报考候选学生。

该网站设置的栏目包括我们的职责、协会介绍、活动和事件、ICSA国际在线、联系我们、会员专区、学员专区、出版物、新闻等。

8. 香港秘书和行政管理人协会（http：// www. secretaryhk. org）

香港秘书和行政管理人协会（the Hong Kong Association of Secretaries and Administrative Professionals Limited，HKASAP），其前身是香港秘书协会，成立于1974年，是亚太秘书和行政管理人协会［Association of Secretaries and Administrative Professionals in Asia Pacific，前身为亚太秘书协会（Association of Secretaries in Asia）］的成员，是国际行政管理人协会（IAAP）的分支机构。

该网站设置的栏目包括定义、简介、公告栏、事件、CPS证书、在线入会等。

9. 台北市专业秘书协会（http：// www. secretary. org. tw）

该网站是台北市专业秘书协会的会员专属网站。台北市专业秘书协会隶属于台湾专业秘书协会，其目的在于提高秘书对其专业的兴趣，促进会员间的联络和团结，鼓励秘书接受专业训练和继续进修，进而发挥其心得及才智以利人利己，提高专业服务水平，唤醒并激发秘书对台湾经济及企业发展与国际事务的责任感。

该网站设置的栏目包括协会简介、专业训练、会员园地、工商资源、入会办法、留言板、网网项链、网站维护、在线入会等。

10. 欧洲管理协会（http：// www. euma. org）

该网站是欧洲管理协会（European Management Assistants）的官方网站。

网站分为会员区和来宾区。来宾区包括协会介绍、新闻事件、会员权益等。欧洲管理协会是欧洲管理者的国际著名网络机构，负责法国、德国等国高级秘书的资格认证。

参考文献

1. 范立荣．中国秘书岗位资格证书教程．北京：中国人民大学出版社，2006

2. 范立荣．中国秘书岗位资格考核大纲．北京：中国人民大学出版社，2006

3. 蔡超，杨锋．现代秘书实务．广州：暨南大学出版社，2006

4. 谭一平．现代职业秘书实务．北京：中国人民大学出版社，2007

5. 陈玉斌．这样的秘书最受欢迎．北京：中国经济出版社，2005

6. 石咏琦．五星秘书．北京：北京大学出版社，2007

7. 孙荣．秘书学概要．上海：上海社会科学院出版社，2006

9. 蔡超．现代秘书实训．北京：首都经济贸易大学出版社，2007

10. 蒲丽钿．涉外秘书实务．武汉：武汉大学出版社，2000

11. 向国敏．现代秘书实务．北京：首都经济贸易大学出版社，2005

12. 陆瑜芳．办公室实务．上海：复旦大学出版社，2003

13. 杨剑宇．涉外秘书实务．武汉：湖北科学技术出版社，2000

14. 胡鸿杰．办公室管理．北京：中国人民大学出版社，2001

15. 王育．秘书实务．北京：高等教育出版社，2004

16. 赵锁龙．管理秘书实务．北京：中国人民大学出版社，2004

17. 宇正香．秘书理论与实务．杭州：浙江大学出版社，2004

18. 海伦·艾斯顿．董事会秘书．何昌邑等译．北京：华夏出版社，2004

19. 徐飙．文秘实习实训教程．北京：高等教育出版社，2005

20. 剑桥秘书证书考试大纲及样卷．魏群等译．北京：中国人民大学出版社，2002

21. 陈晓岚．高校学生秘书类职业资格鉴定选测教程．上海：上海交通大学出版社，2004

22. 金常德．秘书职业概论．北京：中国轻工业出版社，2007

23. 刘森．商务秘书实务与训练教程．成都：西南财经大学出版社，2006

24. 杨剑宇．涉外秘书学纲要．上海：上海人民出版社，2007

25. 张丽娴．商务秘书实务（第二版）．北京：中国人民大学出版社，2008

26. 孟庆荣．秘书工作案例及分析．北京：清华大学出版社，2007

参考文献

1. [illegible]
2. [illegible]
3. [illegible]
4. [illegible]
5. [illegible]
6. [illegible]
7. [illegible]
8. [illegible]
9. [illegible]
10. [illegible]
11. [illegible]
12. [illegible]
13. [illegible]
14. [illegible]
15. [illegible]
16. [illegible]
17. [illegible]
18. [illegible]
19. [illegible]
20. [illegible]
21. [illegible]
22. [illegible]
23. [illegible]
24. [illegible]
25. [illegible]